ユーキャンの

第3版

消防設備士 第6類

速習テキスト&予想模試

ユーキャンが よくわかる！ その理由

● 重要ポイントを効率よくマスター！

消防設備士試験で必要とされる項目をすべて暗記することはとても大変です。

そこで本書では、試験で問われやすい重要ポイントを厳選。効率よく学習していただけるよう、工夫を凝らして編集しています。

■重要度を3段階で表示！

■欄外でも重要ポイントを明確にします

＋プラス1　📕用語　🔒重要 !!!

● すぐわかる、すぐ暗記できる

■レッスンの学習を始める前に

要点がわかるレッスン冒頭の解説と、設子先生とロクローくんの「1コマ劇場」で、これから学習する内容を大まかに理解します。

■ラクして楽しく暗記

イラストやまとめの表を豊富にのせて、重要ポイントをイメージとして捉えやすくしました。また、ゴロ合わせで、楽しく暗記に取り組んでいただけるようお手伝いします。

● 問題をたくさん解いて、実力アップ

■○×問題と予想模擬試験

各レッスン末の○×問題で、理解度をすぐにチェック。さらに巻末の予想模擬試験（2回分）で、試験直前の総仕上げ＆実力確認ができます。

確認テスト

Key Point			できたら チェック ☑
仕事とは何か	☐	1	物体に力を加え、その方向に物体が移動したとき、その力は「仕事」をしたという。
	☐	2	ある物体を150Nの力で3m移動させたとき、仕事量は50Jである。

目　　次

■別冊
予想模擬試験　解答／解説

本書の使い方

1 レッスンの内容を把握！

レッスン冒頭の解説と「1コマ劇場」で、これから学習する内容や学習のポイントを大まかに確認しましょう。

2 本文を学習しましょう

消火器の本数で、項目ごとの重要度がひと目でわかります。欄外の記述やアドバイス、イラストや図表も活用して、本文の学習を進めましょう。

「 1コマ劇場」でイメージを膨らまそう

レッスンの重要な内容を、1コマ漫画で表現しました。

しっかり教えますから、合格目指して頑張りましょう！

設子先生

これから皆さんと一緒に学習します。よろしくね！

ロクローくん

欄外で理解を深めよう

用語

難しい用語を詳しく解説します。

プラス1

本文にプラスして覚えておきたい事項です。

🔒重要 !!!

試験で問われやすい重要ポイントです。

Lesson 2 消火器の種類

ここで消火器の大まかな分類をみておきましょう。消火器の構造や機能は、あとのレッスンで詳しく学習します。規格省令による定義のほか、加圧方式、運搬方式による分類をまとめています。特に「加圧方式による分類」が重要です。

消火器に、ちくわ式とカツ式があるんでしょうか！？

違います！蓄圧式と加圧式です。ここらで君の学習意欲に喝！

1コマ劇場

📕 **用語**

エアゾール式簡易消火具
片手で操作ができるスプレー缶タイプの消火具。家庭内における石油ストーブや天ぷら鍋等の火災に用いられる。

浸潤剤等
浸潤剤、不凍液剤その他消火薬剤の性能を高め、性状を改良するための薬剤。

① 規格省令による定義

消火器は、「消火器の技術上の規格を定める省令（規格省令）」および「消火器用消火薬剤の技術上の規格を定める省令（薬剤規格）」に基づいて製造されます。

■消火器の定義（規格省令）

> 水その他消火剤（以下「消火剤」という）を圧力により放射して消火を行う器具で人が操作するもの。
> ＊エアゾール式簡易消火具は除く

消火剤別の消火器の定義も確認しておきましょう。

①水消火器
水（薬剤規格に規定する浸潤剤等を混和・添加したものを含む）を圧力により放射して消火を行う消火器

②強化液消火器
薬剤規格に規定する強化液消火薬剤（浸潤剤等を混和・添加したものを含む）を圧力で放射して消火を行う消火器

3 ○×問題で復習

本文の学習がすんだら各レッスン末の「確認テスト」に取り組みましょう。知識の定着に役立ちます。

4 予想模擬試験にチャレンジ！

学習の成果を確認するために、本試験スタイルの予想模擬試験（2回分）に挑戦しましょう。点数を記録することで得意な科目、苦手な科目がわかります。苦手な科目は本文での学習にもどって理解を深め、もう一度、予想模擬試験に取り組んでみましょう。

使いやすい！別冊の解答解説付き

Lesson2 消火器の種類

③泡消火器

薬剤規格に規定する泡消火薬剤（浸潤剤等を混和・添加したものを含む）を圧力により放射して消火を行う消火器

④二酸化炭素消火器

液化二酸化炭素を圧力により放射して消火を行う消火器

⑤ハロゲン化物消火器

薬剤規格に規定するハロゲン化物消火薬剤を圧力により放射して消火を行う消火器

⑥粉末消火器

薬剤規格に規定する粉末消火薬剤（浸潤剤等を混和・添加したものを含む）を圧力により放射して消火を行う消火器

2 加圧方式による分類

消火器は圧力によって消火剤を放射します。その加圧の方式には、蓄圧式と加圧式の2種類があり、加圧式はさらにガス加圧式と反応式に分かれます。

■各消火器の加圧方式

消火器の種類		蓄圧式	加圧式	
			ガス加圧式	反応式
水消火器		◎	—	—
強化液消火器		◎	○	—
泡	化学泡消火器	—	—	○
	機械泡消火器	◎	○	—
二酸化炭素消火器		●	—	—
ハロゲン化物消火器		●	—	—
粉末消火器		◎	○	—

①蓄圧式

消火器の本体容器内の圧縮ガスの圧力によって消火剤を放射するもの（表の◎）と、消火器に充てんされた消火剤自身の圧力によって消火剤を放射するもの（表の●）があります。どちらも本体容器内に常に圧力がかかっており、

用語
液化二酸化炭素
二酸化炭素を高圧で圧縮することにより液体にしたもの。

第4章 消火器の構造・機能・整備

ゴロ合わせ

[消火器の種類]
ミ（水）キ（強化液）、カ（化学泡）、キ（機械泡）、げん（ハロゲン化物）に（二酸化炭素）こ（粉末っ）

用語
圧縮ガス
容器内で圧縮された空気や窒素ガス等のこと。

135

らくらく暗記！

ゴロ合わせ

楽しい覚え方で暗記がはかどります。

本書における科目の順番について
本書の科目の順番は『学びやすさ』という観点から、実際の試験の科目順とは異なっています。

7

第6類消防設備士の資格について

1 消防設備士とは

　デパート、ホテル、劇場などの建物は、その用途や規模などに応じて屋内消火栓設備やスプリンクラー設備、自動火災報知設備などの設置が法律によって義務づけられています。それらの設備の工事や整備・点検を行うには、消防設備士の資格が必要になります。

　消防設備士免状の種類と工事などのできる設備等の種類は、次のとおりです。

免状の種類		工事・整備の対象となる設備等
甲種	特類	特殊消防用設備等
甲種・乙種	第1類	屋内消火栓設備、スプリンクラー設備、水噴霧消火設備、屋外消火栓設備
	第2類	泡消火設備
	第3類	不活性ガス消火設備、ハロゲン化物消火設備、粉末消火設備
	第4類	自動火災報知設備、ガス漏れ火災警報設備、消防機関へ通報する火災報知設備
	第5類	金属製避難はしご、救助袋、緩降機
乙種	第6類	消火器
	第7類	漏電火災警報器

　甲種消防設備士は、特殊消防用設備等(特類の資格者のみ)または消防用設備等の工事と整備・点検ができます。一方、乙種消防設備士は消防用設備等の整備・点検だけを行うことができます。工事はできません。

2 第6類消防設備士試験について

▶▶▶試験実施機関

消防試験研究センターの各道府県支部（東京都は中央試験センター）が実施します。

▶▶▶受験資格

年齢、性別、学歴等、制約はありません。**どなたでも受験できます。**

▶▶▶試験科目・問題数・試験時間

第6類消防設備士試験の内容は、以下のとおりです。

試験時間は、実技試験も含めて**1時間45分**です。

	筆記試験科目		問題数	
筆記試験	①消防関係法令	各類に共通する部分	6	10
		消火器に関する部分	4	
	②機械に関する基礎的知識			5
	③消火器の構造・機能・整備の方法	機械に関すること	9	15
		規格に関すること	6	
	筆記試験合計			30
実技試験	消防用設備等に関する鑑別等			5

▶▶▶科目免除

消防設備士、電気工事士、電気主任技術者、技術士等の資格を有する人は、申請により試験科目の一部が免除されます。その場合の試験時間は短縮されます。

▶▶▶出題形式

4つの選択肢の中から正答を1つ選ぶ、**四肢択一**の**マークシート方式**です。

実技試験は、写真、イラスト、図面などを見ながら、関連する問題に答える**記述式**です。

▶▶▶合格基準

筆記試験において、**科目ごとに40%以上**で**全体の出題数の60%以上**、かつ、**実技試験において60%以上**の成績を修めた人が合格となります。なお、試験の一部免除がある場合は、その部分を除いて計算します。

3 受験の手続き

▶▶▶受験地

居住地に関係なく、**どこの都道府県でも受験できます。**

▶▶▶試験案内・受験願書

消防試験研究センターの各道府県支部、消防本部、消防署などで入手できます。
受験願書は全国共通です。

▶▶▶申込方法

書面申請（受験願書に書き込んで郵送する）と、**電子申請**（消防試験研究センターのホームページから申し込む）があります。

▶▶▶試験日

多くの都道府県では、年に複数回実施されています。

試験の詳細、お問い合わせ等

消防試験研究センター

ホームページ https://www.shoubo-shiken.or.jp/

※全国の試験日程や試験案内の内容を確認することができます。

機械に関する基礎的知識

第6類消防設備士試験では、消火器の部品に使う金属等の「機械材料」や「力学」に関する基礎的な問題が出題されます。
- 力のモーメントとは何か？
- ステンレスの原料は？
- さびを防ぐ方法は？
- 金属を引きちぎる「せん断荷重」とは？
理科が得意でない人でも、この章で基礎から学んでいけば心配ありません。

力について（1）

まず、物理的な意味の「力」について学習します。あとに続くレッスンの基礎となる内容ですから、「力の3要素」「力の合成」「力のつり合い」について、確実に理解しておきましょう。

1コマ劇場

① 力の3要素

　物体の形を変えたり、物体の運動状態（速さや方向）を変えたりする働きを「**力**」といいます。力の働きは、力の大きさだけでなく、力の働く点（作用点）や力の向いている方向によって違ってきます。このため、①力の大きさ、②力の**作用点**、③力の**方向**を「**力の3要素**」といいます。力を図にして表すときは、これらの3要素を矢印によって表現します。

+プラス1

力のように、大きさと方向を問題にする量を「ベクトル量」という。これに対し、大きさだけを問題にする量を「スカラー量」という。

①力の**大きさ**…矢印の長さ
②力の**作用点**…矢印の始点
③力の**方向**……矢印の向き

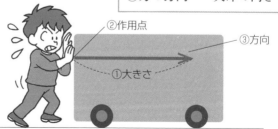

②作用点　　　③方向　　　①大きさ

　力の大きさを表す単位として、現在最も一般的に用いられているのは、**ニュートン**（記号N）です。

② 力の合成

　物体に２つ以上の力が作用している場合、これらを１つの力に**合成**することができます。合成した力を「**合力**」といいます。２力の合力は、その２力を表す矢印を２辺とする**平行四辺形の対角線**として求められます。

　力F_1と力F_2の合力F_3を求めてみましょう。

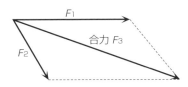

　この場合、平行四辺形の対角線の長さが**合力の大きさ**を表しています。

例題

　下の図のように、3Nの力F_1と4Nの力F_2が物体に作用している場合、それらの合力F_3の大きさはいくらか。

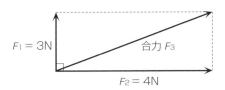

　このように合力が**長方形の対角線**（直角三角形の斜辺）になる場合は、次の公式（**三平方の定理**）を用います。

$$三平方の定理$$
$$c^2 = a^2 + b^2$$

＋プラス1

　ニュートンは「万有引力の法則」を発見したイギリスの物理学者。１Nは、１kgの物体に働いて、１秒間に１m/秒の速さを増加させる力として定義されている。

🔒重要!!!

　２力が同一直線上にある場合の合力
①２力が同じ方向を向いている場合

　２力の大きさの和が合力の大きさ。
∴合力＝4+3=7N
②２力が正反対方向を向いている場合

　２力の大きさの差が合力の大きさ。
∴合力＝4-3=1N
※「∴」は「ゆえに」という意味の記号

📕用語
三平方の定理
（ピタゴラスの定理）
直角三角形の斜辺の２乗は、他の２辺の２乗の和に等しいという定理。

第1章

機械に関する基礎的知識

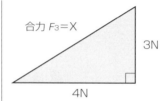

合力 $F_3 = X$

3N

4N

左の図は三平方の定理より、

$$X^2 = 3^2 + 4^2$$
$$= 25$$
$$\therefore X = 5$$

したがって、合力 $F_3 = 5$N

重要 !!!

直角二等辺三角形の
斜辺の長さ
直角二等辺三角形の
等しい辺の長さを1
とし、斜辺の長さを
Xとすると、三平方
の定理より、
$$X^2 = 1^2 + 1^2$$
$$= 2$$
$$\therefore X = \sqrt{2}$$
$$(\sqrt{2} \fallingdotseq 1.41)$$

なお、右の図のように、
合力が直角二等辺三角形の
斜辺になる場合には、辺の
比が $1 : 1 : \sqrt{2}$ になるこ
とを覚えておくと便利です。

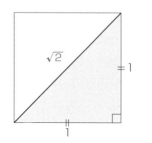

$\sqrt{2}$

1

1

③ 力のつり合い

　1つの物体にいくつかの力が作用しているにもかかわら
ず、物体が動くことなく静止している場合、これらの力は
「つり合っている」といいます。2つの力がつり合うため
には、次の3つの条件をすべて満たす必要があります。

用語
作用線
力の方向を示す線の
こと。

プラス1
力の分解
合成とは逆に合力を
複数の力に分けるこ
と。また、分解して
できる力を分力とい
う。

①2力の大きさが等しいこと（$F_1 = F_2$）
②2力の方向が正反対であること
③作用線が同一直線上にあること

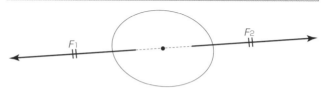

F_1　　　　　　　　　　F_2

**コレ
だけ！**

2力の合力の求め方

2力を2辺とする**平行四辺形**の
対角線として求められる

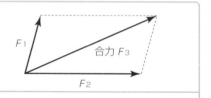

F_1　合力 F_3

F_2

確認テスト

Key Point			できたら チェック ☑
力の3要素	☐	1	力とは、物体の形を変えたり、物体の運動状態を変えたりする働きをいう。
	☐	2	力の3要素とは、力の大きさ、力の方向、物体が動いた距離の3つを指す。
	☐	3	力を矢印で表す場合、力の大きさは矢印の長さによって表される。
	☐	4	力は、大きさだけを問題とするベクトル量である。
	☐	5	力の大きさを表す単位として、ニュートン（記号N）が一般的に用いられている。
力の合成	☐	6	2力を合成すると、その合力の大きさは常に元の2力の合計になる。
	☐	7	右の図において、どちらも10NであるF_1とF_2の合力F_3の大きさは、20Nである。
力のつり合い	☐	8	2力がつり合うためには、その2力の大きさが等しく、方向が正反対で、作用線が同一直線上になければならない。
	☐	9	右の図のF_1～F_5のうち、つり合っている2力はF_3とF_5である。

解答・解説

1.○　2.× 力の3要素は①力の大きさ、②力の作用点、③力の方向の3つ。物体が動いた距離は含まれない。
3.○　4.× 大きさだけを問題とする力はスカラー量。　5.○　6.× 2力が同一直線上にある場合には2力の合計（和または差）が合力の大きさとなるが、そうでない場合は2力を2辺とする平行四辺形の対角線の長さが合力の大きさとなる。　7.× 合力F_3は、大きさの等しいF_1とF_2を2辺とする直角二等辺三角形の斜辺になっているため、三平方の定理より$F_1 : F_2 : F_3 = 1 : 1 : \sqrt{2}$。したがって、$F_3$の大きさは$F_1 = F_2 = 10$Nの$\sqrt{2}$倍である。$\therefore F_3 \fallingdotseq 14.1$N　8.○　9.○

ここが狙われる！

同一直線上にない2力の合力は、その2力を2辺とする平行四辺形の対角線となる。その合力の大きさは対角線の長さであり、2力にはさまれた角が90°（直角）の場合は、三平方の定理を使って長さを求める。単に元の2力を合計するのではないことに注意しよう。

力について（2）

ここでは、物体の回転に関係する「力のモーメント」について学習します。試験では、力のモーメントの大きさを求める計算問題がよく出題されますので、意味や計算方法をしっかりと身につけましょう。

1コマ劇場

あれ？このシーソーおかしくないですか？

ちっともおかしくないわ！私の方が体重がずっと軽いんだから、当然のことよ‼

1 力のモーメントとは何か

スパナでボルトを締め付ける場合を考えてみましょう。下の図のように、力Fを下向きに加えると、ボルトは回転し始めます。

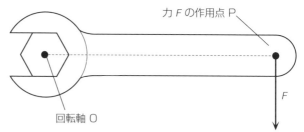

力Fの作用点 P

回転軸 O

F

このように、回転軸を中心に物体を回転させようとする力の働きを**力のモーメント（回転力）**といいます。回転軸の中心をO、力Fの作用点をPとすると、回転力について次のような関係が成り立ちます。

- OPの長さが一定のとき、回転力は力Fに比例する
- 力Fが一定のとき、回転力はOPの長さに比例する

手の位置がボルトから遠いほど楽に回せるのは、力のモーメント（回転力）の大きさがOPの長さに比例するからなんだ。

② 力のモーメントの計算

　力のモーメントの大きさをM、加える力をF、回転軸の中心Oから力の作用点Pまでの距離（OPの長さ）をlとすると、次の式が成り立ちます。

$$\underset{\text{（力のモーメントの大きさ）}}{M} = \underset{\text{（加える力）}}{F} \times \underset{\text{（OPの長さ）}}{l}$$

> 力のモーメントの単位には、ニュートン・メートル〔N·m〕が一般的に使われます。

例題1

　回転軸Oから水平に2m離れた点Pに、OPに対し直角下向きに300Nの力を加えた場合、力のモーメントの大きさはいくらか。

　この場合、F＝300N、l＝2mなので、
$M＝F×l$
　＝300×2＝600

∴ 力のモーメントの大きさは600N·m

例題2

　許容締め付けトルクが100N·mであるアンカーボルトを締め付けるとき、下の図のようなスパナを用いるとすると最大締め付け力はいくらか。

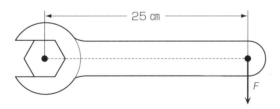

📖 用語

トルク
固定された回転軸を中心にして働く力のモーメントのことをいう。試験では、モーメントもトルクも同じと考えてよい。

　この場合、「許容締め付けトルク」を力のモーメントとして考えます。単位が〔N·m〕になっているので、25cmを0.25mに直してから、上の公式に当てはめましょう。

　M＝100N·m、l＝0.25mなので、
$M＝F×l$
100＝F×0.25　　これを解いて、F＝400

∴ 最大締め付け力は400N

> 計算問題では、単位をそろえることに注意しないとね。

③ 力のモーメントのつり合い

1つの物体に、点Oを中心として右回りのモーメントと左回りのモーメントが同時に作用しているにもかかわらず、物体が回転しない場合、この2つのモーメントは大きさが等しい（つり合っている）といえます。

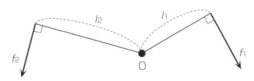

右回り（時計回り）のモーメント $= f_1 \times l_1$ ……①

左回り（反時計回り）のモーメント $= f_2 \times l_2$ …②

①＝②なので、$f_1 \times l_1 = f_2 \times l_2$ が成り立ちます。

プラス1

体重の異なる2人が乗っているシーソーが静止している。

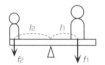

これも、右回りと左回りのモーメントがつり合っている例である。

例題3

下の図において、右回りと左回りの力のモーメントがつり合っている場合、右回りの力f_1の大きさはいくらか。

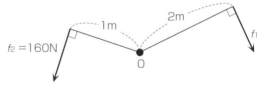

右回りと左回りの力のモーメントがつり合っているので、$f_1 \times l_1 = f_2 \times l_2$ が成り立ちます。

$l_1 = 2m$, $l_2 = 1m$なので、

$f_1 \times 2 = 160 \times 1$　　これを解いて、$f_1 = 80$

∴ 右回りの力f_1の大きさは、80N

コレだけ！　　力のモーメントの大きさの求め方

M（力のモーメント）$= F \times l$

F：加える力

l：回転軸の中心Oから力の作用点Pまでの距離

確認テスト

Key Point			できたら チェック ☑
力のモーメント とは何か	☐	1	力のモーメント（回転力）とは、回転軸を中心に物体を回転させようとする力の働きをいう。
	☐	2	回転軸の中心から力の作用点までの距離が一定であるとき、回転力は、加える力の大きさに比例する。
	☐	3	加える力の大きさが一定であるとき、回転力は、回転軸の中心から力の作用点までの距離に反比例する。
力のモーメント の計算	☐	4	右の図のように、回転軸Oから水平に3m離れた点Pに、OPに対し直角下向きに200Nの力を加えると、力のモーメントの大きさは600N·mとなる。
	☐	5	右の図のようなスパナを用いて100Nの力を加えてボルトを締め付けた場合、そのトルクは3500N·mとなる。
力のモーメント のつり合い	☐	6	右の図において、右回りと左回りの力のモーメントがつり合っている場合、OPの長さは2mである。

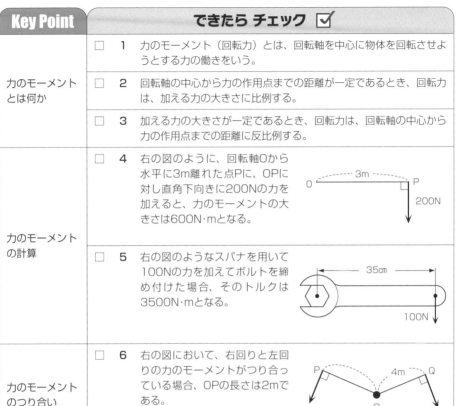

解答・解説

1.○　2.○　3.× 反比例ではなく、比例する。　4.○ 力のモーメント＝200N×3m＝600N·m。　5.× 35cm＝0.35mなので、トルクすなわち力のモーメントは、100N×0.35m＝35N·mとなる。　6.× 右回りと左回りの力のモーメントがつり合っているので、f_1×OP＝f_2×OQが成り立つ。∴ 200×OP＝300×4。これを解くとOP＝6。したがって、OPの長さは6mである。

ここが狙われる！

力のモーメントを求める公式（$M = F × l$）と、力のモーメントがつり合っている場合に成り立つ式（$f_1 × l_1 = f_2 × l_2$）を確実に覚えておこう。また、式に数値を当てはめる際には、単位がそろっているかどうかに注意しよう。

Lesson 3 仕事と摩擦

試験では、「仕事率（動力）」や「最大摩擦力」の問題がよく出題されています。物理でいう「仕事」とは何かについて、しっかりと学習しましょう。仕事量、仕事率、最大摩擦力の求め方とその単位が重要です。

1コマ劇場

最大摩擦力は、摩擦係数と重量で決まります。接触面積とは関係ありません。

こんな形のものは、摩擦力が大きそうですね。

① 仕事とは何か

　物体に力Fを加えて、その方向に物体が移動したとき、「力Fは物体に対して**仕事をした**」といいます。

F
（加える力）

S
（移動距離）

　力の大きさをF、物体の移動距離をSとすると、力Fがした仕事の量（仕事量）Qは、次の式で表されます。

$$Q = F \times S$$
（仕事量）（力の大きさ）（移動距離）

　力の単位を〔N〕、距離の単位を〔m〕とすると、仕事量の単位は〔N・m〕ですが、一般にはジュール（記号J）を用います。1 J ＝ 1 N・mです。つまり、1 Nの力で物体を1 m動かしたときの仕事量が1 Jです。

ジュールは、電流によって生じる熱量に関する法則を導いたイギリスの物理学者の名前です。

プラス1
1000 Jを1KJ（キロジュール）と表すこともある。

600Nの重力がかかっている物体を、上向きに2m持ち上げたとすると、仕事量はいくらか。

加えた力 $F = 600$ N

物体の移動距離 $S = 2$ m

仕事量 $Q = F \times S$

$\qquad = 600 \times 2$

$\qquad = 1200$

∴ 仕事量は、1200J

プラス1

力を加えても物体がまったく動かないときは、移動距離＝0なので、仕事量は0となる。

1Jは1N・mだから答えは1200N・mともいえるし、1.2kJともいえるね。

② 滑車を用いた仕事

　滑車を使うと、物体を動かす仕事がしやすくなります。滑車には、**定滑車**と**動滑車**があります。

①定滑車（図1）

　固定された滑車です。ロープを引くと、物体が上向きに移動します。定滑車では、**力の大きさは同じ**です。また、引いたロープの長さだけ物体が移動します。

■図1

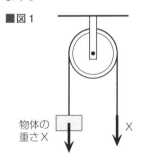

物体の重さX

X

②動滑車（図2）

　ロープを引くと、物体とともに滑車も移動します。加える力の大きさは、**物体の重さの2分の1**になります。また、ロープを引く長さが物体の移動距離の**2倍になる**という点が特徴です。

■図2

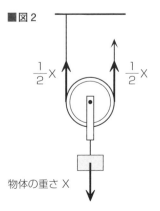

$\frac{1}{2}$X　　$\frac{1}{2}$X

物体の重さ X

プラス1

動滑車を用いた場合は、ロープを引く力は半分で済むが、物体の移動距離の2倍ロープを引かなければならない。つまりFが2分の1になるかわりにSが2倍になるため、仕事量は動滑車を用いない場合と変わらない。

プラス1

右の図の場合、物体を1m持ち上げると、動滑車が2個組み込まれているため、1m×2×2＝4mとなり、定滑車Cのロープを引く長さは4mになる。

ワットは蒸気機関の改良に成功したイギリスの発明家の名前です。

例題2

右の図のように、2個の動滑車A、Bと1個の定滑車Cを組み合わせて重量600Nの物体を持ち上げる場合、定滑車Cのロープを引く力Fは、何N以上必要となるか。

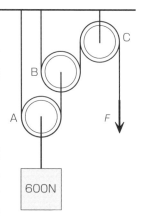

まず動滑車Aの両端には、600Nの2分の1ずつの力がかかります。次に、動滑車Bの両端にはさらにその半分ずつの力がかかります。最後の定滑車Cは力の大きさを変えないので、次のようになります。

$$600N \times \frac{1}{2} \times \frac{1}{2} = 150N \qquad \therefore \ Fは150N以上の力が必要$$

③ 仕事率

単位時間当たりの仕事量を、**仕事率**または**動力**といいます。仕事率*P*は、仕事量*Q*をそれに要した時間*t*で割ることによって求められます。

$$\underset{(仕事率)}{P} = \frac{Q \ \text{(仕事量)}}{t \ \text{(要した時間)}}$$

仕事量*Q*の単位を〔J〕、時間*t*の単位を〔秒〕とすると仕事率（動力）の単位は〔J/秒〕ですが、ワット（記号**W**）を用いる場合もあります。1W＝1J/秒です。つまり、1Jの仕事に1秒かかったとき、仕事率は1Wということです。

例題3

2kJの仕事に5秒間かかった。このとき仕事率は何Wか。

2kJ＝2000Jなので、

$$\therefore \ 仕事率 = \frac{2000}{5} = 400 \ 〔J/秒〕 = 400 \ 〔W〕$$

例題 4

　ある物体を180Nの力で400m移動させた。この仕事をするのに1時間を要した場合、動力は何Wか。

　まず、180Nの力で400m移動させたのだから、

　　仕事量＝180×400＝72000J

　これに1時間＝3600秒（60秒×60分）を要したので、

　∴ 動力（仕事率）＝$\dfrac{72000}{3600}$＝20〔J/秒〕＝20〔W〕

> 単位をそろえることを忘れずに。

④ 摩擦力

　床に置かれた荷物を動かそうとしても、簡単には動かないことがあります。これは、荷物と床との接触面に摩擦が生じているためです。静止している物体を動かそうとするとき、その接触面には、動かそうとする方向と逆向きの力が働きます。これが摩擦力です。摩擦力は物体が動き出す寸前に最大となり、これを**最大摩擦力**といいます。

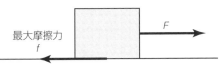

最大摩擦力
f

F

> 単に摩擦力というときは最大摩擦力を指すものと考えて差しつかえありません。

　最大摩擦力以上の力Fを物体に加えたとき、物体は動き始めます。最大摩擦力fの大きさは、摩擦係数をμ、物体の重量をMとすると、次の式によって求められます。

$$f = \mu \times M$$
（最大摩擦力）（摩擦係数）（物体の重量）

　摩擦係数μは、接触面の材質や状態などによって決まる一定値です。主な物体の摩擦係数をみておきましょう。

> μは「ミュー」と読みます。

- 氷 ……………… 0.02～0.09
- 木（湿）………… 0.2
- 石（れんが）…… 0.6～0.7
- 軟鋼 ……………… 0.3～0.35
- 木（乾燥）……… 0.5
- ガラス …………… 0.9～1.0

例題5

摩擦係数0.5、重量70Nの物体が、水平な床面上に置かれている。この物体の最大摩擦力はいくらか。

$\mu=0.5$、$M=70$なので、

最大摩擦力$f=\mu\times M$

$\qquad\qquad=0.5\times70=35$

$\qquad\qquad\qquad$∴ この物体の最大摩擦力は、35N

例題6

下の図のように、床面から1000Nの垂直抗力を受けている物体がある。これを水平方向に引っ張り、少しずつ力を加えていくと、力が300Nになったとき動き始めた。この場合、接触面の摩擦係数はいくらか。

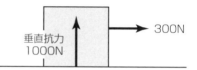

垂直抗力
1000N

300N

垂直抗力とは、床面などが物体を上に押し返す力のことをいいます。垂直抗力は物体にかかる重力と同じ大きさであり、垂直抗力1000Nということは物体の重量Mも1000Nということです。また、力が300Nになったときに動き始めたのだから、最大摩擦力$f=300$Nと考えられます。

したがって、$f=\mu\times M$

$\qquad\qquad300=\mu\times1000$　　これを解いて、$\mu=0.3$

$\qquad\qquad\qquad$∴ 接触面の摩擦係数は、0.3

用語

垂直抗力
物体に重力がかかると、床面が同じ大きさで物体を押し返す力。垂直抗力と物体にかかる重力は同じ大きさである。またこの2力がつり合っているため、物体は床の上で静止していられる。

コレだけ！　　**仕事量、仕事率、最大摩擦力の求め方**

- **仕事量**：Q（仕事量）$= F$（力の大きさ）$\times S$（物体の移動距離）

- **仕事率**：P（仕事率）$= \dfrac{Q\,（仕事量）}{t\,（仕事に要した時間）}$

- **最大摩擦力**：f（最大摩擦力）$= \mu$（摩擦係数）$\times M$（物体の重量）

 確 認 テ ス ト

Key Point			できたら チェック ☑
仕事とは何か	☐	1	物体に力を加え、その方向に物体が移動したとき、その力は「仕事」をしたという。
	☐	2	ある物体を150Nの力で3m移動させたとき、仕事量は50Jである。
滑車を用いた仕事	☐	3	右の図のように、動滑車と定滑車を1個ずつ組み合わせて重量200Nの物体を持ち上げる場合、定滑車のロープを引く力Fは、100N以上必要となる。
仕事率	☐	4	仕事率とは、仕事量と仕事に要した時間をかけ合わせたものである。
	☐	5	800Jの仕事量を20秒間で行った場合、その動力は40Wである。
摩擦力	☐	6	最大摩擦力は、物体の重量と接触面積に比例する。
	☐	7	重量50Nの物体が、水平な床面上に置かれている。摩擦係数が1.4とすると、この物体の最大摩擦力は70Nになる。
	☐	8	摩擦係数は、接触面の材質や状態等によって決まる一定値である。
	☐	9	石（れんが）と軟鋼では、石（れんが）のほうが摩擦係数が小さい。

図中：200N　F

解答・解説

1.○　2.×　仕事量＝（力の大きさ）×（物体の移動距離）。したがって、150N×3m＝450N·m＝450Jである。　3.○　動滑車の両端のロープにそれぞれ100N（200Nの2分の1）ずつかかるので、定滑車のロープを引く力Fは100N以上必要である。　4.×　仕事率とは仕事量をその仕事に要した時間で割ったものである。　5.○　動力（仕事率）＝800J÷20秒＝40J/秒＝40Wである。　6.×　最大摩擦力は「摩擦係数」と「物体の重量」との積なので、この両者に比例する。接触面積の大小は関係ない。　7.○　最大摩擦力＝（摩擦係数）×（物体の重量）＝1.4×50＝70Nである。　8.○　9.×　石（れんが）の摩擦係数は0.6～0.7、軟鋼は0.3～0.35なので、軟鋼のほうが摩擦係数が小さい。

ここが狙われる！

最大摩擦力は、摩擦係数と物体の重量（または垂直抗力）の積であり、**接触面積の大小は関係がない**。計算問題に接触面積が示されていても、「ひっかけ」に過ぎないので気をつけよう。

4 物体の運動

ここでは、「速度」「加速度」「落下運動（自由落下）」および「運動の法則」について学習します。まず、速度と距離、時間の関係をしっかり理解しましょう。運動の法則については、第2法則の加速度に関する内容が特に重要です。

1コマ劇場

なるほど！「き（距離）」は、そ（速度）×じ（時間）ですね。

「じ（時間）」を隠すと、き（距離）／そ（速度）になります。

① 速度とは

物体が単位時間に移動した距離を「**速度**」といいます。したがって、速度を求めるときは、物体が移動した距離をそれに要した時間で割ります。たとえば、移動した距離が S〔m〕、要した時間が t〔秒〕のときの速度 v は、次の式で求められます。この場合、単位は〔m/秒〕です。

$$v_{（速度）} = \frac{S_{（移動距離）}}{t_{（要した時間）}}$$

この式を、右の図のようにして覚えておくと便利です。

S (距離)	
v (速度)	t (時間)

- 速度 v を隠すと、$\frac{S}{t}$ であることがわかる

- 距離 S を隠すと、$v \times t$ であることがわかる

つまり、速度と時間をかけ合わせると、距離になります。

重要!!!

速度の単位

- 距離…〔m〕
  時間…〔秒〕
  ⇒速度〔m/秒〕

- 距離…〔km〕
  時間…〔時間〕
  ⇒速度〔km/時〕

なお、
「秒」は second、
「時間」は hour
なので、それぞれ頭
文字をとって、
〔m/秒〕→〔m/s〕
〔km/時〕→〔km/h〕
と表すこともある。

　ただし、この図を使って計算するときは、距離や時間の単位を速度の単位にそろえることに注意しましょう。

例題1

　距離 S〔m〕を t〔分〕で移動した場合、速度 v〔m/秒〕はいくらか。

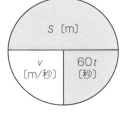

　この場合、速度の単位が〔m/秒〕なので、t〔分〕を秒に直します。
1分＝60秒より、$60t$〔秒〕。
$$\therefore v = \frac{S}{60t}\text{〔m/秒〕}$$

例題2

　時速72kmは、秒速何mか。

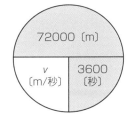

　単位を〔m/秒〕にそろえます。時速72kmとは、1時間に72km移動することなので、距離を〔m〕に直すと72000〔m〕です。
　1時間＝3600秒です。　$\therefore v = \dfrac{72000}{3600} = 20$〔m/秒〕

プラス1

単位〔m/秒〕などの〔/〕は÷の意味なので、〔m/秒〕の場合、距離〔m〕を時間〔秒〕で割るということを意味している。このように、単位を見ても求め方（計算式）がわかる。

重要

速度はベクトル量
力と同じく、速度も大きさと方向を問題とするベクトル量である（●P.12）。このため、力の合成と同様、速度も合成することができる。

② 加速度

　単位時間当たりの速度の変化の割合を「**加速度**」といいます。たとえば、速度v_1〔m/秒〕で運動していた物体が、速度v_2〔m/秒〕まで加速し、それに要した時間が t〔秒〕であった場合、加速度aは次の式で求められます。

$$a\,(\text{加速度}) = \frac{v_2\,(\text{加速した速度}) - v_1\,(\text{はじめの速度})}{t\,(\text{要した時間})}$$

　この場合、加速度の単位は〔m/秒²〕です。
　速度〔m/秒〕をさらに時間〔秒〕で割ることになるため、分母が〔秒²〕となります。

〔m/秒²〕は「メートル毎秒毎秒」と読み、〔m/s²〕と表されることもあります。

5m/秒で運動している物体が、6秒間で、23m/秒まで加速したとき、加速度a〔m/秒²〕はいくらか。

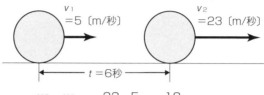

$$加速度a = \frac{v_2 - v_1}{t} = \frac{23-5}{6} = \frac{18}{6} = 3$$

∴ 加速度$a = 3$m/秒²

停車中の自動車が発進し、90km/時に達するまでに10秒かかったとすると、加速度は何m/秒²か。

停車中だったので、$v_1 = 0$〔m/秒〕

$v_2 = 90$〔km/時〕$= 25$〔m/秒〕

$$加速度 = \frac{25-0}{10} = 2.5$$

∴ 加速度$= 2.5$m/秒²

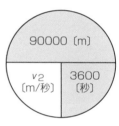

加速度を求める式 $a = \dfrac{v_2 - v_1}{t}$ を変形していくと、

$v_2 = v_1 + at$ …①

と表すことができます。これをみると、t秒後の速度v_2は、初速v_1にatを加えたものであることがわかります。

次に、このt秒間に移動する距離Sについて考えてみましょう。

距離＝速度×時間ですが、この場合の速度は、v_1とv_2の平均速度（$\dfrac{v_1 + v_2}{2}$）になります。

$$S = \frac{v_1 + v_2}{2} t \quad …②$$

さらに、この②式のv_2のところに①式を入れると、

用語

初速
加速する前の物体の速度のこと。

28

$$S = \frac{v_1 + v_1 + at}{2}\, t$$

これを変形していくと、次のような式が得られます。

$$S = v_1 t + \frac{1}{2}\, at^2 \cdots ③$$

3 落下運動

物体を落下させると、徐々に加速していきます。このような落下運動の場合、加速度aは**重力加速度g**になります（$g = 9.8\,[\mathrm{m/s^2}]$）。

このため、前ページの①式と上の③式より、t秒後の速度v_2とt秒間に落下する距離Sは、それぞれ次のように表されます。

$$v_2 = v_1 + gt$$

$$S = v_1 t + \frac{1}{2}\, gt^2$$

手に持った物体をそっと離してそのまま落下させるような**自由落下**の場合は、初速$v_1 = 0$であるため、以下のようになります。

■ 自由落下の場合

初速
$v_1 = 0$

t秒間の
落下距離
$S = \dfrac{1}{2}\, gt^2$

t秒後の
速度
$v_2 = gt$

> **📖用語**
>
> **重力加速度**
> 重力によって生じる加速度。その値は、物体の質量の大小とは関係なく、おおむね$9.8\,[\mathrm{m/s^2}]$になる。

$$\underset{\text{（加速した速度）}}{v_2} = \underset{\text{（重力加速度×時間）}}{gt} \qquad \underset{\text{（落下する距離）}}{S} = \underset{\text{（重力加速度×時間の2乗）}}{\frac{1}{2}\, gt^2}$$

例題5

物体が静止状態から自由落下し始めて速度49m/秒に達するのは何秒後か。また、この間の落下距離は何mか。

t秒後に49m/秒に達するとすると、$v_2 = gt$より、

$49 = 9.8t$　　これを解いて、$t = 5$　　∴5秒後に達する

また、5秒間の落下距離Sは、$S = \dfrac{1}{2}\, gt^2$より、

$S = \dfrac{1}{2} \times 9.8 \times 5^2 = 122.5$　　∴(5秒間の)落下距離は122.5m

用語

運動の法則
ニュートンによって
体系化されたので、
「ニュートンの運動
法則」とも呼ばれる。

重要 !!!

質量と重さ
質量とは「物質その
ものの量」であり、
単位には〔g〕を用
いる。これに対し、
重さとは「物質に働
く重力の大きさ」で
ある。
重さは質量に比例
し、無重力状態では
質量があっても重さ
は0になる。

一般に運動の法則
という場合には、
第2法則のことを
指します。

④ 運動の法則

運動の法則には、次の3つの法則があります。

- 第1法則…慣性の法則
- 第2法則…加速度と質量及び力の関係の法則
- 第3法則…作用・反作用の法則

①慣性の法則（運動の第1法則）

物体は、外力が加わらない限り、その状態を持続する。

- 静止している物体は、いつまでも静止し続ける
- 運動している物体は、その運動（速さも方向も変わらない等速直線運動）を続ける

②加速度と質量及び力の関係の法則（運動の第2法則）

物体に外力が加わると、その力の方向に加速度を生じ、加速度の大きさはその**力の大きさに比例**し、**物体の質量に反比例**する。したがって、加速度をa、力をF、質量をMとすると、次の式が成り立つ。

$$a = \frac{F\,_{(力)}}{M\,_{(質量)}} \quad \text{または} \quad F = Ma\,_{(質量 \times 加速度)}$$

（加速度）　　　　　　　　　　　　（力）

- 静止している物体を動かすとき、大きな速度を与えるには、大きな力を必要とする
- 物体の速度を変えるときは、物体の質量が大きいほど、大きな力を必要とする

③作用・反作用の法則（運動の第3法則）

ある物体が他の物体に力を加えると（作用）、他の物体もそれと大きさの等しい反対方向の力（反作用）を及ぼす。

コレだけ！

速度・距離・時間の関係

	き (距離)	
そ (速度)		じ (時間)

加速度・加える力・物体の質量の関係

加速度は、
- 加える力の大きさに比例する
- 物体の質量に反比例する

確認テスト

Key Point			できたら チェック ☑
速度とは	☐	1	速度とは、単位時間に物体が移動した距離のことである。
	☐	2	速度をv〔m/秒〕、距離をS〔m〕、要した時間をt〔秒〕、とするとき、$S=v×t$ という関係式が成り立つ。
	☐	3	分速600mを、秒速に直すと3.6mである。
	☐	4	速度は、合成することができない。
加速度	☐	5	下の図のように加速するのに4秒間を要した場合、この物体の加速度は150m/秒²である。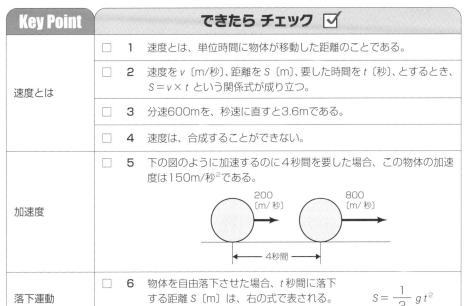
落下運動	☐	6	物体を自由落下させた場合、t秒間に落下する距離 S〔m〕は、右の式で表される。（$g=9.8$〔m/s²〕）　　$S=\dfrac{1}{2}gt^2$
運動の法則	☐	7	物体に外力が加わると、その物体は等速直線運動を続ける。
	☐	8	物体に外力が加わると、その力の方向に加速度を生じ、加速度の大きさは、加えられた力の大きさに比例する。
	☐	9	加速度の大きさは、力を加えられた物体の質量に比例する。

解答・解説

1.○　2.○ 距離 S〔m〕は、速度 v〔m/秒〕と要した時間 t〔秒〕の積である。　3.× 1分間は60秒なので、秒速に直すと600m÷60秒＝10m/秒である。　4.× 速度は大きさと方向を問題とするベクトル量なので、力と同様、合成することができる。　5.○ v_1〔m/秒〕から v_2〔m/秒〕まで加速するのに t 秒かかった場合、加速度 $a=(v_2-v_1)/t=(800-200)/4=150$〔m/秒²〕。6.○　7.× 等速直線運動は、物体に外力が加わっていないときの運動である。物体に外力が加わった場合は、加速度を生じるので、等速直線運動にはならない。　8.○　9.× 加速度の大きさは、加えられた力の大きさに比例するが、物体の質量には反比例する。

ここが狙われる！

速度、加速度、落下運動（自由落下）については、**式の形そのものを問う出題**がよくみられる。また、運動の法則については、**加速度と外力の大きさ、物体の質量との関係**に注意する。

圧力と液体・気体

ここでは「圧力」について学習します。圧力の計算、圧力と液体・気体に関するパスカルの原理、圧力・温度と気体の体積に関するボイル・シャルルの法則、大気圧およびゲージ圧まで、基本から順を追って理解していきましょう。

1コマ劇場

面積が広いスキー板のほうが、雪にかかる圧力が小さくなります。

スキー板をはかないと、くつが雪に、めり込んじゃう！

① 圧力とは

スキー板の面積はくつ底の面積より広いから、雪にかかる圧力が小さくなるんだね。

　単位面積当たりに働く力の大きさを「**圧力**」といいます。圧力は、力の大きさ〔N〕をその力を受ける面の面積〔㎡〕で割ることによって求められます。

$$圧力 = \frac{力の大きさ〔N〕}{面の面積〔㎡〕}$$

　圧力は、1㎡当たりの面に働く力の大きさなので、単位は〔N/㎡〕になります。

パスカルは、「パスカルの原理」などで有名なフランスの学者の名前です。

　また、**パスカル**（記号Pa）という単位を使って表すこともあります。

　1Pa＝1N/㎡です。

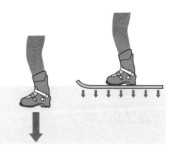

体重（力の大きさ）は同じでも、圧力は異なる。

例題1

　下の図のような重量18000Nの物体が、床面上に置かれている。このとき、横3m、縦2mの床面にかかる圧力はいくらか。

　図より、物体から力を受ける床の面積は、3m×2m＝6㎡です。

　したがって、

$$∴ 圧力 = \frac{18000}{6} = 3000N/㎡$$

$$= 3000Pa$$

また、1000Pa＝1kPaなので、
3kPaと表すこともできます。

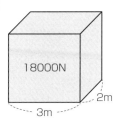

18000N

2m
3m

プラス1

力〔N〕、圧力〔Pa
＝N/㎡〕、面積〔㎡〕
の関係も、下の図で
覚えると便利。

ち
（力）

あ　　め
（圧力）（面積）

② 水圧

「**水圧**」とは、水の重量によって生じる圧力のことをいいます。圧力なので、単位は〔N/㎡〕または〔Pa〕です。
水の重量は1㎡当たり9800Nです。

例題2

　右の図のような底面積2㎡の円筒型の容器に、深さ5mまで水を入れたとき、容器の底部が受ける水圧は何kPaか。

　まず、容器に入った水の体積は、底面積×高さ＝2×5＝10㎡です。

　水の重量は1㎡当たり9800Nなので、10㎡では9800N×10＝98000Nになります。

　この重量が底面積2㎡の容器の底部にかかるので、

$$∴ 底部が受ける水圧 = \frac{98000}{2} = 49000N/㎡$$

$$= 49000 Pa = 49kPa$$

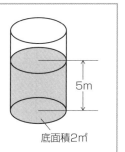

5m

底面積2㎡

水1㎡当たりの重量が9800Nということは覚えておくといいね。

③ パスカルの原理

　石や鉄といった**固体**に圧力を加えると、圧力は加えられた方向にだけ伝わっていきます。ところが、**液体や気体**の場合は、あらゆる方向に圧力が伝わります。

　「容器に密閉された液体や気体の一部に圧力を加えると、その圧力は液体や気体のどの部分にも均等に伝わり、どの面にも垂直に同じ大きさで伝わる」これを、**パスカルの原理**といいます。

　たとえば、右の図のように水を密閉した断面積2㎡の容器の上から10Nの力を加えると、5N/㎡（5Pa）の圧力が、容器内のどの面にも伝わります。

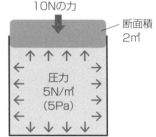

風船をふくらませると、均等にふくらんでいきます。これは加えた圧力が、一方向だけでなく風船内の全体に伝わるからです。

プラス1
パスカルの原理を応用すると、右の図のように小さい力によって大きな力を得ることができる。これを利用したのが水圧機や油圧機である。

例題3

　下の図のような水圧機がある。ピストンAに12Nの重りを置き、ピストンBに20Nの重りを置いたとき、ちょうどつり合った。ピストンAの断面積は3㎡である。ピストンBの断面積は何㎡か。

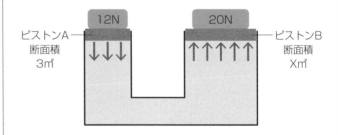

　パスカルの原理により、ピストンAに加わる圧力と同じ大きさの圧力がピストンBにも加わります。

　ピストンAに加わる圧力は、$\dfrac{12\text{N}}{3\text{㎡}} = 4\text{N/㎡}$です。

　ピストンBにもこれと同じ大きさの圧力が加わるため、断面積をX㎡とすると、

ピストンBに加わる圧力は、$\dfrac{20N}{Xm^2} = 4N/m^2$。

これを解いて、X＝5　　　　∴ ピストンBの断面積は5㎡

④ ボイル・シャルルの法則

気体については、次のような性質があります。

①ボイルの法則

温度が一定のとき、圧力を2倍にすると、体積は2分の1になります。つまり、**気体の体積（V）は圧力（P）に反比例します**（温度は一定）。これを**ボイルの法則**といいます。

圧力P_1で体積V_1の気体が、圧力P_2で体積V_2になったときは、次の関係が成り立ちます。

$$P_1\,V_1 = P_2\,V_2$$

②シャルルの法則

圧力が一定のとき、気体の体積（V）は温度が1℃増減するごとに、0℃のときの体積の273分の1ずつ増減します。また、温度を絶対温度（セ氏温度＋273度）で表すと、**気体の体積（V）は絶対温度（T）に比例します**（圧力は一定）。これらを**シャルルの法則**といいます。

絶対温度T_1で体積V_1の気体が、絶対温度T_2で体積V_2になったときは、次の関係が成り立ちます。

$$\dfrac{V_1}{T_1} = \dfrac{V_2}{T_2}$$

③ボイル・シャルルの法則

①と②をまとめると、気体の体積は（V）、**圧力に反比例し、絶対温度に比例（T）します**。これを**ボイル・シャルルの法則**といい、次の式が成り立ちます。

$$\dfrac{P_1\,V_1}{T_1} = \dfrac{P_2\,V_2}{T_2}$$

重要!!!

比例、反比例の意味
比例
一方を2倍、3倍にしたとき、それに伴って他方も2倍、3倍になる関係。
反比例
一方を2倍、3倍にしたとき、それに伴って他方が2分の1、3分の1になる関係。

用語

絶対温度
セ氏−273℃を0度とする温度。単位はケルビン（記号K）。温度が低下していくと分子運動が不活発となり、やがて停止してしまう。このときの温度が−273℃であり、絶対0度と呼ばれる。絶対温度とは、この絶対0度を基準とした温度である。

①大気圧

　地球上では空気の重さによる圧力が常に加わっており、これを**大気圧**といいます。大気圧を調べるときは、真空の管をさかさまにして液体につけ、その液体の上昇した高さを測定します。

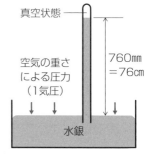

　液体が水銀（Hg）の場合、高さ760mm（76cm）に相当する圧力が1気圧（atm）です。1気圧（atm）＝1013hPaであり、これを**標準大気圧**といいます。

②ゲージ圧

　圧力計で測定される圧力は圧力差です。真空との圧力差の場合は、**絶対圧力**といいます。絶対圧力には、大気圧が含まれています。

　ゲージ圧とは、絶対圧力から大気圧を除いた圧力のことです。大気圧との圧力差であり、**相対圧力**とも呼ばれます。

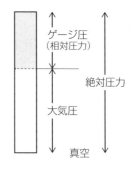

実効性があるため、通常は絶対圧力よりもゲージ圧のほうが用いられます。

用語

hPa

ヘクトパスカルと読む。「ヘクト」とは100倍という意味であり、1hPa=100Paである。

プラス1

液体が水銀ではなく単なる水の場合は、1気圧のとき水柱の高さは約10mに達する。これを1気圧＝10mAqと表す。

ゲージ（gauge）は「計器」という意味です。圧力計のことを圧力ゲージともいいます。

コレ だけ！

圧力の求め方

$$圧力 = \frac{力の大きさ〔N〕}{面の面積〔m^2〕} \qquad 1N/m^2 = 1Pa$$

ボイル・シャルルの法則

気体の体積は、①**圧力に反比例**し、②**絶対温度に比例**する

 **確認テスト**

Key Point			できたら チェック ☑
圧力とは	☐	1	圧力とは、単位体積当たりに働く力の大きさをいい、1N/㎡＝1Pa である。
水圧	☐	2	右の図のような底面積1㎡、高さ3m の円筒型容器に水がいちばん上まで 入っているとき、容器の底部が受け る水圧は29.4kPaである。
パスカルの原理	☐	3	容器に密閉された液体や気体の一部に圧力を加えると、その圧力は 液体や気体のどの部分にも均等に伝わり、どの面にも垂直に同じ大 きさで伝わる。
ボイル・シャルルの法則	☐	4	右の式は、ボイルの法則を表すもの である。（Vは体積、Tは絶対温度） $\dfrac{V_1}{T_1}=\dfrac{V_2}{T_2}$
	☐	5	気体の体積は、圧力に反比例し、絶対温度に比例する。
	☐	6	気体の圧力が3倍、絶対温度が2倍になったとすると、この気体の 体積は、もとの体積の3分の2になる。
大気圧とゲージ圧	☐	7	1気圧（atm）＝1013Paであり、これを標準大気圧という。
	☐	8	ゲージ圧（相対圧力）＝絶対圧力－大気圧 という関係が成り立つ。

（図：底面積1㎡、高さ3mの円筒型容器）

解答・解説

1.× 圧力は、単位体積ではなく、単位面積当たりに働く力の大きさである。 2.○ この容器に入った水の体積は、底面積×高さ＝1×3＝3㎥である。水の重量は1㎥当たり9800Nなので、3㎥では29400N。この重量が底面積1㎡の容器の底部にかかるので、底部が受ける水圧は29400N/㎡＝29.4kPaとなる。 3.○ 4.× この式はシャルルの法則を表すものである。ボイルの法則を表す式は$P_1V_1=P_2V_2$＝一定（P：圧力、V：体積）。 5.○ 6.○ 気体の体積は圧力に反比例するので、圧力が3倍になると、体積は3分の1になる。また、気体の体積は絶対温度に比例するので、絶対温度が2倍になると、体積も2倍になる。これらの結果、この気体の体積はもとの体積の3分の2になる。 7.× 標準大気圧は、1気圧（atm）＝1013hPaである。Paではない。 8.○ ゲージ圧とは、絶対圧力から大気圧を除いた圧力である。

ここが狙われる！

ボイルの法則、シャルルの法則、ボイル・シャルルの法則のそれぞれを表す式を覚えておこう。
また、大気圧、絶対圧力、ゲージ圧（相対圧力）の意味とそれらの関係を押さえよう。

Lesson 6 機械材料（1）

消火器の部品には、金属を中心としたさまざまな材料が使われています。ここでは、金属の一般的な性質のほか、合金の特徴、鉄鋼材料の熱処理、金属表面の処理について学習していきます。

1コマ劇場

鍛造は、加熱した金属をハンマーでたたくなどして、圧力を加えることで、形成する方法です

日本刀は、鍛造という製造技法で作られます。焼入れ、焼戻しもします。

 用語

融点
固体が溶けて液体になる温度のこと。
- 鉄…1535℃
- 銅…1084.5℃
- アルミニウム
　……660.4℃
このように、金属は融点が高い。例外は水銀の−38.83℃で、金属であるのに常温で液体である。

「鍛造」の代表的な製品として、日本刀や航空機用ホイールなどが挙げられます。

① 金属の一般的な性質

①常温で固体
　融点が高く、常温（20℃）で固体である
②金属光沢がある
　みがくと表面が光を受けて輝く
③展性・延性
　ハンマーなどでたたくと平面的に広がる性質（**展性**）や、引っ張ると鉄棒のように延びる性質（**延性**）がある
④可鍛性
　衝撃や圧力で破壊されにくいため、加熱し圧力をかけ、鍛えながら目的の形に変形すること（**鍛造**）ができる
⑤可鋳性
　加熱して溶かし、金型などに入れて成形すること（**鋳造**）ができる
⑥熱および電気の良導体
　熱や電気が伝わりやすい（伝導率が高い）

❷ 合金とは

　「合金」とは、金属にほかの金属または非金属材料を混ぜ合わせたものをいいます。合金の成分の割合は、その合金の使用目的に応じて異なります。合金にすることによって機能が向上するため、機械材料としては純金属よりも合金のほうが広く利用されています。合金には、一般に次のような特徴があります。

- **比重**は、成分金属の割合から算出した値とほぼ**等しい**
- **融点**は、一般に成分金属の平均値より**低くなる**
- 一般に、**鋳造しやすい**
- 一般に、**鍛造しにくい**（可鍛性がなくなってしまうものもある）
- 成分金属よりも、一般に強くて**硬くなる**
- **耐食性**（さびにくさ）は、一般に著しく**向上する**
- **熱と電気の伝導率**は、成分金属の平均値より**低くなる**

鉄と炭素との合金である「鉄鋼」や、銅、アルミニウムなどの合金については次のレッスンで学習します。

 用語

比重
その物質の質量が、それと同じ体積の水（1気圧4℃）の質量の何倍であるかを示した数値。つまり、水の重さを1とした場合の、その物質の重さのこと。

❸ 鉄鋼材料の熱処理

　材料に必要な性能を与える目的で、加熱したり冷却したりする操作を「熱処理」といいます。主に鉄鋼材料に用いられます。鉄鋼材料の熱処理には次の種類があります。

種類	操作内容	目的
焼入れ	高温加熱し、**水中**または**油中**で**急冷**する	硬く強くする
焼戻し	**焼入れ**したものを低い温度で**再加熱**し、徐々に冷却する	焼入れで低下したねばりを増す
焼なまし	高温加熱し、**一定時間保った後**、徐々に冷却する	組織を安定させる
焼ならし	加熱後、**大気中**で徐々に冷却する	組織を均一にする

「焼入れ」だけが急冷で、それ以外は徐々に冷却するんだね。

④ 金属の表面処理

耐摩耗性、耐食性、耐熱性、潤滑性を与えるため、金属の表面に処理を施します。次のような種類があります。

①表面のみを硬くする方法

鋼の表面焼入れ、浸炭焼入れなどがあります。「浸炭」とは、金属（特に低炭素鋼）の表面に炭素成分を浸み込ませるように焼いて、表面層を硬化させることをいいます。これにより、耐摩耗性が向上します。

②表面に被膜を作る方法

塗装、メッキ、溶射などがあります。

塗　装	油性塗料によるもの、メラミン樹脂等などの新素材によるもの、ライニングなど
メッキ	亜鉛メッキ（トタン）、すずメッキ（ブリキ）、鉛メッキ、アルミニウムメッキなど
溶　射	溶かした他種の金属を噴霧する

これらは、**防食**（さびを防ぐ）方法として効果があります。ライニングとは、エポキシ樹脂などを用いて配管などの内部を塗装することです。メッキは、一般に鋼材に対して行われ、亜鉛メッキが最も多く用いられています。これに対し、クロムや銅、ニッケルをメッキに用いると、鋼材に傷などがある場合、かえって腐食（さびること）を進めてしまうため、防食方法としては不適当です。

 用語

エポキシ樹脂
合成樹脂の一種であり、耐水性、耐薬品性、機械的強度などにも非常に優れている。

 コレだけ！

合金の特徴

- 融点 ⇒ 低くなる
- 硬さ ⇒ 強くて硬くなる
- 耐食性 ⇒ 向上する
- 熱・電気の伝導率 ⇒ 低くなる

主な熱処理

- **焼入れ**……高温加熱後、急冷 →硬く強くする
- **焼戻し**……低い温度で再加熱後、徐冷 →ねばりを増す

確認テスト

Key Point			できたら チェック ☑
金属の 一般的な性質	☐	1	展性とは、引っ張ると鉄棒のように延びる性質のことをいう。
	☐	2	可鋳性とは、加熱して溶かし、金型などに入れて成形することのできる性質をいう。
合金とは	☐	3	合金の融点は、一般に成分金属の平均値よりも低くなる。
	☐	4	合金にすると、一般にもとの金属よりも軟らかくなる。
	☐	5	耐食性は、合金にすると、一般に著しく向上する。
鉄鋼材料の 熱処理	☐	6	「焼入れ」とは、高温加熱した後、水中または油中で徐々に冷却することをいう。
	☐	7	「焼戻し」とは、焼入れしたものを低い温度で再加熱し、徐々に冷却することをいい、焼入れの際に低下したねばりを増す。
	☐	8	「焼なまし」とは、加熱後、大気中で徐々に冷却することによって組織を均一にすることをいう。
金属の表面処理	☐	9	「浸炭」とは、炭素成分を浸み込ませるように焼いて、金属の内部を硬化させることをいう。
	☐	10	「ライニング」とは、エポキシ樹脂などを用いて配管などの内部を塗装することをいう。
	☐	11	クロムをメッキに用いると、防食の方法として効果が大きい。

解答・解説

1.× これは「延性」の説明である。「展性」とは、ハンマーなどでたたくと平面的に広がる性質のことをいう。 2.○ 3.○ 4.× 合金は一般に、成分金属よりも強くて硬くなる。 5.○ 6.×「焼入れ」は、高温加熱後、水中または油中で急冷する。徐々に冷却するというのは誤りである。 7.○ 8.× これは「焼ならし」の説明である。「焼なまし」とは、加熱した後、一定時間保ってから徐々に冷却することによって組織を安定させることをいう。 9.×「浸炭」は、金属の表面層を硬化させるための処理である。内部を硬化させるというのは誤りである。 10.○ 11.× クロムや銅、ニッケルをメッキに用いると、鋼材に傷などがある場合に腐食を進めてしまうので、防食方法としては不適当である。

ここが狙われる！

「展性　延性」「可鍛性・可鋳性」など、**言葉の意味自体を問う出題**が多いので、カードなどを利用して暗記するとよい。特に、「焼入れ」「焼なまし」など**熱処理の種類**は、操作方法と目的を合わせて確実に覚えておく必要がある。

機械材料（2）

ここでは、機械材料としての鉄鋼材料、非鉄金属材料およびねじについて学習します。鉄鋼材料や非鉄金属材料のなかに、いろいろな合金が出てくるので、それらの名称と、何と何の合金であるかを覚えましょう。

1コマ劇場

ジュラルミンは、アルミニウムに、銅、少量のマグネシウム、マンガンを添加した合金です。

ステンレスは、低炭素鋼と、クロム、ニッケルの合金です。

① 鉄鋼材料

鉄鋼（鉄と炭素の合金）は、強さや硬さ、展性・延性などの性質がほかの金属と比べて優れており、また熱処理によって性質を変えられるため、機械材料として広く用いられています。鉄鋼材料には次のような種類があります。

①炭素鋼

鉄に少量の炭素（0.02〜約2％）が合金されたものを、炭素鋼といいます。微量のマンガン、りん、けい素、硫黄なども、精錬の残りとして含まれています。炭素の含有量によって、次の種類に分けられます（Cは炭素を表す）。

 用語

精錬
不純物の多い金属から純度の高い金属を取り出す過程のこと。

- 高炭素鋼 … C：0.7％以上 ↑ 硬くてもろい
- 中炭素鋼 … C：0.3〜0.7％
- 低炭素鋼 … C：0.3％以下 ↓ 軟らかくねばり強い

炭素の含有量が**多い**ほど、硬さ・引張り強さが増加して

展性・延性が減少し、もろくなります。逆に、炭素含有量が少ないほど、硬さ・引張り強さが減少して展性・延性が増加し、ねばり強くなります（加工が容易）。

②鋳鉄

　鉄に炭素が約2〜6.67％含まれた合金をいいます。炭素含有量が多いのでもろいですが、鋳造性に優れています。

③合金鋼（特殊鋼）

　炭素鋼にニッケル、クロム、モリブデンなどを含んだ合金であり、強度、耐食性、耐熱性が大きくなります。特に、**ステンレス鋼**（低炭素鋼とクロム、ニッケルの合金）は、耐食性に優れています。

② 非鉄金属材料

①銅とその合金

　銅は、熱や電気の伝導度が高く、展性・延性に優れているほか、塩水でも「緑青」などの保護被膜を生じて内部が保護されます。ただし、強さが十分でないため構造材には適しません。銅の合金には、次のようなものがあります。

ア　**黄銅（真ちゅう）**…銅と**亜鉛**の合金

　　圧延加工性、耐食性がよいが、海水に弱い

イ　**青銅（ブロンズ）**…銅と**すず**の合金

　　耐摩耗性、耐食性、鋳造性に優れ、弁類や軸受の材料に使用される。**りん青銅**（すず3〜9％、少量のりん）や**砲金**（すず10％、亜鉛2％）などの種類がある

②アルミニウムとその合金

　アルミニウムは、比重が鉄の約3分の1と軽く、耐食性に優れ、熱や電気の伝導度も高いですが、純アルミニウムは耐熱性、強さが劣ります。アルミニウムの合金には、ジュラルミン（銅、少量のマグネシウム、マンガンを添加）などがあります。また、アルミニウムの表面に人工の酸化被膜を作った**アルマイト**は、耐食性に優れています。

ゴロ合わせ

【ステンレス鋼の原料】
煮つけ（ニッケル）が
黒む（クロム）なっても
捨てんです（ステンレス鋼）

用語

緑青
銅や銅の合金の表面に生じる緑色のさびのこと。

プラス1

銅の合金には、次のようなものもある。
- 白銅
　銅＋ニッケル
- 洋白
　銅＋ニッケル＋亜鉛
　（ニッケルシルバーとも呼ばれる）

ジュラルミンは、軽量で強いため、航空機の材料などに使われています。

③ニッケルとその合金

　ニッケルは、耐食性、耐熱性があり、塑性加工に優れて
います。ニッケルにクロムを加えた**ニクロム**は、電熱線な
どに使われています。

④**すず、鉛などの合金**

　はんだは、すずと鉛の合金です。また、すずと鉛の合金
にアンチモン、銅などを添加した合金を**ホワイトメタル**と
総称しています。

③　ねじについて

　らせん状の突起（ねじ山）を円筒または円錐の外面につ
けたものを「ボルト」（おねじ）、内面につけたものを「ナ
ット」（めねじ）といいます。ねじの直径（ねじ山の外径）
を「呼び径」といい、これをミリメートルで表したねじを「メ
ートルねじ」といいます。これには記号「M」を用い、た
とえば「M 10」と表示してあれば、呼び径が10mmである
ことを意味します。また、
隣り合うねじ山の間隔を
ピッチ、ねじ山の角度を
リード角といいます。異
なるリード角のねじを用
いると、ねじを締めるこ
とができません。

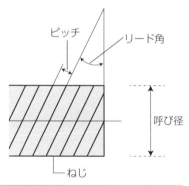

コレ だけ！

鉄鋼と炭素含有量

● 炭素含有量が多い
　⇒ 硬くて、もろい
● 炭素含有量が少ない
　⇒ 軟らかく、ねばり強い

主な合金

● **ステンレス鋼**
　（低炭素鋼＋クロム＋ニッケル）
● **黄銅**（銅＋亜鉛）
● **青銅**（銅＋すず）
● **はんだ**（すず＋鉛）

確認テスト

第1章 機械に関する基礎的知識

Key Point			できたら チェック ☑
鉄鋼材料	☐	1	炭素鋼、鋳鉄、合金鋼は、すべて鉄鋼材料である。
	☐	2	炭素鋼は、炭素の含有量が多いほど、硬さ・引張り強さが増加して、展性・延性が減少する。
	☐	3	炭素鋼は、炭素の含有量が少ないほど、もろくなる。
	☐	4	ステンレス鋼は、鉄、炭素、クロム、ニッケルの合金である。
非鉄金属材料	☐	5	「黄銅」とは、銅と鉛の合金のことである。
	☐	6	「青銅」とは、銅とすずの合金のことである。
	☐	7	りん青銅、白銅、洋白、アルマイトは、すべて銅の合金である。
	☐	8	ジュラルミンは、アルミニウムに銅、少量のマグネシウム、マンガンを添加した合金である。
	☐	9	「はんだ」は、すずと鉛の合金である。
ねじについて	☐	10	ボルトに「M10」と表示されている場合は、そのボルトの呼び径が10mmであることを表している。
	☐	11	ねじが振動等で緩まないようにするには、止めナットや座金のほか、リード角の異なるねじを用いるといった方法がある。

解答・解説

1.○　2.○　3.× 炭素の含有量が多いほど、硬さ・引張り強さが増加して展性・延性が減少し、もろくなる。炭素の含有量が少ないと鉄鋼は軟らかく、ねばり強くなる。4.○ ステンレス鋼は、低炭素鋼とクロム、ニッケルの合金なので、炭素も含まれる。5.×「黄銅」とは、銅と鉛ではなく、銅と亜鉛の合金のことである。鉛（Pb）と亜鉛（Zn）は名前は似ているが、まったく別の元素である。6.○　7.× りん青銅、白銅、洋白は銅の合金であるが、アルマイトは、アルミニウムの表面に人工の酸化被膜を作ったものである。8.○　9.○　10.○　11.× リード角の異なるねじは締めることができない（止めナット、座金は正しい）。

ここが狙われる！

鉄鋼の種類、炭素含有量の大小による性質の違いに注意する。また、鉄鋼材料、非鉄金属材料ともに、合金の名称と含まれる金属の種類を覚えておかなければならない。やはり、カード化するなど、暗記のための工夫をしよう。

8 荷重と応力（1）

ここでは、「荷重」と「応力」の意味とその種類について学習し、応力の大きさを求める計算問題に取り組みます。荷重の種類は、図を見ながら身近な事象をイメージしてみてください。計算は、基礎的な問題が解ければ十分です。

1コマ劇場

じゃあ、引張応力で対抗しているから、本体が壊れないんですね。

第4章で学習する蓄圧式消火器は、内部に圧縮ガスが充てんされているので、本体に引張荷重がかかります。

① 荷重と応力

　物体に対して外部から働く力を「**荷重（または外力）**」といいます。荷重が働くと、それに抵抗しようとする力が物体内部に生じます。この抵抗力を「**応力**」といいます。物体に荷重が加わったときに応力が生じなければ、物体は動いてしまうか、または破損してしまいます。

　荷重には物体に対する作用の仕方によって、引張荷重、圧縮荷重などの種類があります。応力は、この荷重の種類に対応して、それぞれ荷重が加わる方向と**正反対の方向**に生じます。作用の仕方による荷重と応力の種類を、図で確認しましょう（←荷重、→応力）。

①引張荷重（物体を引き伸ばす力）

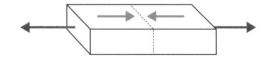

🔓**重要** !!!
荷重と応力の関係
- 引張荷重
  ⇒引張応力
- 圧縮荷重
  ⇒圧縮応力
- 曲げ荷重
  ⇒曲げ応力
- せん断荷重
  ⇒せん断応力
- ねじり荷重
  ⇒ねじり応力

②**圧縮荷重（物体を押し縮める力）**

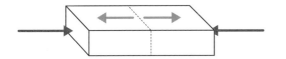

③**曲げ荷重（物体を押し曲げる力）**

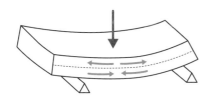

④**せん断荷重（物体を引きちぎる力）**

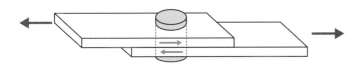

⑤**ねじり荷重（物体をねじる力）**

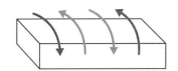

---

2 応力の計算

　応力の大きさは、物体に加えられた荷重の大きさ〔N〕を物体の断面積〔㎟〕で割ることによって求めます。

$$応力 = \frac{荷重〔N〕}{断面積〔㎟〕}$$

　この場合、1㎟当たりに働く荷重の大きさとして応力を求めているので、単位は〔N/㎟〕になります。一般には、**メガパスカル**（記号MPa）という単位を使って表します。

　1 MPa = 1 N/㎟、1 MPa = 1,000,000Paです。

リベット
重ね合わせた金属板
などを接合するため
に用いられる、頭の
ついた棒状の金属製
部品。

例題1

　下の図のように、断面積100㎟のリベットで締め付けられて
いる2枚の鋼板を3000Nの力で引っ張った場合、このリベッ
トに生じるせん断応力はいくらか。

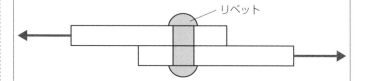

リベット

　応力は、その種類にかかわらず、同じ式で求めることができ
ます。

$$応力 = \frac{荷重〔N〕}{断面積〔㎟〕} = \frac{3000}{100} = 30$$

　　　∴ リベットに生じるせん断応力は、30MPa（＝N/㎟）

例題2

　直径2㎝の丸棒に、6.28kNの引張荷重が作用しているとき、
この丸棒に生じる引張応力はいくらか。

　まず、直径2㎝＝20㎜なので、半径＝10㎜です。

　これにより、丸棒の断面積＝半径×半径×3.14（円周率）
＝10×10×3.14＝314㎟。また、荷重6.28kN＝6280N。

　したがって、$応力 = \frac{荷重〔N〕}{断面積〔㎟〕} = \frac{6280}{314} = 20$

　　　∴ 丸棒に生じる引張応力は、20MPa（＝N/㎟）

荷重は〔N〕に、断
面積は〔㎟〕に、単
位をあらかじめ直
しておくと計算が
簡単になります。

コレ だけ！

荷重の種類

- 引張荷重（物体を引き伸ばす力）
- 圧縮荷重（物体を押し縮める力）
- 曲げ荷重（物体を押し曲げる力）
- せん断荷重（物体を引きちぎる力）
- ねじり荷重（物体をねじる力）

応力の求め方

$$応力 = \frac{荷重〔N〕}{断面積〔㎟〕}$$

＊応力の単位は〔MPa〕

　1MPa ＝ 1N/㎟

確認テスト

Key Point			できたら チェック ☑
荷重と応力	☐	1	物体に対して外部から働く力のことを「荷重」という。
	☐	2	物体に荷重が加わったとき、その物体の内部に生じる抵抗力のことを「外力」という。
	☐	3	「引張荷重」とは、物体を引きちぎるようにして加わる外力のことをいう。
	☐	4	物体に「ねじり荷重」が加わると、その物体の内部に「ねじり応力」が生じる。
	☐	5	「静荷重」とは、時間的に変化しない一定の大きさの荷重をいう。
	☐	6	ハンマーで材料を打つなど、急激に加わる荷重のことを「衝撃荷重」という。
	☐	7	「繰返し荷重」「交番荷重」「衝撃荷重」は、いずれも静荷重である。
応力の計算	☐	8	応力は、物体に加えられた荷重の大きさを物体の断面積で割ることによって求められる。
	☐	9	下の図のように、50mm×50mmの断面の角材に5000Nの引張荷重が作用しているとき、この角材に生じる引張応力は20MPaである。

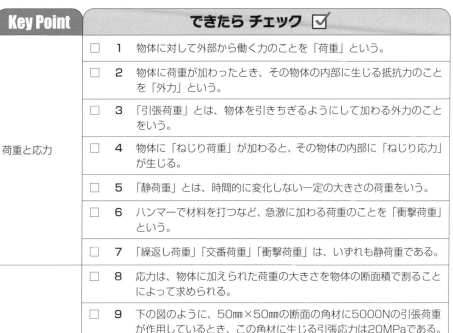

解答・解説

1.○　2.×「外力」ではなく「応力」という。「外力」は、物体に対して外部から働く力（＝荷重）である。
3.× これは「せん断荷重」の説明である。「引張荷重」とは、物体を引き伸ばす力として加わる外力をいう。
4.○　5.○　6.○　7.×「繰返し荷重」「交番荷重」「衝撃荷重」はいずれも静荷重ではなく、動荷重である。
8.○　9.× この角材の断面積は、50mm×50mm＝2500mm²。応力〔MPa〕は、物体に加えられた荷重〔N〕を物体の断面積〔mm²〕で割ることによって求めるので、5000÷2500＝2MPa。

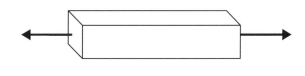

ここが狙われる！

応力の大きさを求める計算問題がよく出題されている。その求め方は応力の種類と関係なく、加えられた荷重の大きさ〔N〕を材料の断面積〔mm²〕で割ればよい。応力の単位は、一般に〔MPa〕＝〔N/mm²〕なので、単位をあらかじめ〔N〕〔mm²〕に直すことがポイントである。

荷重と応力（2）

ここでは、「はり」の種類、「ひずみ」、「応力ひずみ図」、「許容応力と安全率」について学習します。応力ひずみ図では、比例限度、弾性限度、極限強さが特に重要で、これらが許容応力や安全率を理解する基礎となります。

1コマ劇場

材料が変形してももとに戻れる範囲があるの。その限界がダンセイ限度。弾性限度を超えて荷重を加えたら、材料はもとには戻りません。

注意！成人ダンセイは1人まで

1 はり

　主に上部からの荷重を支えるために水平に架け渡される細長い部材のことを「はり」といいます。支え方や荷重の加わり方によって、次のような種類に分けられます。

用語
①固定ばり
両端が固定支持されているはり
②片持ばり
一端のみ固定して、他端は自由に動くようにしたはり
③両端支持ばり
両端を自由に動くようにしたはり（荷重は支点間に加わる）
④張出ばり
支点の外側に荷重が加わるはり
⑤連続ばり
3個以上の支点で支えられているはり

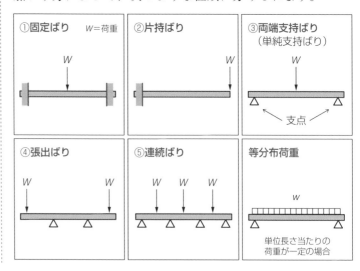

①固定ばり　　w＝荷重
　　　　　W

②片持ばり
　　　　　W

③両端支持ばり
（単純支持ばり）
　　　W
　　　△　　　　△
　　　←支点→

④張出ばり
　W　　　　W
　　△　　△

⑤連続ばり
　W　　W　　W
　△　　△　　△

等分布荷重
　　　　w
　△　　　　　△
単位長さ当たりの荷重が一定の場合

　また、「はり」の長さ、材質、断面積は同じでも、断面の形によって、上下の曲げ荷重に対する強さが異なります。

上下の曲げ荷重に対する強さ

強い　　　　　　　　　　　　　　　　　弱い

❷ ひずみ

　物体に荷重が加わると、その物体は伸びたり縮んだりして変形します。このとき、変形した量の、もとの長さに対する比を「ひずみ」といいます。たとえば、下の図のように、もとの長さがl_0であった物体に荷重が加わって、長さがlに変形したとします。このときのひずみεは、次の式で表されます。λは**変化量**（$\lambda = l - l_0$）です。

$$\varepsilon = \frac{l - l_0}{l_0} \quad \text{または} \quad \varepsilon = \frac{\lambda}{l_0}$$

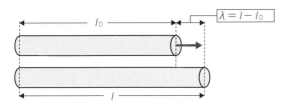

$\lambda = l - l_0$

l_0

l

例題 1

　もとの長さが200㎝の金属製の丸棒に引張荷重を加えると、208㎝に伸びた。この場合、ひずみの値はいくらか。

　変化後の長さl＝208㎝、もとの長さl_0＝200㎝なので、

ひずみ$\varepsilon = \dfrac{l - l_0}{l_0}$

$= \dfrac{208 - 200}{200} = \dfrac{8}{200} = 0.04$

∴ ひずみの値は、0.04

🔒**重要** *!!!*

ひずみの単位と符号
ひずみに単位はつけない。また、荷重を加えた結果、物体が縮んだ場合は、変化量λはマイナスの数になるが、ひずみにマイナスの符号－はつけない。

51

金属製の細い丸棒に徐々に引張荷重を加えると、中央部がくぼみながら伸びていき、やがて破断します。このときの荷重と伸びの様子をグラフにすると、下の図のようになります。荷重は応力に、伸びはひずみに置き換えることもできるので、このグラフを「**応力ひずみ図**」と呼びます。

⁺プラス1

グラフが荷重と伸びの関係を示す場合は「荷重伸び線図」と呼ばれるが、グラフの形は「応力ひずみ図」とほぼ同じであるため、試験対策としては同じグラフで差しつかえない。

比例限度を超えると、フックの法則は成り立たなくなるんだね。

（グラフ：縦軸「荷重（応力）」、横軸「伸び（ひずみ）」。O点から各点へ A：比例限度、B：弾性限度、C：上降伏点、D：下降伏点、E：極限強さ、F：破断点）

A：比例限度

荷重（応力）と伸び（ひずみ）が比例する限界点です。

比例限度までは、伸び（ひずみ）は荷重（応力）に比例します。この関係を**フックの法則**といいます。

B：弾性限度

荷重を取り除く（引っ張るのをやめる）と、伸びていた部分がもとの長さに戻る限界点です。弾性限度を超えると、伸び（ひずみ）はもとに戻らなくなり、「**永久ひずみ**」となります。

C〜D：降伏点（C：上降伏点、D：下降伏点）

荷重がC点（上降伏点）に達すると、抵抗力が失われ、荷重（応力）が増加しないにもかかわらず伸び（ひずみ）が急激に増加し、D点（下降伏点）まで伸びます。

E：極限強さ（最大強さ）

D点（下降伏点）以降、再び抵抗力を取り戻し、荷重を

加えると伸び（ひずみ）が大きくなり、やがて材料が耐え得る極限強さ（E点）まで達します。

F：破断点（破壊点）

　E点を超えると、さらに伸び（ひずみ）が増加した後、F点で破断（破壊）されます。

 ④ 許容応力と安全率

　物体を機械材料として用いるときは、荷重が加えられたときに破壊されないことはもちろん、変形したとしても、またもとの形に戻ることのできる範囲内で使用する必要があります。すなわち、「応力ひずみ図」のB点（弾性限度）以内に材料に生じる応力を設定する必要があり、このような応力を「許容応力」といいます。

　また、最大荷重時の応力である「極限強さ」が許容応力の何倍であるかを表す数値を「安全率」といいます。

$$安全率 = \frac{極限強さ \, [N/mm^2 = MPa]}{許容応力 \, [N/mm^2 = MPa]}$$

例題2

　極限強さが900N/mm²の鉄骨材があり、その許容応力は300N/mm²に設定されている。この鉄骨材の安全率はいくらか。

$$安全率 = \frac{極限強さ}{許容応力} = \frac{900}{300} = 3$$

∴ この鉄骨材の安全率は、3である

E点（極限強さ）は、最大荷重時の応力ということもできます。

📕 用語

許容応力
材料を安全に使用することのできる最大の応力。

➕ プラス1

「極限強さ」は用いる部材の性質によって定まるが、「許容応力」は設計段階での条件によって決定される。実際の安全率の値は、条件によって異なるが、通常は1.2～10の間をとる。

安全率には単位をつけません。

コレだけ！

- **比例限度**…荷重（応力）と伸び（ひずみ）が比例する限界点
- **弾性限度**…荷重を取り除くと、もとの長さに戻る限界点
- **極限強さ**…最大荷重時の応力

確認テスト

Key Point			できたら チェック ☑
はり	☐	1	「両端支持ばり」とは、両端が固定支持されているはりのことをいう。
	☐	2	下のア〜ウのうち、はりの断面の形として、上下の曲げ荷重に対して最も弱いのは、アである（はりの長さ、材質、断面積は同じとする）。 ア　　　　イ　　　　ウ
ひずみ	☐	3	長さ l_0 の材料に荷重が加わって、長さ l に変形した。この場合、ひずみ ε は右の式によって表される。　　$\varepsilon = \dfrac{l - l_0}{l_0}$
応力ひずみ図	☐	4	比例限度とは、荷重を取り除いたとき、伸びていた部分がもとの長さに戻る限界点のことをいう。
	☐	5	フックの法則とは、比例限度内では、荷重（応力）と伸び（ひずみ）とが比例関係にあるとする法則をいう。
	☐	6	右の「応力ひずみ図」において、「極限強さ」を示しているのは、点アである。
許容応力と安全率	☐	7	許容応力とは、最大荷重時の応力のことをいう。
	☐	8	「安全率」とは、「極限強さ」を「許容応力」で割った値である。

解答・解説

1.× 両端が固定支持されているのは「固定ばり」である。「両端支持ばり」は、荷重が加わると両端が自由に動くようになっている。　2.○　3.○　4.× これは「弾性限度」の説明である。「比例限度」とは荷重（応力）と伸び（ひずみ）が比例する限界点をいう。　5.○　6.×「極限強さ」はウである。アは上降伏点という。7.× これは「極限強さ」の説明である。「許容応力」とは、材料を安全に使用することのできる最大の応力をいい、弾性限度の範囲内に設定される。　8.○

ここが狙われる！

応力ひずみ図を見て、**比例限度、弾性限度、極限強さ**などを示す**点とその意味**がわかるようになっておこう。また、**許容応力、極限強さ、安全率**の関係にも注意しよう。

第2章

消防関係法令（共通）

消防設備士の仕事に関係する「消防法」その他の法令について、基礎から学んでいきます。
- 消防長などはどんな命令を出すのか？
- 「特定防火対象物」とは何か？
- 「消防用設備等」にはどんなものがあるのか？
- 消防設備士でなければできないこととは？

いろいろな法令用語が出てきますが、カードなどを利用すれば覚えやすくなるでしょう。

Lesson 1 消防法令上の用語

ここでは「防火対象物」「無窓階」など、消防法令に定義されている重要用語について学習します。試験によく出題されるだけでなく、これ以降のレッスンの内容に関係する基本的な用語なので、しっかりと理解しましょう。

1コマ劇場

「物件」とは、ボウボウ燃える、消火の対象のことですね。

消火の対象

物件

消防対象物には、「物件」が含まれます。

📖 用語

船きょ
船を建造または修理するために構築された施設。別名、ドック。

建築物
土地に定着する工作物のうち屋根および柱もしくは壁を有するもの（建築基準法第2条第1号）。

🔒 重要 !!!

防火対象物と消防対象物

消防対象物
防火対象物

① 消防法令に定義されている用語

①「防火対象物」と「消防対象物」

　防火対象物とは防火管理の対象となるものをいい、消防法（以下「法」と略す）で次のように定義されています。

> 山林又は舟車、船きょ若しくはふ頭に繋留された船舶、建築物その他の工作物若しくはこれらに属する物
> （法第2条第2項）

　また、消防対象物の定義は以下のとおりです。

> 山林又は舟車、船きょ若しくはふ頭に繋留された船舶、建築物その他の工作物又は物件
> （法第2条第3項）

　消防対象物には「物件」が含まれている点が重要です。「物件」は山林・舟車・船舶・工作物以外の一切のものを指し、消火の対象となるすべてのものが含まれます。

② 「舟車」

> 船舶安全法第2条第1項の規定を適用しない船舶、端舟、
> はしけ、被曳船その他の舟及び車両
> （法第2条第6項）

「車両」には、自動車、自転車、電車、モノレールカーなどが含まれます。

③ 「関係者」

> 防火対象物又は消防対象物の所有者、管理者又は占有者
> （法第2条第4項）

④ 「関係のある場所」

> 防火対象物又は消防対象物のある場所
> （法第2条第5項）

⑤ 「危険物」

> 別表第一の品名欄に掲げる物品で、同表に定める区分に
> 応じ同表の性質欄に掲げる性状を有するもの
> （法第2条第7項）

　消防法の別表第一の品名欄に掲げられていて、しかもその性質欄にある「酸化性固体」、「引火性液体」などといった性状を有する物品を「**危険物**」といいます。

⑥ 「消防用設備等」

> 政令で定める消防の用に供する設備、消防用水及び消火
> 活動上必要な施設　　（法第17条第1項）

　このうち「消防の用に供する設備」は、さらに消火設備、警報設備、避難設備に分かれます（▶P.81）。

⑦ 「無窓階」

　無窓階とは、消防法施行令（以下「令」と略す）で次のように定義されています。

第2章　消防関係法令（共通）

プラス1
船舶安全法第2条第1項では、「船舶」には機関のほか一定の設備等を施設すべきことを定めている。

端舟は小舟やボート、はしけは貨物を積んで航行する平底の船、被曳船はほかの船に引っ張られている船のことですね。

プラス1
「危険物」の分類
- 第1類
　酸化性固体
- 第2類
　可燃性固体
- 第3類
　自然発火性物質および禁水性物質
- 第4類（▶P.76）
　引火性液体
- 第5類
　自己反応性物質
- 第6類
　酸化性液体

無窓階は「窓が無い」という意味ではないことに注意しましょう。

57

用語

普通階
直径50cm以上の円
が内接できる開口部
の面積の合計が当該
階の床面積の30分
の1を超える階。

プラス1

高さ31mを超える
建築物を高層建築物
という。

小学校・中学校・
高校・大学のほか、
図書館や美術館、
共同住宅、寄宿舎
などは、特定防火
対象物に含まれて
いません。

用語

複合用途防火対象物
2階がクリニックで
1階がコンビニとい
うような、政令で定
める「2つ以上の用
途」に使用する防火
対象物のこと。いわ
ゆる「雑居ビル」が
これに当たる。

建築物の地上階のうち、総務省令で定める避難上又は消火活動上有効な開口部を有しない階
（令第10条第1項第5号）

有効な開口部を有している階は「普通階」といいます。

無窓階のほか、一定以上の階や地階（地下にある階）は、避難や消火活動の際に危険度が高くなるため、消防用設備等の設置基準が厳しくなります。

② 特定防火対象物

百貨店や劇場、病院など、**不特定多数の人が出入りする施設**や、**避難が困難な人々のいる施設**を**特定防火対象物**といいます。火災発生の際の危険度が大きいため、防火管理や消防用設備等の規制などが強化されています。

■ **主な特定防火対象物**（▶P.70、71）

- 劇場、映画館、公会堂、集会場など
- キャバレー、ダンスホール、カラオケボックスなど
- 料理店、飲食店など
- 百貨店、マーケット、物品販売店舗、展示場など
- 旅館、ホテル、宿泊所など
- 病院、診療所、助産所
- 老人ホーム、老人デイサービスセンターなど
- 保育所、幼稚園、特別支援学校、障害者支援施設など
- 公衆浴場のうち蒸気浴場・熱気浴場に類するもの
- 一部が特定防火対象物である複合用途防火対象物
- 地下街など

コレだけ！

防火対象物の定義

消防対象物と混同しないこと！

「山林又は舟車、船きょ若しくはふ頭に繋留された船舶、
建築物その他の工作物若しくはこれらに属する物」

 確認テスト

Key Point			できたら チェック ☑
消防法令に定義されている用語	☐	1	山林または舟車、船きょもしくはふ頭に繋留された船舶、建築物その他の工作物または物件を、「防火対象物」という。
	☐	2	「舟車」には、自動車や電車も含まれている。
	☐	3	「関係者」とは、防火対象物または消防対象物の設計者、所有者または管理者のことをいう。
	☐	4	「関係のある場所」とは、防火対象物または消防対象物のある場所をいう。
	☐	5	「危険物」とは、消防法の別表第一の品名欄に掲げる物品で、同表に定める区分に応じ同表の性質欄に掲げる性状を有するものをいう。
	☐	6	「消防用設備等」とは、消火設備、警報設備、避難設備のことをいう。
	☐	7	採光上または排煙上有効な開口部を有しない階のことを「無窓階」という。
	☐	8	「高層建築物」とは、高さ41mを超える建築物のことをいう。
特定防火対象物	☐	9	「特定防火対象物」とは、特定された多数の者が出入りする防火対象物のことをいう。
	☐	10	百貨店、ホテル、病院は、いずれも「特定防火対象物」に該当する。
	☐	11	幼稚園、小学校、図書館は、いずれも「特定防火対象物」に該当する。
	☐	12	「複合用途防火対象物」とは、政令で定める2つ以上の用途を含んだ防火対象物のことをいう。

解答・解説

1.× これは防火対象物ではなく、消防対象物の定義である。 2.○ 3.× 所有者、管理者または占有者をいう。設計者は含まない。 4.○ 5.○ 6.× これは「消防の用に供する設備」である。「消防用設備等」には消防の用に供する設備のほか、消防用水および消火活動上必要な施設が含まれる。 7.× 採光上や排煙上ではなく、避難上または消火活動上有効な開口部を有しない階をいう。 8.× 41mではなく、31mを超える建築物をいう。 9.× 特定された多数の者ではなく、不特定多数の者が出入りする施設や、避難が困難な人々のいる施設をいう。 10.○ 11.× 幼稚園は該当するが、小学校、図書館は該当しない。 12.○

ここが狙われる！

「防火対象物」と「消防対象物」の定義の違い（「物件」を含むかどうか）や、「無窓階」とは何か、「特定防火対象物」に該当する施設は何かなどを確実に覚えよう。定義は、法令に規定されている文言通りに出題されることが多いことも知っておこう。

消防の組織と火災予防

火災予防のために出される措置命令や立入検査のほか、建築物の新築等の際に必要とされる「消防同意」について学習します。命令権者や同意権者がだれであるかが重要です。そのため、まず消防の組織から理解していきましょう。

1コマ劇場

消火準備などの措置命令を受けることがありますよ。

万が一のために、消火のための水を準備してくださいね。

① 消防の組織

　わが国の消防組織は「自治体消防（市町村消防）」と呼ばれ、**市町村**に当該市町村の区域内における消防責任があります。管理者は**市町村長**であり、条例に従って、消防長や消防団長の任命、予算の編成などを行います。

　市町村には**消防本部、消防署、消防団**の全部または一部を設けなければならず、少なくとも消防本部または消防団のいずれかを設けることとされています。なお、消防本部を設けずに消防署を設けることは認められていません。

消防本部・消防署は常備体制の機関で、消防団は非常備体制なんだね。

機　関	機関の長	概　要
消防本部	消防長	市町村の消防事務を統括する機関
消防署	消防署長	消防本部の下部機関。火災の予防、火災の消火、救急業務等を行う
消防団	消防団長	非常備体制の消防機関（消防本部・消防署を設置しない自治体においては、消防活動を全面的に担う）

消防本部・消防署の消防職員のうち、消防士などの階級をもち、制服を着用して消防業務（消火・救助・救急等）に従事する者を消防吏員といいます。これに対し、消防団の消防団員は消防職員と異なり非常勤であり、ほかに本業をもちながら必要があれば参集し、消防活動に従事します。

消防長や消防署長も消防吏員です。また、消防団長は消防団員に含まれます。

② 屋外における火災予防

①屋外における措置命令（法第3条第1項）

消防長（消防本部を置かない市町村の場合は市町村長）、消防署長その他の消防吏員は、屋外において「火災の予防に危険であると認める行為者」または「火災の予防に危険であると認める物件、消防活動に支障になると認める物件の所有者・管理者・占有者で権原を有する者」に対して、次のア～エの措置をとるよう命じることができます。

「法」とは、消防法のことです。

ア　以下の1）～6）の禁止・停止・制限、または1）～6）を行う場合の消火準備

1）火遊び、2）喫煙、3）たき火、4）火を使用する設備・器具の使用、5）使用に際して火災発生のおそれのある設備・器具の使用、6）1）～5）に類する行為

イ　残火、取灰または火粉の始末

ウ　危険物、または放置され、みだりに存置された燃焼のおそれのある物件の除去その他の処理

エ　放置され、みだりに存置された物件（ウの物件以外）の整理または除去

②消防職員による措置代行（法第3条第2項）

消防長・消防署長は、火災の予防に危険であると認める物件、消防活動に支障になると認める物件について、①の措置命令の相手を確知できない場合は、消防職員（消防本部を置かない市町村の場合は消防団員）に、①のウ、エの措置をとらせることができます。この場合、物件を除去させた消防長・消防署長は、その物件を保管しなければなりません。

用語

権原
ある行為を正当化する法律上の原因。

権原を有する者
法律上、命令の内容を正当に実行することができる者。

プラス1
消防団長、消防団員にはこのような措置を命じる権限がないことに注意しよう。

③ 立入検査等

①資料提出命令、消防職員の立入検査（法第4条第1項）

消防長（消防本部を置かない市町村の場合は市町村長）または消防署長は、火災予防のために必要があるときは、次のア、イを行うことができます。

ア　関係者に対して資料の提出を命じたり、報告を求めたりすること（**資料提出命令**）

イ　消防職員に対し、あらゆる関係のある場所に立ち入って、消防対象物の位置、構造、設備および管理の状況を検査させ、関係のある者に質問させること（**立入検査**）

②消防団員の立入検査（法第4条の2第1項）

消防長（消防本部を置かない市町村の場合は**市町村長**）または消防署長は、火災予防のため特に必要があるときは消防対象物と期日または期間を指定して、当該管轄区域内の消防団員に①のイの立入検査をさせることができます。

用語

関係のある者
関係者（●P.57）の
ほか、その従業員等
を含む。

消防対象物
（●P.56）

①、②とも、関係のある場所に立ち入る場合は、市町村長の定める**証票**を携帯し、関係のある者の請求があれば、これを示さなければなりません。ただし、**個人の住居**については、**関係者の承諾**を得た場合または火災発生のおそれが著しく大きいため特に緊急の必要がある場合でなければ、立ち入ることができません。

また、立入検査によって知り得た関係者の秘密をみだりに他に漏らしてはなりません。

プラス1
立入検査に事前通告
は必要ない。また、
立入検査を行う時間
について特に制限は
されていない。

④ 防火対象物についての命令

①防火対象物に対する措置命令（法第5条第1項）

　消防長（消防本部を置かない市町村の場合は**市町村長**）または消防署長は、防火対象物の位置、構造、設備または管理の状況について、火災の予防に危険であると認める場合、消防活動に支障になると認める場合、火災が発生したならば人命に危険であると認める場合など、火災の予防上必要があると認める場合は、権原を有する関係者に対し、当該防火対象物の**改修、移転、除去、工事の中止**その他の必要な措置を命じることができます。

②防火対象物の使用禁止等命令（法第5条の2第1項）

　消防長（消防本部を置かない市町村の場合は**市町村長**）または消防署長は、防火対象物の位置、構造、設備または管理の状況について一定の事項に該当する場合は、権原を有する関係者に対し、当該防火対象物の**使用の禁止、停止または制限**を命じることができます。一定の事項の例としては、上記①や下記③の措置命令などが実行されず、火災の予防に危険であると認める場合などが挙げられます。

③消防吏員による措置命令（法第5条の3第1項）

　消防長（消防本部を置かない市町村の場合は**市町村長**）、消防署長その他の消防吏員は、防火対象物において「火災の予防に危険であると認める行為者」または「火災の予防に危険であると認める物件、消防活動に支障になると認める物件の所有者・管理者・占有者で権原を有する者」に対して、「**屋外における措置命令**（▶P.61の①）」の内容と同様の措置をとるよう命じることができます。

⑤ 消防同意（法第7条）

　消防同意とは、建築物の新築等について建築基準法上の確認等（許可、認可、建築確認）を行う際に、消防機関の

用語
防火対象物
（▶P.56）

プラス1
建築物その他の工作物で、ほかの法令によって建築や増築などの許可・認可を受け、その後事情が変更していないものについては、①の措置命令はできない。

重要 !!!
罰則
- 法第3条第1項、法第4条第1項に対する違反
→30万円以下の罰金または拘留
- 法第5条第1項に対する違反
→2年以下の懲役または200万円以下の罰金
- 法第5条の2第1項に対する違反
→3年以下の懲役または300万円以下の罰金
- 法第5条の3第1項に対する違反
→1年以下の懲役または100万円以下の罰金

第2章　消防関係法令（共通）

同意を得ることをいいます。建築物の新築、増改築、修繕などの工事を行おうとする建築主は、その計画が適法であるかどうかについて、まず**建築主事**（または特定行政庁）に、確認等の申請をします。次に、建築主事（または特定行政庁）が、**消防長**（消防本部を置かない市町村の場合は**市町村長**）または**消防署長**に対して消防同意を求めます。

用語

建築主事
建築確認等を行うために地方自治体に置かれている職員のこと。特定行政庁とは建築主事を置く市町村の区域については市町村長、その他の市町村の区域については都道府県知事を指す。

消防同意を求めるのは、建築主事等であって、建築主ではないんだ。

建築物の計画が防火に関する法令に違反しないものであれば、同意が与えられます。同意期間は、都市計画区域等の一般建築物の場合は同意を求められた日から**３日以内**、それ以外については**７日以内**と定められています。

なお、建築確認は民間の**指定確認検査機関**でも行うことができますが、建築主事の場合と同様、消防同意が必要です。消防同意を得ないで、建築主事（または特定行政庁）あるいは指定確認検査機関が確認等を行っても、無効となります。

用語

指定確認検査機関
建築基準法により、建築確認や検査を行う機関として、国土交通大臣または都道府県知事から指定を受けた民間の機関。

コレだけ！

消防同意

● 消防同意を求める者
　…**建築主事**（または特定行政庁）、**指定確認検査機関**
● 消防同意を行う者
　…**消防長**（消防本部を置かない市町村の場合は**市町村長**）、**消防署長**

 確 認 テ ス ト

Key Point			できたら チェック ☑
消防の組織	☐	1	市町村は、少なくとも消防本部または消防団のいずれかを設けることとされている。
	☐	2	消防団員とは、消防士などの階級をもち、制服を着用して消防業務に従事する者をいう。
屋外における火災予防	☐	3	消防吏員は、たき火を行うなど、火災の予防に危険であると認める行為者に対して、消火の準備を命じることができる。
	☐	4	消防団長は、火災の予防に危険であると認める危険物の除去を、その危険物の管理者で権原を有する者に命じることができる。
	☐	5	消防長は、火災の予防に危険であると認める物件について、措置命令の相手を確知できない場合、消防職員に除去させることができる。
立入検査等	☐	6	消防本部を置かない市町村の市町村長は、火災予防のために必要があるときは、関係者に対して資料提出命令を出すことができる。
	☐	7	消防署長は、消防職員に立入検査をさせることはできるが、消防団員に立入検査をさせることはできない。
	☐	8	個人の住居への立入検査は、火災発生のおそれが著しく大きく、特に緊急の必要がある場合にのみ認められる。
防火対象物についての命令	☐	9	消防署長は、防火対象物の構造等について火災の予防上必要があると認める場合、権原を有する関係者に改修等を命じることができる。
消防同意	☐	10	建築物を新築しようとする建築主は、許可の申請と同時に、消防長または消防署長に対して消防同意を求めなければならない。
	☐	11	消防同意の期間は、都市計画区域等の一般建築物の場合、同意を求められた日から3日以内とされている。
	☐	12	建築主事等は、建築物の計画が防火に関する法令に違反しないものであれば、消防同意を得ることなく確認を与えることができる。

解答・解説

1.○　2.✕ これは「消防吏員」の説明。消防団員は、非常備体制の消防機関である消防団の構成員。　3.○
4.✕ 消防団長にはこのような措置を命じる権限がない。　5.○　6.○　7.✕ 消防団員にも、消防対象物と期日または期間を指定して立入検査をさせることができる。　8.✕ 関係者の承諾を得た場合にも認められる。　9.○
10.✕ 消防同意は、建築主ではなく、建築主事等が求める。　11.○　12.✕ 消防同意のない確認は無効である。

ここが狙われる！

措置命令や立入検査等については、**命令権者**がだれであるか、また、消防同意については、**同意を求める者**および**同意権者**がだれであるかが重要である。きちんと整理しておこう。

3 防火管理者と統括防火管理者

防火管理体制のあいまいな雑居ビル等で、死者を伴う火災被害が頻発しています。ここでは、防火管理の中心となる防火管理者と統括防火管理者について学習しましょう。防火管理者を定める防火対象物の種類と、業務の内容が重要です。

ユーキャン保育所
収容人員30人以上

1コマ劇場

防火対象物ごとに、また、収容人員別に、配置の有無が決まっています。

防火管理者はどのように配置の有無が決められているんですか?

① 防火管理者を定める防火対象物

　政令で定める防火対象物の管理について権原を有する者は、一定の資格者から防火管理者を定め、その防火対象物について必要な業務を行わせる必要があります。

　令別表第一（◗P.70、71）に掲げる防火対象物のうち、下の表の①〜③については、収容人員がそれぞれ一定以上の場合に防火管理者を定めなければなりません。

🔓 重要 !!!

防火対象物の区分
ア　甲種防火対象物
　　右の表のうち、
　●①のすべて
　●②で建物延べ面積
　　300㎡以上のもの
　●③で建物延べ面積
　　500㎡以上のもの
イ　乙種防火対象物
　　右の表のうち、
　●②で建物延べ面積
　　300㎡未満のもの
　●③で建物延べ面積
　　500㎡未満のもの

	令別表第一に掲げる防火対象物	収容人員
①	● (6) の口 ● (16) のイと (16の2) のうち、(6) の口の用途を含むもの	10人以上
②	特定防火対象物 ● (6) の口、(16の3) を除く ● (16) のイと (16の2) は、(6) の口の用途を含むものを除く	30人以上
③	非特定防火対象物 ● (18)、(19)、(20) を除く	50人以上

　令別表第一の防火対象物のうち、①～③以外のものは、収容人員にかかわらず、防火管理者の選任は不要です。

　また、同じ敷地内に、管理の権原を有する者が同一である防火対象物が２つ以上ある場合は、それらを１つのものとして収容人員を合計します。

> 「令」とは、消防法施行令のことです。

例題

　次のうち、防火管理者の選任が不要なものはどれか。

ア　収容人員が40人である遊技場

イ　収容人員が45人である映画スタジオ

ウ　同じ所有者で、同じ敷地内にある収容人員各30人の２棟の共同住宅

　ア「遊技場」は、特定防火対象物で収容人員30人以上なので選任が必要です。イ「映画スタジオ」は非特定防火対象物で収容人員50人未満なので選任不要です。ウ「共同住宅」は非特定防火対象物ですが、この場合は収容人数を合計して50人以上となるため選任が必要です。

　∴　防火管理者の選任が不要なのは、イのみ

🔒 **重要** !!!

防火管理者の選任が不要な防火対象物

（ ）は令別表第一の項

- 「準地下街」
　　　　　（16の3）
- 延長50m以上のアーケード（18）
- 市町村長の指定する山林　　　（19）
- 総務省令で定める舟車　　　（20）

② 防火管理者の業務

　防火管理者の業務は以下の通りです（令第３条の２）。

①防火対象物についての**消防計画の作成**

②消防計画に基づく**消火・通報・避難の訓練**の実施

③**消防用設備等**（▶P.57）の点検および整備

④**火気の使用または取扱い**に関する監督

⑤避難または防火上必要な構造・設備の維持管理

⑥収容人員の管理

⑦その他防火管理上必要な業務

　また、防火管理者は上記③または④の業務を行うときは、火元責任者その他の防火管理の業務に従事する者に対し、必要な指示を与えなければなりません。

📖 **用語**

火元責任者

防火管理者を補助するものとして、一定の場所または各部屋ごとに実情に応じて任命する。法令上の根拠はないが、一般に消防計画書の記載事項とされている。

プラス1

従来は管理権原を有する者の協議による共同防火管理が行われていたが、法改正で統括防火管理者の制度が導入され、建築物全体の防火管理体制の強化が図られることになった。

用語

地下街

地下の工作物内に設けられた店舗、事務所その他これらに類する施設で、連続して地下道に面して設けられたものとその地下道とを合わせたものをいう。

③ 統括防火管理者

　下の表の①〜⑥のうち、管理について権原が分かれているもの（＝管理権原を有する者が複数存在するもの）については、管理権原を有する者が協議して、当該防火対象物全体の防火管理業務を行う**統括防火管理者**を定め、必要な業務を行わせることが義務づけられています。

①	**高層建築物**（高さ31mを超える建築物）
②	**地下街**（令別表第一の（16の2）） ただし、**消防長**または**消防署長**が指定するものに限る
③	令別表第一の（6）のロと、（6）のロの用途を含む（16）のイのうち、地階を除く**階数が3以上**＋収容人員10人以上
④	**特定防火対象物**（（6）のロ、（16の2）、（16の3）を除く）のうち、地階を除く**階数が3以上**＋収容人員30人以上 ただし、（16）のイは（6）のロの用途を含むものを除く
⑤	令別表第一の（16）のロのうち、地階を除く**階数が5以上**＋収容人員50人以上
⑥	**準地下街**（令別表第一の（16の3））

　統括防火管理者は、政令で定める一定の資格を有する者から選任され、当該建築物全体に関する**消防計画の作成**や**避難訓練の実施**その他の業務を行います。また、防火対象物の部分ごとに選任された防火管理者に対し、必要な措置を講じるよう**指示する権限**が与えられています。

　防火対象物の管理権原を有する者は、防火管理者または統括防火管理者を選任・解任したときは、遅滞なく、所轄消防長または消防署長に届け出なければなりません。

コレだけ！

防火管理者の主な業務

● 消防計画の作成

● 消火・通報・避難の訓練の実施

● 消防用設備等の点検および整備

● 火気の使用または取扱いに関する監督

「危険物」の使用や取扱いに関する監督は含まれないんだね。

確認テスト

Key Point			できたら チェック ☑
防火管理者を定める防火対象物	☐	1	保育所は、常に防火管理者を定める必要がある。
	☐	2	収容人員45名の図書館は、防火管理者を定めなくてもよい。
	☐	3	同じ敷地内に、所有者が同一の遊技場（収容人員15名）と飲食店（収容人員20名）がある場合、防火管理者は定めなくてもよい。
	☐	4	延長50mのアーケードには、防火管理者を定めなくてもよい。
防火管理者の業務	☐	5	防火対象物についての消防計画の作成は、防火管理者の業務である。
	☐	6	危険物の取扱いに関する監督は、防火管理者の業務である。
	☐	7	防火管理者は、消防用設備等の点検や整備を行う際には、火元責任者に必要な指示を与えなければならない。
統括防火管理者	☐	8	複数の管理権原者が存在する高さ31mを超える建築物は、消防長または消防署長の指定するものに限り、統括防火管理者を選任する。
	☐	9	複数の管理権原者が存在している地下街は、消防長または消防署長の指定するものに限り、統括防火管理者の選任を必要とする。
	☐	10	統括防火管理者には、防火対象物の部分ごとに選任された防火管理者に対し、必要な措置を講じるよう指示する権限が与えられている。
	☐	11	統括防火管理者を選任・解任したときは、所轄消防長または消防署長に届け出る必要があるが、防火管理者の選任・解任の場合は届け出る必要がない。

解答・解説

1.× 保育所（令別表第一（6）のハ）は特定防火対象物なので、収容人員30人以上の場合に防火管理者の選任が必要となる。常に必要というのは誤り。 2.○ 図書館（令別表第一（8））は非特定防火対象物なので、収容人員50人以上で選任が必要となる。 3.× 遊技場（令別表第一（2）のロ）、飲食店（同（3）のロ）ともに特定防火対象物であり、収容人員の合計が30人以上なので、防火管理者の選任が必要である。 4.○
5.○ 6.× 火気の使用や取扱いに関する監督は防火管理者の業務であるが、危険物は含まれていない。
7.○ 8.× 高層建築物は、消防長や消防署長の指定とは関係なく、統括防火管理者を選任する必要がある。
9.○ 10.○ 11.× 防火管理者の選任・解任についても、統括防火管理者の場合と同様、所轄消防長または消防署長に届け出る必要がある。

ここが狙われる！

防火対象物のうち、**防火管理者**または**統括防火管理者**を選任しなければならないものについて、**令別表第一**の項目を色分けするなどして、少しずつ覚えていこう。また、防火管理者と統括防火管理者の業務の内容にも注意しよう。

＊ピンク色の部分は「特定防火対象物」、それ以外は「非特定防火対象物」

（1）	イ	劇場、映画館、演芸場または観覧場
	ロ	公会堂または集会場
（2）	イ	キャバレー、カフェー、ナイトクラブその他これらに類するもの
	ロ	遊技場またはダンスホール
	ハ	「風俗営業等の規制及び業務の適正化等に関する法律」第2条第5項に規定する性風俗関連特殊営業を営む店舗（二並びに（1）項イ、（4）項、（5）項イおよび（9）項イに掲げる防火対象物の用途に供されているものを除く）その他これに類するものとして総務省令で定めるもの
	ニ	カラオケボックスその他遊興のための設備または物品を個室（これに類する施設を含む）において客に利用させる役務を提供する業務を営む店舗で総務省令で定めるもの
（3）	イ	待合、料理店その他これらに類するもの
	ロ	飲食店
（4）	－	百貨店、マーケットその他の物品販売業を営む店舗または展示場
（5）	イ	旅館、ホテル、宿泊所その他これらに類するもの
	ロ	寄宿舎、下宿または共同住宅
（6）	イ	①次のいずれにも該当する病院（火災発生時の延焼を抑制するための消火活動を適切に実施することができる体制を有するものとして総務省令で定めるものを除く） ⅰ 診療科名中に特定診療科名（内科、整形外科、リハビリテーション科その他の総務省令で定める診療科名をいう。②ⅰにおいて同じ）を有すること ⅱ 医療法第7条第2項第4号に規定する療養病床または同項第5号に規定する一般病床を有すること ②次のいずれにも該当する診療所 ⅰ 診療科名中に特定診療科名を有すること ⅱ 4人以上の患者を入院させるための施設を有すること ③病院（①に掲げるものを除く）、患者を入院させるための施設を有する診療所（②に掲げるものを除く）または入所施設を有する助産所 ④患者を入院させるための施設を有しない診療所、入所施設を有しない助産所
	ロ	①老人短期入所施設、養護老人ホーム、特別養護老人ホーム、有料老人ホーム（避難が困難な要介護者を主として入居させるものに限る）、介護老人保健施設など ②救護施設 ③乳児院 ④障害児入所施設 ⑤障害者支援施設（避難が困難な障害者を主として入所させるものに限る）など

(6)	ハ	①老人デイサービスセンター、老人福祉センター、老人介護支援センター、有料老人ホーム（ロ①に掲げるものを除く）、老人デイサービス事業を行う施設など ②更生施設 ③助産施設、保育所、幼保連携型認定こども園、児童養護施設、児童自立支援施設、児童家庭支援センターなど ④児童発達支援センター、児童心理治療施設など ⑤身体障害者福祉センター、障害者支援施設（ロ⑤に掲げるものを除く）、地域活動支援センター、福祉ホームなど
	ニ	幼稚園または特別支援学校
(7)	－	小学校、中学校、義務教育学校、高等学校、中等教育学校、高等専門学校、大学、専修学校、各種学校その他これらに類するもの
(8)	－	図書館、博物館、美術館その他これらに類するもの
(9)	イ	公衆浴場のうち、蒸気浴場、熱気浴場その他これらに類するもの
	ロ	イに掲げる公衆浴場以外の公衆浴場
(10)	－	車両の停車場または船舶もしくは航空機の発着場（旅客の乗降または待合いの用に供する建築物に限る）
(11)	－	神社、寺院、教会その他これらに類するもの
(12)	イ	工場または作業場
	ロ	映画スタジオまたはテレビスタジオ
(13)	イ	自動車車庫または駐車場
	ロ	飛行機または回転翼航空機の格納庫
(14)	－	倉庫
(15)	－	前各項に該当しない事業場
(16)	イ	複合用途防火対象物のうち、その一部が（1）項から（4）項まで、（5）項イ、（6）項または（9）項イに掲げる防火対象物の用途に供されているもの
	ロ	イに掲げる複合用途防火対象物以外の複合用途防火対象物
(16の2)	－	地下街
(16の3)	－	準地下街 建築物の地階（（16の2）項に掲げるものの各階を除く）で連続して地下道に面して設けられたものと当該地下道とを合わせたもの（（1）項から（4）項まで、（5）項イ、（6）項または（9）項イに掲げる防火対象物の用途に供される部分が存するものに限る）
(17)	－	「文化財保護法」の規定によって重要文化財、重要有形民俗文化財、史跡もしくは重要な文化財として指定され、または旧「重要美術品等の保存に関する法律」の規定によって重要美術品として認定された建造物
(18)	－	延長50メートル以上のアーケード
(19)	－	市町村長の指定する山林
(20)	－	総務省令で定める舟車

防火対象物の点検、防炎規制

「防火対象物定期点検報告制度」と「防炎規制」について学習します。防火対象物の点検は、消防用設備等の点検（レッスン8）とは異なるので注意しましょう。防炎規制では、対象となる物品と規制を受ける防火対象物等が重要です。

1コマ劇場

かしこまってございます。ドンチョウご安心くださいませ。

劇場のどん帳や幕は、防炎規制の対象であるぞよ。よくよく心しておくように。

① 防火対象物の点検（法第8条の2の2）

政令で定める防火対象物の管理について権原を有する者は、専門的知識をもつ**防火対象物点検資格者**に、その防火対象物における防火管理上必要な業務や、消防用設備等の設置・維持その他火災の予防上必要な事項について点検させなければなりません。これを**防火対象物定期点検報告制度**といいます。対象となるのは、防火管理者を定めなければならない防火対象物（◎P.66）のうち、下の表のものです。

🔖 用語

防火対象物点検資格者
防火対象物における火災予防に関する専門的知識を有する者で総務省令で定める資格を有する者。

避難階
直接地上へと通じる出入口のある階。

①	**特定防火対象物**（ただし、令別表第一（16の3）を除く）かつ、**収容人員300人以上のもの**
②	**特定1階段等防火対象物** 収容人員30人以上300人未満であって、 令別表第一の（1）～（4）、（5）のイ、（6）、（9）のイのために使用する部分が**避難階以外の階**（1階と2階は除く）に存在し、その階から避難階または地上に直通する階段が**1か所以下**しか設けられていないもの

この点検は１年に１回行うものとされており、その結果を消防長または消防署長に報告しなければなりません。

② 防炎規制（法第８条の３）

①防炎規制とは

高層建築物や特定防火対象物などで使用するカーテン、じゅうたんなど、火災発生時に延焼の媒体となるおそれのある物品に対する規制を「**防炎規制**」といいます。対象となる物品（**防炎対象物品**）には、炎に接しても燃えにくいといった一定の性能（**防炎性能**）が要求されます。

②防炎対象物品

防炎対象物品は、以下の１）～８）です。

---

1) カーテン
2) 布製のブラインド
3) 暗幕
4) じゅうたん等
5) 展示用の合板
6) どん帳その他舞台において使用する幕
7) 舞台において使用する大道具用の合板
8) 工事用シート

防炎対象物品またはその材料で防炎性能を有するものには、防炎性能を有するものである旨の表示（**防炎表示**）をすることができます。

■**防炎表示の例**

第2章

消防関係法令（共通）

用語

延焼
火災の火がほかに燃え広がること。

用語

じゅうたん等
じゅうたん、ござ、カーペット、人工芝、合成樹脂製床シートなどを含む。

プラス1
防炎対象物品やその材料は、防炎表示等の付いているものでなければ、防炎物品として販売することができない。

<table>
</table>

📖 用語

防炎防火対象物

消防法施行令では、右の表の3) および 4) を「防炎防火対象物」と呼んでおり、また5) 複合用途防火対象物は、3) や 4) の用途に使われている部分だけを防炎防火対象物とみなすこととしている。

③防炎規制を受ける防炎防火対象物等

下の表の 1) ～ 6) が、防炎規制を受けます。

1)	高層建築物（高さ31mを超える建築物）
2)	地下街（令別表第一（16の2））
3)	特定防火対象物（令別表第一〔▶P.70～71〕のピンクのもの）のうち、 (1) ～ (4)、(5) のイ、(6)、(9) のイ、(16の3)
4)	映画スタジオまたはテレビスタジオ （令別表第一（12）のロ）
5)	複合用途防火対象物（令別表第一（16））のうち、 上記 3) または 4) の用途に使われている部分
6)	工事中の建築物その他の工作物 ● 建築物（都市計画区域外の住宅は除く） ● プラットホームの上屋 ● 貯蔵槽（屋外タンク、高架水槽） ● 化学工業製品製造装置　その他

高層建築物であれば用途にかかわらず防炎規制を受けます。延べ床面積は防炎規制には関係ありません。

（例題）

次のうち、防炎規制を受けないものはどれか。

ア　高さ43mの共同住宅

イ　複合用途防火対象物のうち、倉庫に使われている部分

ウ　2階建て、延べ床面積180㎡の旅館

　　ア「共同住宅」は非特定防火対象物ですが、高さ43mなので 1) の高層建築物に該当します。イ「倉庫」は 3)、4) の用途に含まれていません。ウ「旅館」は令別表第一（5）のイに掲げられている特定防火対象物です。

∴ 防炎規制を受けないものは、イのみ

コレだけ！　防炎規制の対象

高層建築物、地下街、一定の特定防火対象物、映画・テレビのスタジオ、工事中の建築物　その他　→　これらで使用する　→
● カーテン
● じゅうたん等
● 舞台において使用する幕
● 工事用シート　その他

 確認テスト

Key Point			できたら チェック ☑
防火対象物の点検	☐	1	防火対象物定期点検報告制度の対象となるのは、防火管理者を定めなければならない防火対象物のうち、一定のものである。
	☐	2	防火対象物点検資格者による点検は、1か月に1回行う必要がある。
	☐	3	防火対象物点検資格者による点検の結果は、消防長または消防署長に報告しなければならない。
	☐	4	消防設備士であれば、登録講習機関の行う講習さえ修了すれば、防火対象物点検資格者になることができる。
防炎規制	☐	5	防炎規制とは、高層建築物や特定防火対象物などで使用する防炎対象物品について、一定の防炎性能を要求する制度である。
	☐	6	防炎対象物品には、じゅうたん等のほか、工事用シートやテントなどが含まれている。
	☐	7	小学校のカーテンは、防炎規制の対象となる。
	☐	8	映画スタジオで使用している暗幕は、防炎規制の対象となる。
	☐	9	高さが25mで、延べ床面積が3000㎡以上ある博物館は、防炎規制を受ける。
	☐	10	複合用途防火対象物内にある診療所で使用されているカーペットは、防炎規制の対象となる。

解答・解説

1.○　2.× 1年に1回行うものとされている。　3.○　4.× 3年以上の実務経験を経たうえで、登録講習機関の行う講習を修了する必要がある。　5.○　6.× じゅうたん等や工事用シートは含まれるが、テントは防炎対象物品に含まれていない。　7.× カーテンは防炎対象物品であるが、小学校（令別表第一（7））は防炎規制を受けないので、小学校のカーテンは防炎規制の対象とならない。　8.○ 暗幕は防炎対象物品であり、映画スタジオは「防炎防火対象物」である。　9.× 博物館（令別表第一（8））は「防炎防火対象物」ではなく、高さ25mでは高層建築物にも該当しないので、防炎規制は受けない。なお、延べ床面積の大きさは関係ない。　10.○ カーペットは防炎対象物品であり、診療所（令別表第一（6）のイ）の用途に使われている複合用途防火対象物の部分は防炎規制を受けるので、当該カーペットは防炎規制の対象となる。

ここが狙われる！

防炎規制については、**防炎対象物品**であるかどうかと、防炎規制を受ける**防炎防火対象物等**に該当するかどうかの2点について、押さえておく必要がある。

Lesson 5 危険物規制

ここでは、消防法上の「危険物」に関する規制について学習します。試験では、危険物（主に第4類）の指定数量や、危険物取扱者が取扱い・立会いのできる範囲、許可等の申請や届出を必要とする手続きなどが特に重要です。

○△市窓口

1コマ劇場

危険物の製造所等の設置や変更は、市町村長への許可の申請が必要です。

水素、プロパン、液化石油ガスなどの気体は、消防法上の「危険物」には含まれません。

＋プラス1

第4類以外の危険物の指定数量の例（ ▶P.116)

● 硫黄（第2類）
　……………100kg

● カリウム、ナトリウム（第3類）
　……………10kg

---

① 危険物と指定数量

　消防法上、「危険物」（▶P.57）は第1類～第6類に区分されています。常温（20℃）で気体のものはなく、すべて固体または液体のいずれかです。

■第4類の危険物（引火性液体）の品名と指定数量

品　名	性　質	主な物品	指定数量
特殊引火物	－	ジエチルエーテル	50ℓ
第1石油類	非水溶性	ガソリン	200ℓ
	水溶性	アセトン	400ℓ
アルコール類	－	メタノール	400ℓ
第2石油類	非水溶性	灯油、軽油	1000ℓ
	水溶性	酢酸	2000ℓ
第3石油類	非水溶性	重油	2000ℓ
	水溶性	グリセリン	4000ℓ
第4石油類	－	ギヤー油	6000ℓ
動植物油類	－	アマニ油	10000ℓ

　「指定数量」とは、消防法による規制を受けるかどうかの基準となる数量です。指定数量以上の危険物を**製造所等**（製造所・貯蔵所・取扱所）以外の場所で貯蔵したり取り扱ったりすることは、原則として禁止されています。

例）ガソリン600ℓを貯蔵する場合

　左ページの表より、ガソリン（第1石油類・非水溶性）の指定数量は200ℓなので、600ℓならば指定数量の3倍を貯蔵していることになります。

　危険物が2種類以上の場合には、それぞれが指定数量の何倍であるかを求め、それらを合計して1倍以上になれば（たとえ個々の危険物の指定数量の倍数が1未満であっても）指定数量以上の危険物の貯蔵・取扱いとなり、全体として消防法による規制を受けます。

② 危険物取扱者

　製造所等では、危険物取扱者の資格をもたない者だけで危険物を取り扱うことは認められません。製造所等における危険物の取扱いは、**指定数量と関係なく**、次のアまたはイに限られます。

> ア　**危険物取扱者自身**（甲種、乙種、丙種）が行う
> イ　**危険物取扱者**（甲種または乙種）の立会いのもとに、危険物取扱者以外の者が行う

　危険物取扱者の資格（免状）は**甲種、乙種**および**丙種**の3種類です。次のような違いがあります。

	取扱い	立会い
甲　種	すべての類の危険物	すべての類の危険物
乙　種	免状を取得している類の危険物のみ	免状を取得している類の危険物のみ
丙　種	第4類のうち、ガソリンなど特定の危険物のみ	できない

用語

製造所等
「危険物施設」とも呼ばれ、次のように区分される。
①製造所
②貯蔵所
● 屋内貯蔵所
● 屋外貯蔵所
● 屋内タンク貯蔵所
● 屋外タンク貯蔵所
● 地下タンク貯蔵所
● 簡易タンク貯蔵所
● 移動タンク貯蔵所
③取扱所
● 給油取扱所
● 販売取扱所
● 移送取扱所
● 一般取扱所

> 丙種危険物取扱者は、自分自身では取り扱うことのできる危険物であっても、危険物取扱者以外の者の取扱いには立ち会うことができません。

❸ 申請・届出手続き

　製造所等を新たに設置するときは、市町村長等の許可を得なければなりません。このように、許可や承認等の申請あるいは届出を必要とする手続きのうち、主なものをまとめておきましょう。

①申請手続き

申請の種類		手続きの内容	申請先
許　可		製造所等の設置	市町村長等
		製造所等の位置・構造・設備の変更	
承　認		製造所等の仮使用	
		危険物の仮貯蔵・仮取扱い	消防長または消防署長

②届出手続き（届出先は常に市町村長等）

届出を必要とする手続き	届出の期限
危険物保安監督者の選任・解任	選任・解任後遅滞なく
危険物の品名、**数量などの変更** （製造所等の位置・構造・設備の変更は伴わないもの）	変更しようとする日の**10日前**まで

　なお、この場合の「市町村長等」には、都道府県知事も含まれることに注意しましょう。

市町村長等	消防本部および消防署を設置する市町村の場合	市町村長
	上記以外の市町村の場合	都道府県知事

**コレ
だけ!**

危険物の指定数量

＊第4類危険物（非水溶性）の場合
●第1石油類（ガソリンなど）… 200ℓ
●第2石油類（灯油など）…… 1000ℓ
●第3石油類（重油など）…… 2000ℓ

申請・届出手続き

●製造所等の設置・変更
　⇒市町村長等へ許可申請
●危険物の品名・数量の変更
　⇒市町村長等へ届出

確認テスト

Key Point			できたら チェック ☑
危険物と指定数量	☐	1	第4類危険物の第1石油類の指定数量は、すべて200ℓである。
	☐	2	2000ℓの灯油を貯蔵するのは、指定数量の2倍の貯蔵に当たる。
	☐	3	1000ℓの重油を取り扱うのは、指定数量の0.5倍の取扱いに当たる。
	☐	4	100ℓのガソリンと7kgのナトリウムを同一の場所で貯蔵する場合、消防法による規制は受けない。
危険物取扱者	☐	5	製造所等では、たとえ指定数量未満であっても、危険物取扱者以外の者だけで危険物を取り扱うことはできない。
	☐	6	製造所等では、危険物取扱者以外の者であっても、丙種危険物取扱者の立会いがあればガソリンを取り扱うことができる。
	☐	7	甲種危険物取扱者の立会いがあれば、危険物取扱者以外の者であっても、第1類～第6類のすべての危険物を取り扱うことができる。
申請・届出手続き	☐	8	製造所等を設置するときは、市町村長等に届出をする必要がある。
	☐	9	製造所等を設置するとき、消防本部および消防署を設置する市町村の場合は、市町村長に対して許可の申請をする。
	☐	10	製造所等の位置・構造・設備の変更、危険物保安監督者の選任・解任は、いずれも市町村長等への許可申請を必要とする。
	☐	11	危険物の仮貯蔵・仮取扱いについては、消防長または消防署長に対して承認の申請をする必要がある。

解答・解説

1.× 第1石油類の非水溶性は200ℓであるが、水溶性は400ℓである。 2.○ 3.○ 重油の指定数量は2000ℓなので、1000ℓは0.5倍に当たる。 4.× ガソリンの指定数量は200ℓなので100ℓでは0.5倍、ナトリウムの指定数量は10kgなので7kgでは0.7倍。したがって、個々の指定数量の倍数は1未満であるが、合計では1.2倍なので、指定数量以上の貯蔵として消防法による規制を受ける。 5.○ 6.× 丙種危険物取扱者は、自分自身では取り扱える危険物（ガソリンなど）であっても、危険物取扱者以外の者の取扱いに立ち会うことはできない。 7.○ 8.× 届出ではなく、許可を申請する必要がある。 9.○ 10.× 製造所等の位置・構造・設備の変更は市町村長等への許可申請を必要とするが、危険物保安監督者の選任・解任は市町村長等への届出だけでよい。 11.○ 危険物の仮貯蔵・仮取扱いだけは、申請先が消防長または消防署長であることに注意する。

ここが狙われる！

第4類危険物の指定数量のうち、非水溶性のものは覚えておく必要がある（水溶性の指定数量は非水溶性の2倍である）。申請・届出手続きについては、仮貯蔵・仮取扱いを除き、申請先・届出先がすべて「市町村長等」であることに注意しよう。

Lesson 6 消防用設備等に関する規定（1）

レッスン6〜8にかけては、消防用設備等の設置・維持義務について学習します。
このレッスンの内容は、設置維持の義務者、消防用設備等の種類、附加条例といった基本的なことがらです。特に、消防用設備等の種類が重要です。

警報設備 / 消火設備 / 避難設備

🎬 1コマ劇場

これらは、消防用設備等の中の「消防の用に供する設備」です。

① 消防用設備等の設置・維持義務

　政令で定める防火対象物の関係者は、消防用設備等について、消火、避難その他の消防の活動のために必要とされる性能を有するよう、政令で定める技術上の基準に従って設置し、維持しなければなりません。これを消防用設備等の設置・維持義務といいます（法第17条第1項）。

　この義務のポイントをまとめておきましょう。

①**何に対して設置するのか** ⇒「政令で定める防火対象物」

　これは、消防法施行令別表第一（●P.70、71）に掲げている防火対象物とされています（令第6条）。

②**だれが義務を負うのか** ⇒「防火対象物の関係者」

　「関係者」とは、防火対象物の**所有者、管理者、占有者**のことです（●P.57）。

③**何を設置し、維持するのか** ⇒「消防用設備等」

　「通常用いられる消防用設備等」と「必要とされる防火安全性能を有する消防の用に供する設備等」があります。

🔒**重要** *!!!*

政令で定める技術上の基準（設置等技術基準）

消防用設備等を設置すべき防火対象物の用途、規模、収容人員等に関する基準のほか、設置する消火器具の適応性の種別や設置位置等に関する基準などがある。

② 消防用設備等の種類

　消防用設備等（「通常用いられる消防用設備等」）とは、①消防の用に供する設備、②消防用水および③消火活動上必要な施設のことをいい、①はさらに消火設備、警報設備、避難設備に分かれます（●P.57）。

　具体的には、以下の通りです（令第7条）。

■消防用設備等の種類

消防の用に供する設備	消火設備	● 消火器 ● 簡易消火用具 ● 屋内消火栓設備 ● 屋外消火栓設備 ● スプリンクラー設備 ● 水噴霧消火設備 ● 泡消火設備 ● 不活性ガス消火設備 ● ハロゲン化物消火設備 ● 粉末消火設備 ● 動力消防ポンプ設備
	警報設備	● 自動火災報知設備 ● ガス漏れ火災警報設備 ● 消防機関へ通報する火災報知設備 ● 漏電火災警報器 ● 非常警報器具 ● 非常警報設備
	避難設備	● 避難器具 ● 誘導灯および誘導標識
消防用水		● 防火水槽 ● 防火水槽に代わる貯水池その他の用水
消火活動上必要な施設		● 排煙設備 ● 連結散水設備 ● 連結送水管 ● 非常コンセント設備 ● 無線通信補助設備

🔒重要 !!!

簡易消火用具
● 水バケツ
● 水槽
● 乾燥砂
● 膨張ひる石
● 膨張真珠岩

非常警報器具
● 警鐘
● 携帯用拡声器
● 手動式サイレン
● その他

非常警報設備
● 非常ベル
● 自動式サイレン
● 放送設備

避難器具
● すべり台
● 避難はしご
● 救助袋
● 緩降機
● 避難橋
● その他

前ページの「通常用いられる消防用設備等」のほかに、防火対象物の関係者は、「**必要とされる防火安全性能を有する消防の用に供する設備等**」を用いることもできます。これは、消防長または消防署長によって、その防火安全性能が「通常用いられる消防用設備等」の防火安全性能と同等以上であると認められるものです（以下の1)〜10)）。

1) パッケージ型消火設備、パッケージ型自動消火設備
2) 共同住宅用スプリンクラー設備
3) 共同住宅用自動火災報知設備
4) 住戸用自動火災報知設備
5) 特定小規模施設用自動火災報知設備
6) 複合型居住施設用自動火災報知設備
7) 共同住宅用非常警報設備
8) 共同住宅用連結送水管、共同住宅用非常コンセント設備
9) 加圧防排煙設備
10) 特定駐車場用泡消火設備

 ③ 附加条例

市町村は、その地方の気候または風土の特殊性により、消防用設備等について政令で定める技術上の基準などでは防火の目的を十分に果たすことが難しいと認めるときは、その**市町村の条例**により、政令等の規定で定める基準とは異なる規定を設けることができます。これを「**附加条例**」といいます（法第17条第2項）。

「附加条例」では、政令で定めるものより厳しい規定を設けます。緩やかな規定は設けられません。

 消防用設備等（「通常用いられる消防用設備等」）

①消防の用に供する設備
②消防用水
③消火活動上必要な施設

- 消火設備
  （消火器、スプリンクラー設備等）
- 警報設備（自動火災報知設備等）
- 避難設備（避難器具、誘導灯等）

 確 認 テ ス ト

Key Point	できたら チェック ☑	
消防用設備等の設置・維持義務	☐ 1	消防設備士は、消防用設備等の設置・維持義務を負う。
	☐ 2	防火対象物の管理者は、消防用設備等の設置・維持義務を負う。
消防用設備等の種類	☐ 3	消防用設備等とは、消防の用に供する設備、消防用水および避難設備のことをいう。
	☐ 4	消防の用に供する設備は、消火設備、警報設備、避難設備に分かれる。
	☐ 5	消火設備には、屋内消火栓設備、スプリンクラー設備、連結散水設備などが含まれる。
	☐ 6	消防機関へ通報する火災報知設備は、警報設備の一つである。
	☐ 7	避難設備には、避難器具、誘導灯および誘導標識が含まれる。
	☐ 8	すべり台、避難はしごは、避難設備に含まれない。
	☐ 9	水バケツおよび水槽は、消防用水に含まれる。
	☐ 10	消火活動上必要な施設には、排煙設備、連結送水管、非常コンセント設備などが含まれる。
	☐ 11	パッケージ型消火設備、共同住宅用スプリンクラー設備は、どちらも「通常用いられる消防用設備等」に含まれる。
附加条例	☐ 12	その地方の気候・風土の特殊性により、政令で定める技術上の基準では防火目的を十分果たすことが難しい場合は、市町村の条例で異なる規定を設けることができる。

解答・解説

1.✕ 消防用設備等の設置・維持義務を負うのは、防火対象物の関係者（所有者、管理者、占有者）である。
2.○　3.✕ 避難設備ではなく、消火活動上必要な施設である。あとの2つは正しい。　4.○　5.✕ 連結散水設備は、消火活動上必要な施設に含まれる。あとの2つは正しい。　6.○　7.○　8.✕ すべり台と避難はしごは、避難設備の一つである避難器具に含まれている。　9.✕ 水バケツおよび水槽は、消火設備の一つである簡易消火用具に含まれる。消防用水とは、防火水槽またはこれに代わる貯水池その他の用水をいう。
10.○　11.✕ これらは「通常用いられる消防用設備等」ではなく、「必要とされる防火安全性能を有する消防の用に供する設備等」に含まれる。　12.○

ここが狙われる！

「消防の用に供する設備」である消火設備・警報設備・避難設備はもちろん、「消防用水」や「消火活動上必要な施設」などにそれぞれ含まれている設備や器具等は、カード化するなどしてすべて覚えるようにしよう。「簡易消火用具」「避難器具」に含まれるものも同様である。

Lesson 7 消防用設備等に関する規定（2）

消防用設備等を設置する場合の「設置単位」についての原則と例外、「既存防火対象物に対する適用除外」の原則とその例外、「用途変更の場合の適用除外」の原則とその例外について学習します。いずれも重要かつ頻出の事項です。

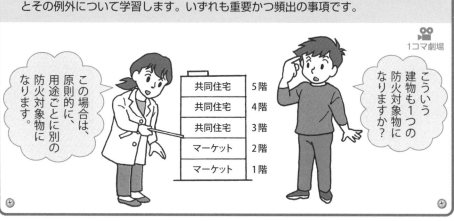

🎥 1コマ劇場

この場合は、原則的に、用途ごとに別の防火対象物になります。

共同住宅	5階
共同住宅	4階
共同住宅	3階
マーケット	2階
マーケット	1階

こういう建物も1つの防火対象物になりますか？

🔥 1 設置単位について

消防用設備等を設置する場合、建築物である防火対象物については、特段の規定がない限り、1棟の建築物ごとに設置します。これを「1棟1設置単位」といいます。

また、下の図のように、建築物Aと建築物Bが渡り廊下または地下連絡路などによって接続されている場合には、原則としてAとBを合わせて1棟として扱います。

＋プラス1
消防用設備等の設置は「1棟単位」であり、「1敷地単位」ではないことに注意しよう。

渡り廊下等で接続していても、一定の防火措置を講じた場合は、別棟として扱われることがあります。

		建築物B	
建築物A			4階
			3階
	渡り廊下		2階
			1階
			B1階
	地下連絡路		B2階

　1棟1設置単位の例外となる特段の規定のうち、重要なものをみておきましょう。

①令8条による規定

　1棟の防火対象物の一部分が「**開口部のない耐火構造の床または壁で区画されているとき**」は、その部分を別個の独立した防火対象物とみなします。その部分で出火したとしても、ほかの部分に火災が延焼したり、ほかの部分の出火によってその部分に延焼したりする危険が少ないからです。

　この場合、「開口部」がないという点がポイントであり、防火戸や防火シャッター等が設けられていても、開口部がある以上、独立した防火対象物とは認められません。

②令9条による規定

　複合用途防火対象物（●P.58）の場合、その建築物の内部には2種類以上の別の用途に使用される部分が存在していますが、**同じ用途に使用される部分は1つの防火対象物**とみなして、それぞれに消防用設備等を設置します。

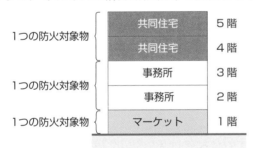

　ただし、スプリンクラー設備その他の特定の設備については、原則通り、建築物1棟を1設置単位とします。

③令9条の2による規定

　「**地下街**」（令別表第一（16の2））は、複数の用途に使用されていても、全体として1つの防火対象物です。また、**特定防火対象物**（令別表第一（16の2）、（16の3）を除く）の**地階**（地下にある階）で「地下街」と一体をなすものとして消防長または消防署長が指定したものは、一部の特定の設備についてはその「地下街」の部分とみなします。

　用語

開口部
採光、換気、通風、出入りなどのために設けられた出入口、窓、階段等のこと。

耐火構造
鉄筋コンクリート造り、れんが造り等の構造で、建築基準法に基づく耐火性能を有するもの。

**重要 /// **

令9条が適用されない特定の設備
- スプリンクラー設備
- 自動火災報知設備
- ガス漏れ火災警報設備
- 漏電火災警報器
- 非常警報設備
- 避難器具
- 誘導灯

令9条の2が適用される特定の設備
- スプリンクラー設備
- 自動火災報知設備
- ガス漏れ火災警報設備
- 放送設備（非常ベルまたは自動式サイレン付き）

❷ 既存防火対象物に対する適用除外

　消防用設備等の技術上の基準を定めた規定（政令その他の命令、附加条例を含む）が改正されるたびに、現に存在している防火対象物や新築・増築等の工事中の防火対象物（「既存防火対象物」）を新しい規定に適合させなければならないとすると、既存防火対象物の構造自体に修正を加える必要が生じる場合もあり、関係者の経済的負担が重くなってしまいます。そこで法第17条の2の5では、このような場合は原則として改正後の規定の適用を除外し、改正前の規定をそのまま適用することとしています。

　ただし、この原則に対して、以下の①～⑤の例外が定められています。

①改正前の規定に違反していた場合

　既存防火対象物の消防用設備等が、改正後の規定に適合しないだけでなく、そもそも改正前の規定に違反していた場合は、改正後の規定を適用します。

②改正後に一定規模以上の増改築等をした場合

　改正後に、次の1)～3)のいずれかに該当する増改築または大修繕等を行った場合は、改正後の規定を適用します。

1) 増築または改築に係る防火対象物の床面積の合計が、1000㎡以上となるもの
2) 増築または改築に係る防火対象物の床面積の合計が、従前の延べ面積の2分の1以上となるもの
3) 防火対象物の主要構造部である「壁」について、過半（2分の1超）の修繕または模様替えとなるもの

重要 !!!
法不遡及の原則
法令が改正された場合、改正前からすでに存在していたことにまで改正後の規定の効力を及ぼすことを「遡及」という。「遡及」は原則として禁止されており、法第17条の2の5はこの「法不遡及の原則」を定めたものである。

用語
延べ面積
建物の各階の床面積を合計したもの。

例題

　消防用設備等の技術上の基準を定めた規定が改正された場合、改正後の規定を適用するのは、次のうちどちらか。

ア　改正後、床面積の合計が800㎡で、従前の延べ面積の3分の2に及ぶ増改築を行った

イ　改正後、防火対象物の屋根全体に大修繕を行った

　アは、床面積の合計は1000㎡以上ではありませんが、従前の延べ面積の3分の2（2分の1以上になる）ということで、改正後の規定を適用することになります。イは「屋根」の大修繕なので、たとえ過半でも改正後の規定は適用されません。

∴ 改正後の規定を適用するのは、ア

③改正後の規定に適合することとなった場合

　関係者が自主的に設置したり変更したりしていた消防用設備等が、改正後の規定に適合することになった場合は、改正後の規定を適用します。

④既存防火対象物が特定防火対象物である場合

　現に存在している防火対象物や新築・増築等の工事中の防火対象物が特定防火対象物（●P.70、71令別表第一のピンク色の部分）である場合は、常に改正後の規定を適用します。

⑤消火器その他の特定の消防用設備等である場合

　次のア～ケの消防用設備等については、常に改正後の規定を適用します（ただし、エとオは一定の場合に限る）。

ア　消火器

イ　簡易消火用具

ウ　二酸化炭素消火設備（全域放出方式のものに限る）

エ　自動火災報知設備

オ　ガス漏れ火災警報設備

カ　漏電火災警報器

キ　非常警報器具および非常警報設備

ク　避難器具

ケ　誘導灯および誘導標識

重要

改正後の規定を適用する消防用設備等の補足

● **自動火災報知設備**
特定防火対象物のほか、重要文化財等（令別表第一(17)）に設けるものに限る

● **ガス漏れ火災警報設備**
特定防火対象物のほか、温泉採取設備に設けるものに限る

③ 用途変更の場合の適用除外

　倉庫を工場に変えるなど、防火対象物の用途を変更したことによって、消防用設備等の技術上の基準を定めた規定（政令その他の命令、附加条例を含む）に適合しなくなった場合でも、**用途変更前の規定をそのまま適用すること**が原則とされています（法第17条の3）。

　ただし、以下の①〜⑤の例外が定められています。

①用途変更前の規定に違反していた場合

　用途変更前に設置していた消防用設備等が規定に違反していた場合は、変更後の用途に係る規定を適用します。

②用途変更後に一定規模以上の増改築等をした場合

　増改築等の規模は「既存防火対象物に対する適用除外」の②の 1）〜 3）（◉P.86）と同じです。この場合、変更後の用途に係る規定を適用します。

③用途変更後の規定に適合することとなった場合

　消防用設備等が、用途変更後の規定に適合している場合は、変更後の用途に係る規定を適用します。

④変更後の用途が特定防火対象物である場合

　変更後の用途が特定防火対象物（◉P.70、71）に該当する場合は、変更後の用途に係る規定を適用します。

⑤消火器その他の特定の消防用設備等である場合

　「既存防火対象物に対する適用除外」の⑤（◉P.87）と同じです。

増改築部分の床面積の合計が、1000㎡以上であるか、または従前の延べ面積の2分の1以上であれば、用途変更後の規定が適用されます。

コレ　だけ！　「既存防火対象物に対する適用除外」の原則および例外

● 原則：改正前の規定
● 例外：改正後の規定

①改正前の規定に違反していた
②改正後に一定規模以上の増改築等をした
③改正後の規定に適合することとなった
④既存防火対象物が特定防火対象物である
⑤消火器その他の特定の消防用設備等である

 確 認 テ ス ト

Key Point			できたら チェック ☑
設置単位について	☐	1	建築物である防火対象物については、特段の規定がない限り、1棟の建築物ごとに消防用設備等を設置する。
	☐	2	1棟の防火対象物の一部分が防火戸などによって完全に区画されている場合は、独立した防火対象物とみなす。
	☐	3	店舗と共同住宅を含む複合用途防火対象物は、常に1棟の建築物全体で1つの防火対象物とみなされる。
既存防火対象物に対する適用除外	☐	4	消防用設備等の技術上の基準を定めた規定が改正されても、既存防火対象物については、原則として改正前の規定を適用する。
	☐	5	基準を定めた規定が改正されたとき、既存防火対象物の消防用設備等が改正前の規定に違反していた場合は、改正前の規定に適合させる。
	☐	6	基準を定めた規定が改正された場合、既存の特定防火対象物に設置していた消防用設備等については、改正後の規定を適用する。
用途変更の場合の適用除外	☐	7	倉庫を工場に用途変更して基準に適合しなくなった場合でも、原則として用途変更前の倉庫に係る基準が適用される。
	☐	8	用途変更後、床面積の合計が1200㎡で、従前の延べ面積の4分の1に当たる増改築を行った場合、用途変更前の基準が適用される。
	☐	9	倉庫を改造して飲食店に用途変更した場合、設置する消防用設備等については、従前の倉庫に係る基準を適用する。
	☐	10	防火対象物の用途を変更した場合、消火器や漏電火災警報器については、変更後の用途に係る規定を適用する必要がある。

解答・解説

1.○　2.×「開口部のない耐火構造の床または壁で区画されているとき」に独立した防火対象物とみなされる。防火戸で区画されても開口部がある以上、独立した防火対象物とはみなされない。　3.× スプリンクラー設備などの特定の設備を除き、店舗部分、共同住宅部分のそれぞれが1つの防火対象物とみなされる。4.○　5.× この場合は改正前の規定ではなく、改正後の規定を適用し、これに適合させる。　6.○　7.○　8.× 増改築に係る床面積の合計が1000㎡以上なので、従前の延べ面積の2分の1以上でなくとも、変更後の用途に係る規定を適用しなければならない。　9.× 変更後の用途である飲食店（令別表第一（3）のロ）は特定防火対象物なので、変更後の飲食店に係る基準を適用しなければならない。　10.○

ここが狙われる！

「既存防火対象物に対する適用除外」と「用途変更の場合の適用除外」の**原則**をまずしっかりと押さえよう。試験では、これらの**例外**（特に「用途変更」）についてよく出題されているが、**原則と例外の区別**を意識して、例外を一つひとつ整理しておくことが大切だ。

8 消防用設備等に関する規定 (3)

消防用設備等の「届出および検査」「点検および報告」「設置維持命令」について学習します。重要かつ頻出の事項ばかりです。なお、消防用設備等の点検は、防火対象物の点検（レッスン4）とは異なる制度なので注意しましょう。

1コマ劇場

延べ面積300㎡以上

レストランで延べ面積が300㎡以上の場合は、消防長か消防署長に届出が必要よ。

新しくできたレストランに消火器を設置しにきたようです。

① 消防用設備等の設置の届出・検査

　政令で定める防火対象物の関係者は、消防用設備等または特殊消防用設備等を設置したときは、その旨を消防長または消防署長に届出をし、検査を受けなければなりません（法第17条の3の2）。消防長または消防署長は、届出があったときは、遅滞なく、設置された消防用設備等または特殊消防用設備等が設備等技術基準（●P.80）または設備等設置維持計画に適合しているかどうかを検査しなければならず、適合していると認めた場合は、関係者に検査済証を交付します。

　この届出のポイントをまとめておきましょう。

①届出をする者

　防火対象物の関係者（所有者・管理者・占有者）です。

②届出先

　消防長（消防本部を置かない市町村の場合は市町村長）または消防署長です。

📖 **用語**

特殊消防用設備等
消防用設備等と同等以上の防火安全性能を有し、「設備等設置維持計画」に従って設置・維持するものとして総務大臣から認定を受けたもの。

設備等設置維持計画
関係者が総務省令で定めるところにより作成する特殊消防用設備等の設置および維持に関する計画。

③届出期間

設置のための工事が完了した日から**4日以内**です。

④届出をして検査を受ける必要のある防火対象物

令別表第一（●P.70、71）に掲げる防火対象物のうち、下の表の1）〜4）のものです（令第35条第1項）。

1）	i （2）のニ、（5）のイ、（6）のイ①〜③およびロ ii （6）のハ（利用者を入居・宿泊させるものに限る） iii （16）のイ、（16の2）、（16の3）のうち、i またはii の用途を含むもの
2）	**特定防火対象物**（（1）に掲げるもの以外）であって、 かつ、**延べ面積300㎡以上**のもの
3）	**非特定防火対象物**（（19）（20）を除く） かつ、**延べ面積300㎡以上**のもので、 **消防長または消防署長が指定**したもの
4）	**特定1階段等防火対象物** 令別表第一の（1）〜（4）、（5）のイ、（6）、（9）のイのために使用する部分が**避難階以外の階**（1階と2階は除く）に存在し、その階から避難階または地上に直通する階段が**1か所以下**しか設けられていないもの

左の表の1）に掲げられた特定防火対象物は、延べ面積にかかわらず届出および検査が必要となります。

⑤届出を必要としない消防用設備等

簡易消火用具、非常警報器具については、届出を必要としません（＝この検査は受けなくてよい）。

② 消防用設備等の定期点検および報告

消防用設備等の設置・維持が義務づけられている**防火対象物の関係者**は、消防用設備等または特殊消防用設備等を**定期に点検**し、その結果を**消防長または消防署長に報告**しなければなりません（法第17条の3の3）。

この点検・報告のポイントをまとめておきましょう。

①点検の内容と期間

ア　**機器点検**…6か月に1回

イ　**総合点検**…1年に1回

📖 用語

機器点検
消防用設備等の機器の損傷の有無など、一定の事項について基準に従って確認すること。

総合点検
消防用設備等の全部または一部を作動・使用することによって、その総合的機能を確認すること。

②点検を行う者および点検を行う防火対象物

ア　消防設備士または消防設備点検資格者が行うもの

令別表第一に掲げる防火対象物のうち、下の表の 1）〜 4）

1）	特定防火対象物であって、かつ、延べ面積1000㎡以上のもの
2）	非特定防火対象物（（19）（20）を除く）であって、かつ、延べ面積1000㎡以上のもので、消防長または消防署長が指定したもの
3）	特定1階段等防火対象物（前ページ④の表の 4）と同じ）
4）	全域放出方式の不活性ガス消火設備（二酸化炭素を放射するものに限る）が設置されている防火対象物

イ　上記ア以外については、関係者が点検を行う

③点検結果の報告

ア　報告する者……防火対象物の関係者

イ　報告先…………消防長（消防本部を置かない市町村の場合は市町村長）または消防署長

ウ　報告の期間……特定防火対象物： 1 年に 1 回

　　　　　　　　　　非特定防火対象物： 3 年に1回

③ 消防用設備等の設置維持命令

　消防長（消防本部を置かない市町村の場合は市町村長）または消防署長は、消防用設備等が設備等技術基準に従って設置または維持されていないと認めるときは、当該防火対象物の関係者で権原を有するものに対し、基準に従って設置または維持するため必要な措置をとるよう命じることができます（法第17条の 4 ）。命令違反は罰則の対象です。

プラス1

点検を必要としない防火対象物

令別表第一（20）「総務省令で定める舟車」

● 総トン数 5 t以上の舟で推進機関を有するもの

● 鉄道営業法、道路運送車両法などによって消火器具を設置する車両

「点検の期間」と「報告の期間」を混同しないようにしよう。

🔒**重要!!!**

設置維持命令違反

● 設置しなかった者
→ 1 年以下の懲役または100万円以下の罰金

● 維持のための措置をしなかった者
→30万円以下の罰金または拘留

コレだけ！

届出・検査、有資格者による点検を行う防火対象物

特定防火対象物	非特定防火対象物	
一定以上の延べ面積 ●届出・検査（300㎡以上） ●点検（1000㎡以上）	一定以上の延べ面積 ●届出・検査（300㎡以上） ●点検（1000㎡以上）	＋ 消防長・消防署長の指定

確認テスト

Key Point			できたら チェック ☑
消防用設備等の届出および検査	☐	1	消防用設備等を設置したときは、消防団長に届出をし、検査を受けなければならない。
	☐	2	届出期間は、設置工事完了の日から4日以内とされている。
	☐	3	延べ面積250㎡の遊技場は、消防用設備等を設置したとき、届出をして検査を受ける必要がある。
	☐	4	延べ面積800㎡の美術館で消防長が指定したものは、消防用設備等を設置したとき、届出をして検査を受ける必要がある。
	☐	5	延べ面積1600㎡のホテルで簡易消火用具を設置しても、届出をして検査を受ける必要はない。
消防用設備等の点検および報告	☐	6	機器点検は1年に1回、総合点検は6か月に1回と定められている。
	☐	7	延べ面積1200㎡の幼稚園の消防用設備等は、消防設備士または消防設備点検資格者が点検を行う。
	☐	8	消防設備士または消防設備点検資格者が点検を行った場合は、これらの者が点検結果の報告をしなければならない。
	☐	9	報告の期間は、特定防火対象物については6か月に1回、非特定防火対象物については1年に1回とされている。
消防用設備等の設置維持命令	☐	10	消防用設備等の設置維持命令は、消防長（消防本部を置かない市町村の場合は市町村長）または消防署長が命じる。
	☐	11	消防用設備等の設置維持命令は、当該消防用設備等の設置工事を行った消防設備士に対して命じられる。

第2章　消防関係法令（共通）

解答・解説

1.× 消防団長ではなく、消防長（消防本部を置かない市町村の場合は市町村長）または消防署長に届出をし、検査を受ける。 2.○ 3.× 遊技場（令別表第一（2）のロ）は特定防火対象物であるが、述べ面積が300㎡以上ではないので、届出・検査は必要ない。 4.○ 5.○ 簡易消火用具と非常警報器具については、届出・検査の必要がない。 6.× 機器点検が6か月に1回で、総合点検が1年に1回である。 7.○ 8.× 消防設備士や消防設備点検資格者が点検を行った場合でも、点検結果の報告は防火対象物の関係者がしなければならない。 9.× 報告の期間は、特定防火対象物が1年に1回で、非特定防火対象物が3年に1回である。 10.○ 11.× 消防設備士ではなく、当該防火対象物の関係者で権原を有するものに対して命じられる。

ここが狙われる！

届出・検査の場合も、消防設備士等による点検の場合も、**非特定防火対象物**については**消防長または消防署長の指定**が必要であることに注意する。また、届出をする者・届出先・届出期間、点検の内容と期間・点検を行う者、報告する者・報告先・報告の期間を整理しておこう。

消防用機械器具等の検定

ここでは、消防用機械器具等の検定制度について学習します。「型式承認」および「型式適合検定」の意味をまず理解しましょう。「検定対象機械器具等」に含まれるものや、「合格の表示」「型式承認の失効」の効果なども重要です。

1コマ劇場

このマークがない消火器は販売できません。

国家検定 検 合格之証

ここに、「合格之証」って書いてありますね。

① 検定制度の概要

消防用機械器具等の検定制度について学習します。

消防法では、消防用機械器具等のことを「消防の用に供する機械器具等」と呼んでいます。

消防用機械器具等とは、消防に用いる機械器具や設備、防火薬品などをいいます。このうち、一定の形状等でなければ火災の予防や消火、人命救助等のために重大な支障を生じるおそれがあり、あらかじめ検査を受ける必要があると認められるものを「**検定対象機械器具等**」といいます。

この検定制度は、**型式承認**と**型式適合検定**＊の２段階です。

＊型式適合検定：「個別検定」から改称（平成25年度より）

 用語

形状等
形状、構造、材質、成分および性能。

日本消防検定協会等
日本消防検定協会のほかに、総務大臣の登録を受けた検定機関（法人）を含む。

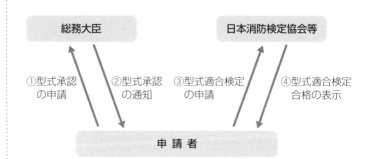

| 総務大臣 | | | 日本消防検定協会等 |

①型式承認の申請　②型式承認の通知　③型式適合検定の申請　④型式適合検定合格の表示

申請者

①②型式承認

　型式承認とは、検定対象機械器具等の型式に係る形状等が、総務省令で定める技術上の規格（「**規格省令**」という）に適合していることを認める承認です。

　型式承認は、**総務大臣**が行います。型式承認を受けようとする者（申請者）から申請を受けた総務大臣は、申請のあった検定対象機械器具等の型式に係る形状等が規格省令に適合しているときは型式承認を行い、その旨を申請者に通知します。

③④型式適合検定

　型式適合検定とは、検定対象機械器具等の形状等が、型式承認を受けた検定対象機械器具等の型式に係る形状等に適合しているかどうかについて行う検定をいいます。

　型式適合検定は、**日本消防検定協会等**が行います。これに合格すると「合格の表示」（●P.96）が付されます。

　消防用機械器具等のうち、**検定対象機械器具等**とされているものは以下のものです。

- 消火器
- 消火器用消火薬剤（二酸化炭素を除く）
- 泡消火薬剤（水溶性液体用のものを除く）
- 火災報知設備の感知器、発信機
- 中継器（火災報知設備またはガス漏れ火災警報設備に使用）
- 受信機（火災報知設備またはガス漏れ火災警報設備に使用）
- 閉鎖型スプリンクラーヘッド
- 流水検知装置（スプリンクラー設備等に使用）
- 一斉開放弁（スプリンクラー設備等に使用）
- 金属製避難はしご
- 緩降機
- 住宅用防災警報器

第2章 消防関係法令（共通）

輸入品もこの検定制度の対象となります。

🔒**重要** //

検定が不要な消防用機械器具等
- 輸出されるもの
- 船舶安全法または航空法に基づく検査・試験に合格したもの
- 特殊消防用設備等の部分であるもの

📖**用語**

スプリンクラー設備等
スプリンクラー設備のほか、水噴霧消火設備、泡消火設備を含む。

緩降機
避難器具。ロープを滑車にかけて窓などから脱出するもの。

合格の表示
当該検定対象機器
具等が、型式承認を
受けたものであり、
かつ型式適合検定に
合格したものである
ことを示す表示。

合格の表示を付す
のは、日本消防検
定協会等です。

② 合格の表示

　日本消防検定協会等は、型式適合検定に合格した検定対象機械器具等には「合格の表示」を付さなければなりません。また、この表示が付されたものでなければ、販売したり、販売の目的で陳列したり、設置等の工事に使用したりしてはなりません。

■合格の表示の例

10mm

検定合格証（消火器用）

③ 型式承認の失効

　総務大臣は、**規格省令の変更**により、すでに型式承認を受けた検定対象機械器具等の型式に係る形状等が変更後の規格に適合しないと認めるときは、型式承認の効力を失わせる（または一定期間経過後に効力が失われるものとする）こととされています。これを「**型式承認の失効**」といいます。さらに、型式承認を受けた者に次のような事由があれば、型式承認の効力を失わせることができます。

ア　不正な手段によって型式承認を受けたとき

イ　正当な理由がないのに、型式承認の通知を受けた日から２年以内に型式適合検定の申請をしないとき

　型式承認が失効した場合は、同時に日本消防検定協会等が行った型式適合検定の効力も失われることとなります。

プラス**1**

罰則
●型式適合検定に合
格していないもの
に表示を付した
者、または紛らわ
しい表示をした者
→１年以下の懲役ま
たは100万円以下
の罰金

コレ
だけ！

型式承認と型式適合検定

●型式承認…**総務大臣**
●型式適合検定…**日本消防検定協会等**
合格した検定対象機械器具等には
「**合格の表示**」を付す

「検定対象機械器具等」の例

●消火器、消火器用消火薬剤
●閉鎖型スプリンクラーヘッド
●緩降機
●住宅用防災警報器

 確 認 テ ス ト

Key Point			できたら チェック ☑
検定制度の概要	☐	1	型式承認とは、検定対象機械器具等の型式に係る形状等が、総務省令で定める技術上の規格に適合している旨の承認をいう。
	☐	2	型式承認は、日本消防検定協会等が行う。
	☐	3	型式適合検定とは、検定対象機械器具等の形状等が、型式承認を受けた検定対象機械器具等の型式に係る形状等に適合しているかどうかについて行う検定をいう。
	☐	4	型式承認を受けていなくても、型式適合検定に合格すれば、検定に合格した旨の表示を付すことができる。
	☐	5	検定対象機械器具等が輸入品の場合は、検定を受ける必要がない。
	☐	6	ガス漏れ火災警報設備に用いる検知器、閉鎖型スプリンクラーヘッドおよび緩降機は、いずれも検定対象機械器具等に含まれる。
合格の表示	☐	7	合格の表示は、総務大臣が付すものとされている。
	☐	8	合格の表示が付されていない検定対象機械器具等は、販売、販売目的の陳列、設置等の工事に使用してはならない。
型式承認の失効	☐	9	総務大臣は、規格省令が変更され、検定対象機械器具等が変更後の規格に適合しないと認めるときには、型式承認の効力を失わせ、または一定期間経過後に効力を失わせることとする。
	☐	10	型式承認が失効しても、型式適合検定の効力には影響しない。
	☐	11	型式適合検定に合格していないものに表示を付した者、または紛らわしい表示をした者に対しては、罰則の適用がある。

解答・解説

1.○　2.× 型式承認は、総務大臣が行う。　3.○　4.× 型式承認を受けていない場合は、そもそも型式適合検定を受けることができない。　5.× 検定対象機械器具等は、輸入品であっても検定の対象となる。一方、海外に輸出する場合には検定を受ける必要がない。　6.× ガス漏れ火災警報設備に用いる中継器および受信機は含まれるが、検知器は含まれていない。あとの2つのものは含まれる。　7.× 合格の表示は、総務大臣ではなく日本消防検定協会等が付す。　8.○　9.○　10.× 型式承認が失効した場合は、同時に型式適合検定の効力も失われる。　11.○

ここが狙われる！

「**型式承認**」「**型式適合検定**」のそれぞれの意味や、だれが行うのかなどについて確実に理解しておこう。「**合格の表示**」を付した場合の効果も重要である。また、「**検定対象機械器具等**」については、その種類を具体的な内容まできちんと覚えておく必要がある。

Lesson 10 消防設備士制度

ここでは消防設備士の「業務独占」「免状」「責務」について学習します。どれも重要かつ頻出の事項です。まず、消防設備士でなければ行えない工事や整備を覚えましょう。免状の交付・書換え、講習の受講義務なども非常に重要です。

1コマ劇場

免状は持っていますか？仕事をするときはいつも免状を携帯する必要があります。

免状

第6類の試験に合格したから、消火器の整備ができます。

① 消防設備士の業務独占

　消防設備士免状の交付を受けていない者は、政令で定める消防用設備等または特殊消防用設備等の**工事**（設置に係るものに限る）または**整備**を行ってはならないとされており、このことを「消防設備士の業務独占」といいます。

　右ページの表1は、このような、消防設備士でなければ行えない設置工事や整備の対象となる**消防用設備等**および**特殊消防用設備等**をまとめたものです。

　たとえば表1の①に掲げられている屋内消火栓設備を、設置義務のある工場に設置する工事を行うことは、消防設備士でなければできません。ただし、電源・水源・配管が「除外される部分」とされているため、たとえば屋内消火栓設備の電源部分については、消防設備士でなくても工事または整備が行えることになります。

　表2には、消防設備士でなくても行える「**軽微な整備**」として政令・規則で定められているものを掲げています。

🔒**重要** ///

設置義務があること
「消防設備士の業務独占」の対象となる消防用設備等および特殊消防用設備等は、いずれも防火対象物や危険物の製造所等において設置義務があるものに限られることに注意する。

■表1　消防設備士でなければ行えないもの

①設置工事または整備	除外される部分
● 屋内消火栓設備	電源・水源・配管
● 屋外消火栓設備	電源・水源・配管
● スプリンクラー設備	電源・水源・配管
● 水噴霧消火設備	電源・水源・配管
● 泡消火設備	電源
● 不活性ガス消火設備	電源
● ハロゲン化物消火設備	電源
● 粉末消火設備	電源
● 自動火災報知設備	電源
● ガス漏れ火災警報設備	電源
● 消防機関へ通報する火災報知設備	電源
● 金属製避難はしご（固定式のもの）	－
● 救助袋	－
● 緩降機	－
● 必要とされる防火安全性能を有する消防の用に供する設備等（＊消防庁長官が定めるものに限る）	電源・水源・配管
● 特殊消防用設備等（＊消防庁長官が定めるものに限る）	電源・水源・配管

②整備のみ	除外される部分
● 消火器	－
● 漏電火災警報器	－

■表2　消防設備士でなくても行える「軽微な整備」

屋内消火栓設備	表示灯の交換
屋内消火栓設備または屋外消火栓設備	ホースまたはノズル、ヒューズ類、ネジ類等部品の交換
	消火栓箱、ホース格納箱等の補修
	その他これらに類するもの

第2章　消防関係法令（共通）

消防設備士でなければ行えないものから「除外される」ということは、消防設備士でなくても行えるということです。

プラス1

＊消防庁長官が定めるもの

「必要とされる防火安全性能を有する消防の用に供する設備等」（●P.82の枠内1)〜6)）。

「特殊消防用設備等」は以下のもの。
● ドデカフルオロ-2-メチルペンタン-3-オンを消火剤とする消火設備
● 加圧防煙設備
● 火災による室内温度上昇速度を感知する感知器を用いた火災報知設備

重要 !!!

工事の着工届

消防用設備等を設置する甲種消防設備士は、設置工事の着工10日前までに着工届をする（◉P.102）。設置の届出を行うのが関係者であること（◉P.90）と混同しないようにしよう。

プラス1

「必要とされる防火安全性能を有する消防の用に供する設備等」について

〔第1類～第3類に含まれるもの〕
- パッケージ型消火設備
- パッケージ型自動消火設備

〔第1類のみに含まれるもの〕
- 共同住宅用スプリンクラー設備

〔第2類のみに含まれるもの〕
- 特定駐車場用泡消火設備

〔第4類のみに含まれるもの〕
- 共同住宅用自動火災報知設備
- 住戸用自動火災報知設備
- 特定小規模施設用自動火災報知設備
- 複合型居住施設用自動火災報知設備
- 加圧防排煙設備

② 消防設備士の免状

① 免状の種類

消防設備士免状の種類には、**甲種消防設備士免状**および**乙種消防設備士免状**があり、次のように異なります。

甲　種	• **工事および整備**（点検を含む）を行うことができる • **特類**および**第1類～第5類**に区分される
乙　種	• **整備**（点検を含む）のみ行うことができる • **第1類～第7類**に区分される

消防設備士が行うことのできる工事や整備の対象となる設備等（「**工事整備対象設備等**」）の種類は、免状の種類および区分ごとに次のように定められています。

区　分	工事整備対象設備等	甲　種	乙　種
特　類	• 特殊消防用設備等	工事＋整備	
第1類	• 屋内消火栓設備 • 屋外消火栓設備 • スプリンクラー設備 • 水噴霧消火設備	工事＋整備	整備
第2類	• 泡消火設備	工事＋整備	整備
第3類	• 不活性ガス消火設備 • ハロゲン化物消火設備 • 粉末消火設備	工事＋整備	整備
第4類	• 自動火災報知設備 • ガス漏れ火災警報設備 • 消防機関へ通報する 　火災報知設備	工事＋整備	整備
第5類	• 金属製避難はしご（固定式） • 救助袋 • 緩降機	工事＋整備	整備
第6類	• 消火器		整備
第7類	• 漏電火災警報器		整備

＊このほか、「必要とされる防火安全性能を有する消防の用に供する設備等」が含まれます（◉欄外 プラス1）

②免状の交付

　消防設備士免状は、消防設備士試験に合格した者に対して、**都道府県知事**が交付します。免状の交付を受けようとする者は、試験を行った都道府県知事に申請します。

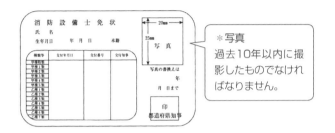

*写真
過去10年以内に撮影したものでなければなりません。

③免状の書換え

　記載事項に次のような変更を生じたときは、遅滞なく、免状の書換えを申請しなければなりません。
- 氏名、本籍地の属する都道府県などが変わったとき
- 添付されている写真が、撮影から10年経過したとき

　書換えは、**免状を交付した都道府県知事**、または**居住地**もしくは**勤務地**を管轄する都道府県知事に申請します。

④免状の再交付

　交付された免状を**亡失、滅失、汚損、破損**したときは、その免状の交付または書換えをした都道府県知事に、免状の**再交付**を申請することができます（義務ではない）。

⑤免状の返納命令と不交付

　消防設備士が消防法令に違反しているとき、免状を交付した**都道府県知事**は、その消防設備士に**免状の返納**を命じることができます。また、都道府県知事は、次のア、イに該当する場合には、免状の交付を行わないこと（**不交付**）ができます。

ア　免状の返納を命じられた日から1年を経過しない者
イ　消防法令に違反して**罰金以上の刑**に処せられた者で、その執行を終わり、または執行を受けることがなくなった日から起算して2年を経過しない者

🔒 **重要 !!!**

免状の記載事項
- 免状の交付年月日
- 交付番号
- 氏名
- 生年月日
- 本籍地の属する都道府県
- 免状の種類
- 写真

消防設備士免状の効力は交付を受けた都道府県だけでなく、全国どこでも有効です。

➕**プラス1**

免状を亡失して再交付を受けたあとで、亡失した免状を発見した場合は、再交付を受けた都道府県知事に発見した免状を10日以内に提出しなければならない。

➕**プラス1**

罰則
- 免状の返納命令に違反した者
→30万円以下の罰金または拘留

❸ 消防設備士の責務

①講習の受講義務

　消防設備士は、一定の時期に**都道府県知事**が行う講習を受けなければなりません。受講する時期は次の通りです。

ア　消防設備士の免状交付を受けた日以後における最初の
　　4月1日から2年以内

イ　アの講習を受けた日以後における最初の4月1日から
　　5年以内（これ以降も同様に受講を続けていく）

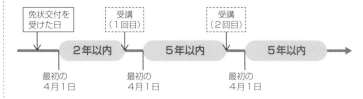

②誠実義務および質の向上

　消防設備士はその業務を誠実に行うとともに、工事整備対象設備等の質の向上に努めなければなりません。

③免状の携帯義務

　消防設備士は、その業務に従事するときは、消防設備士免状を携帯していなければなりません。

④工事着手の届出義務（着工届）

　甲種消防設備士は、工事に着手する日の**10日前**までに工事整備対象設備等の種類、工事の場所その他必要な事項を、**消防長**（消防本部を置かない市町村の場合は**市町村長**）または**消防署長**に届け出なければなりません。

 用語

講習
都道府県知事（総務大臣が指定する市町村長その他の機関を含む）が行う工事整備対象設備等の工事または整備に関する講習のこと。受講には手数料がかかる。

定められた期間内に受講しないと、免状の返納を命じられることがあります。

⁺₁ プラス**1**
罰則
● 工事着手の届出を怠った者
→ 30万円以下の罰金または拘留

コレだけ！

工事整備対象設備等の第1類～第4類

● 第1類（屋内消火栓設備など）──── 電源・水源・配管の部分を除外
● 第2類（泡消火設備）
● 第3類（不活性ガス消火設備など）─ 電源の部分を除外
● 第4類（自動火災報知設備など）

 確認テスト

第2章　消防関係法令（共通）

Key Point			できたら チェック ☑
消防設備士の業務独占	☐	1	設置義務のある消火器の整備は、消防設備士でなければ行えない。
	☐	2	設置義務のある非常警報設備を設置する工事は、消防設備士でなければ行えない。
	☐	3	設置義務のあるスプリンクラー設備の配管部分の整備は、消防設備士でなくても行える。
消防設備士の免状	☐	4	甲種第4類の消防設備士は、自動火災報知設備の設置工事が行える。
	☐	5	乙種第6類の消防設備士は、漏電火災警報器の整備が行える。
	☐	6	消防設備士免状は、市町村長等から交付される。
	☐	7	免状の本籍地の記載に変更を生じたときは、書換えをする義務がある。
	☐	8	免状を亡失したときは、居住地または勤務地を管轄する都道府県知事に再交付を申請する義務がある。
消防設備士の責務	☐	9	消防設備士は、免状の交付を受けた日から起算して2年以内に1回目の講習を受けることとされている。
	☐	10	消防設備士は、工事整備対象設備等の質の向上に努める義務がある。
	☐	11	工事整備対象設備等の工事に着工する場合は、着工日の10日前までに、消防長（消防本部を置かない市町村は市町村長）または消防署長に届け出なければならない。
	☐	12	工事着手の届出は、防火対象物の関係者が行うものとされている。

解答・解説

1.○　2.× 非常警報設備は、消防設備士が行う工事整備対象設備等に含まれていない。　3.○ スプリンクラー設備の「配管」は消防設備士が行う工事整備対象設備等の除外部分とされている。　4.○　5.× 漏電火災警報器は第7類の工事整備対象設備等。　6.× 免状の交付は、市町村長等ではなく都道府県知事が行う。　7.○　8.× 再交付は（亡失の場合でも）義務ではない。また、再交付の申請先はその免状の交付または書換えをした都道府県知事である。　9.× 免状の交付を受けた日からではなく、免状交付を受けた日以後における最初の4月1日から2年以内である。　10.○　11.○　12.× 工事着手の届出をするのは、工事を行う甲種消防設備士とされている。

ここが狙われる！

「業務独占」では、**消防設備士でなければ行えないもの**とそうでないものを区別できるようにする。「免状」では、**類ごとの工事整備対象設備等の種類**や、免状に関する**申請先**を覚える。「責務」では**講習の受講期間**、**工事着手の届出**の時期・届出する者・届出先がポイントとなる。

103

(1)	イ	劇場、映画館、演芸場、観覧場
	ロ	公会堂、集会場
(2)	イ	キャバレー、カフェー、ナイトクラブ等
	ロ	遊技場、ダンスホール
	ハ	性風俗営業店舗等
	ニ	カラオケボックス等
(3)	イ	待合、料理店等
	ロ	飲食店
(4)	－	百貨店、マーケット、物品販売店舗、展示場
(5)	イ	旅館、ホテル、宿泊所等
	ロ	寄宿舎、下宿、共同住宅
(6)	イ	病院、診療所、助産所
	ロ	自力避難困難者入所福祉施設等
	ハ	老人福祉施設、児童養護施設、保育所等
	ニ	幼稚園、特別支援学校
(7)	－	小・中・高等学校、大学、各種学校等
(8)	－	図書館、博物館、美術館等
(9)	イ	蒸気浴場、熱気浴場等
	ロ	イ以外の公衆浴場
(10)	－	車両の停車場、船舶・航空機の発着場
(11)	－	神社、寺院、教会等
(12)	イ	工場、作業場
	ロ	映画スタジオ、テレビスタジオ
(13)	イ	自動車車庫、駐車場
	ロ	航空機の格納庫
(14)	－	倉庫
(15)	－	前各項に該当しない事業場
(16)	イ	特定防火対象物が存する複合用途防火対象物
	ロ	イ以外の複合用途防火対象物
(16の2)	－	地下街
(16の3)	－	準地下街
(17)	－	重要文化財等の建造物
(18)	－	延長50メートル以上のアーケード
(19)	－	市町村長の指定する山林
(20)	－	総務省令で定める舟車

第3章

消防関係法令
（第6類）

消火器具（消火器および簡易消火用具）の設置について学んでいきます。
- 消火器具を延べ面積と関係なく設置するのは、映画館？ それとも小学校？
- 「能力単位」とは何か？
- 耐火構造＋難燃材料だと何が変わる？
- 地下街等に設置できない消火器とは？

劇場やカラオケボックス、百貨店といった具体的な防火対象物をイメージしながら学習しましょう。

Lesson 1 消火器具の設置義務（1）

消火器を設置する義務のある防火対象物について学習します。防火対象物全体として設置義務が生じる場合と、建築物の特定の階にだけ生じる場合とがあります。全体として生じる場合は、延べ面積の大きさがポイントになります。

1コマ劇場

🔒重要 !!!

令別表第一（3）イロの防火対象物

待合、料理店等、飲食店は、火を使用する設備または器具（防火上有効な措置として総務省令で定める措置が講じられたものを除く）を設けている場合、延べ面積に関係なく設置することとされている。

📖用語

自力避難困難者入所福祉施設等

特別養護老人ホームや障害児入所施設などの施設をいう。

① 防火対象物全体として設置するもの

消火器および簡易消火用具（●P.81）を「消火器具」といいます。消防法施行令では、令別表第一（●P.70～71）に掲げる防火対象物のうち、次の①～③について消火器具を設置するものとしています。

①延べ面積に関係なく設置

(1)	イ	劇場、映画館、演芸場、観覧場	
(2)	イ	キャバレー、カフェー、ナイトクラブ等	
	ロ	遊技場、ダンスホール	
	ハ	性風俗営業店舗等	
	ニ	カラオケボックス等	
(3)	イ	待合、料理店等	＊イ、ロとも火を使用する設備や器具を設けたものに限る
	ロ	飲食店	
(6)	イ	病院、有床診療所、有床助産所（(6)のイの①～③）	
	ロ	自力避難困難者入所福祉施設等	
(16-2)	－	地下街	
(16-3)	－	準地下街	

(17)	－	重要文化財等の建造物
(20)	－	総務省令で定める舟車

②延べ面積150㎡以上の場合に設置

(1)	ロ	公会堂、集会場
(3)	イ	待合、料理店等
	ロ	飲食店
(4)	－	百貨店、マーケット、物品販売店舗、展示場
(5)	イ	旅館、ホテル、宿泊所等
	ロ	寄宿舎、下宿、共同住宅
(6)	イ	患者を入院させるための施設を有しない診療所または入所施設を有しない助産所（（6）のイの④）
	ハ	老人福祉施設、児童養護施設、保育所等
	二	幼稚園、特別支援学校
(9)	イ	蒸気浴場、熱気浴場等
	ロ	イ以外の公衆浴場
(12)	イ	工場、作業場
	ロ	映画スタジオ、テレビスタジオ
(13)	イ	自動車車庫、駐車場
	ロ	航空機の格納庫
(14)	－	倉庫

　以上の防火対象物は、延べ面積が150㎡以上の場合のみ消火器具の設置が義務づけられます。

③延べ面積300㎡以上の場合に設置

(7)	－	小・中・高等学校、大学、各種学校等
(8)	－	図書館、博物館、美術館等
(10)	－	車両の停車場、船舶・航空機の発着場
(11)	－	神社、寺院、教会等
(15)	－	前各項に該当しない事業場

　以上の防火対象物は、延べ面積が**300㎡以上**の場合のみ消火器具の設置が義務づけられます。

　(15)「前各項に該当しない事業場」とは、令別表第一の(1)～(14)までに掲げる防火対象物以外のものをいいます。具体的には、**事務所**や官公署のほか、銀行、ごみ焼却場、発電所などが含まれます。

 用語

総務省令で定める舟車

「舟」：船舶安全法第2条第1項の規定を適用しない船舶等で総トン数5トン以上の推進機関を有するもの。

「車」：鉄道営業法、軌道法、道路運送車両法に基づいて消火器具を設置することとされる車両。

重要 *!!!*

消火器具の設置基準の見直し

病院、有床の診療所および有床の助産所（令別表第一（6）のイの①②③●P.70）は、平成28年度から延べ面積に関係なく設置が義務づけられることになった。

用語

共同住宅

アパート、マンションなど、居住者が廊下や階段、エレベーター等を共用する住宅。

> 延べ面積が150㎡以上の待合、料理店等、飲食店は、火を使用する設備や器具を設けていなくても消火器具を設置します。

例題

次のうち、消火器具の設置が義務づけられる防火対象物として、誤っているものはどれか。

ア　すべての特別養護老人ホーム
イ　火を使用する設備を設けた延べ面積140㎡の飲食店
ウ　延べ面積240㎡の事務所

アの特別養護老人ホーム（令別表第一（6）のロ）は延べ面積とは関係なく、すべて設置義務があります。イの火を使用する設備を設けた飲食店（同表（3）のロ）も、延べ面積と関係なく設置義務があります。ウの事務所（同表（15））は、延べ面積が300㎡以上でないため、設置義務がありません。　∴ ウのみ

② 特定の階に設置するもの

　前ページ①〜③に該当する防火対象物以外であっても、建築物の地階、無窓階（◆P.57）または３階以上の階にあり、その階の床面積が50㎡以上であれば、消火器具の設置が義務づけられます。

　たとえば、地上３階、地下１階の「事務所」があり、各階の床面積が60㎡とすると、延べ面積は60×4＝240㎡で300㎡未満ですが、地階および３階には、それぞれ消火器具の設置が義務づけられます。

■地上３階、地下１階の事務所
（各階の床面積60㎡）

> 右の例では、延べ面積が300㎡未満なので事務所全体としての設置義務はなくても、部分的な設置義務が生じるんだね。

コレだけ！ 消火器具の設置義務（防火対象物全体として設置するもの）

- 延べ面積に関係なし …… 劇場、映画館、地下街など
- 延べ面積150㎡以上 …… 集会場、百貨店、旅館、共同住宅など
- 延べ面積300㎡以上 …… 小・中・高等学校、図書館、事務所など

 確 認 テ ス ト

Key Point			できたら チェック ☑
防火対象物全体として設置するもの	□	1	「消火器具」とは、消火器および簡易消火用具をいう。
	□	2	集会場、劇場、地下街、重要文化財等の建造物は、いずれも延べ面積とは関係なく、消火器具の設置が義務づけられている。
	□	3	映画館、遊技場、カラオケボックス等は、いずれも延べ面積とは関係なく、消火器具の設置が義務づけられている。
	□	4	百貨店、ホテル、図書館は、いずれも延べ面積が150㎡以上の場合に消火器具の設置が義務づけられている。
	□	5	病院は、延べ面積とは関係なく、消火器具の設置が義務づけられる。
	□	6	延べ面積250㎡の美術館は、消火器具の設置が義務づけられる。
	□	7	延べ面積280㎡の寺院には、消火器具の設置が義務づけられない。
	□	8	保育所、幼稚園、小・中・高等学校は、いずれも延べ面積が300㎡以上の場合に消火器具の設置が義務づけられている。
特定の階に設置するもの	□	9	防火対象物が建築物の地階、無窓階または3階以上の階にある場合は、その階の床面積に関係なく、消火器具の設置が義務づけられる。
	□	10	倉庫が床面積50㎡の無窓階にある場合、その階には消火器具の設置が義務づけられる。
	□	11	各階の床面積が56㎡で、地上5階建ての建築物全体が事務所の場合、3階から5階の各階には、消火器具の設置が義務づけられる。

解答・解説

1.○　2.× 設問の防火対象物のうち、「集会場」だけは延べ面積150㎡以上の場合に設置が義務づけられる。
3.○　4.× 設問の防火対象物のうち、「図書館」だけは延べ面積300㎡以上の場合に設置が義務づけられる。
5.○ 「病院」は、延べ面積とは関係なく、設置が義務づけられる。　6.×「美術館」は延べ面積300㎡以上の場合に設置が義務づけられる。　7.○「寺院」は延べ面積300㎡以上の場合に設置が義務づけられる。
8.× 設問の防火対象物のうち「保育所」と「幼稚園」は、延べ面積150㎡以上の場合に設置が義務づけられる。　9.× 防火対象物が建築物の地階、無窓階または3階以上の階にある場合、その階の床面積が50㎡以上であれば消火器具の設置が義務づけられる。　10.○　11.○ 事務所全体の延べ面積は56×5＝280㎡で300㎡未満であるが、床面積が50㎡以上の3階以上の階には、各階に消火器具の設置が義務づけられる。

ここが狙われる！

防火対象物全体として消火器具を設置するものについては、**延べ面積に関係なく設置**、**150㎡以上で設置**、**300㎡以上で設置**のそれぞれに分けて、防火対象物を確実に覚えておかなければならない。特定の階に設置するものについては、床面積50㎡以上であることに注意する。

第3章 消防関係法令（第6類）

2 消火器具の設置義務（2）

消火器具の設置義務がある防火対象物に消火器具をどれくらい設置すればよいのか
について学習します。その基礎になるのが、「能力単位」「算定基準面積」といった
概念です。また「消火器具の附加設置」についてもみておきましょう。

1コマ劇場

能力単位
A−3 B−7

消火能力を
表す数値です。
それによって、
必要な消火器の
数がわかります。

ここに
「能力単位」って
ありますけど、
何のことですか？

① 能力単位

①能力単位と算定基準面積

　各消火器具の消火能力を表す単位を「能力単位」といい
ます。たとえば簡易消火用具のひとつである「水バケツ」
の場合は「容量8ℓ以上のもの3個」で1単位というよう
に、消火器具ごとに定められています。消火器の能力単位
は、消火器ごとに表示されています（◐P.190）。

　防火対象物に必要とされる消火器具（大型消火器以外）
の能力単位の数値（所要能力単位という）は、その防火対
象物の延べ面積を、右ページの表に示す「算定基準面積」
で割ることによって求めます。

$$所要能力単位 = \frac{延べ面積}{算定基準面積}$$

　また、無窓階など特定の階に部分的に設置する場合は、そ
の階の床面積を算定基準面積で割ることによって求めます。

＋
プラス1
簡易消火用具の
能力単位の例
● 水槽
　水槽（80ℓ以上）
　と3個の消火専用
　バケツ（1個8ℓ
　以上）で1.5単位
● 乾燥砂
　50ℓ以上の乾燥
　砂1塊とスコップ
　で0.5単位
● 膨張ひる石
　160ℓ以上の1塊
　とスコップで1単
　位

■ 大型消火器以外の所要能力単位を求める際の算定基準面積

防火対象物の区分（●P.70～71令別表第一）	算定基準面積
1）令別表第一　（1）イ、（2）、（16−2）、（16−3）、（17） 　例）劇場、映画館、地下街、重要文化財等の建物	50㎡
2）令別表第一　（1）ロ、（3）～（6）、（9）、（12）～（14） 　例）飲食店、百貨店、旅館、共同住宅、幼稚園	100㎡
3）令別表第一　（7）、（8）、（10）、（11）、（15） 　例）小・中・高等学校、図書館、神社、事務所	200㎡

第3章

消防関係法令（第6類）

例題1

　延べ面積が400㎡の木造の「旅館」には、どれくらいの能力単位をもった消火器具が必要か。

　延べ面積が400㎡の「旅館」には、消火器具を設置する義務があります（●P.107）。そして、その所要能力単位を求める算定基準面積は、上の表より100㎡です。

　（延べ面積）÷（算定基準面積）＝ 400 ÷ 100 ＝4

　∴ 所要能力単位が4なので、能力単位4以上の消火器具が必要である

　この場合、水バケツ（8ℓ以上）なら3個で1単位なので、12個設置することになります。

防火対象物の「所要能力単位」を消火器具の「能力単位」で割ると、その消火器具の必要な個数がわかるんだね。

---

②算定基準面積が2倍になる場合

　主要構造部を**耐火構造**とし、かつ、壁および天井の室内に面する部分を**難燃材料**で仕上げた防火対象物については、算定基準面積を2倍の数値にします。つまり上の表の1）は100㎡、2）は200㎡、3）は400㎡となります。

　「**難燃材料**」とは、建築材料のうち、通常の火災による火熱が加えられた場合に、加熱開始後5分間、次のア～ウの要件を満たすことが認められているものをいいます。

ア　燃焼しない

イ　防火上有害な変形、溶融、き裂などを生じない

ウ　避難上有害な煙またはガスを発生しない

用語

主要構造部
壁、柱、床、はり、屋根、階段をいう。

耐火構造
（●P.85欄外）

燃えにくい材料を使えば、より広い面積をカバーできるということです。

用語
不燃材料・準不燃材
料
難燃材料のうち、前
ページの要件ア〜ウ
を20分間満たすこ
とが認められている
ものを「不燃材料」、
10分間満たすこと
が認められているも
のを「準不燃材料」
という。

また、「**不燃材料**」「**準不燃材料**」で仕上げた場合も2倍
になります。

例題2

延べ面積1,200㎡のアパート（共同住宅）があり、その主要
構造部は耐火構造で、壁や天井の内装部分の仕上げが不燃材料
である場合、ここに能力単位2の消火器を設置するとすれば、
何本設置する必要があるか。

「共同住宅」の所要能力単位を求める算定基準面積は、通常で
は100㎡ですが、設問の場合は算定基準面積を2倍の200㎡と
して計算します。
（延べ面積）÷（算定基準面積）＝ 1200 ÷ 200 ＝6
所要能力単位が6なので、能力単位6以上の消火器具を設置
する必要があります。設問の場合、設置する消火器の能力単位
が2なので、6÷2＝3
　　　　∴ 能力単位2の消火器を3本設置する必要がある

---

②　消火器具の附加設置

ここまで学習してきたもののほかに、次の①〜④の場合
には、それぞれ適応する消火器具を設置します。

①少量危険物の貯蔵・取扱い

危険物のうち、指定数量の**5分の1以上**で**指定数量未満**
のものを「**少量危険物**」といいます。防火対象物またはそ
の部分のうち、少量危険物を貯蔵または取り扱うものにつ
いては、その危険物の消火に適応する消火器具を設置しな
ければなりません。この場合、設置する消火器具の能力単
位の数値は、貯蔵または取り扱っている少量危険物の数量
をその危険物の指定数量で割った値以上とされています。

用語
指定数量
指定数量の定義
（●P.76、77）
第1類〜第6類の危
険物の指定数量
（●P.116）

$$\text{設置する消火器具の能力単位} \geq \frac{\text{少量危険物の数量}}{\text{その危険物の指定数量}}$$

②指定可燃物の貯蔵・取扱い

　「指定可燃物」とは、わら製品、木毛その他の物品で、火災が発生した場合にその拡大が速やかであり、または消火活動が著しく困難となるものとして政令で定めるものをいいます。

　「危険物の規制に関する政令」では指定可燃物を、その別表第四に掲げる物品で、同表の数量欄に定める数量以上のものとしています。防火対象物またはその部分のうち、指定可燃物を貯蔵または取り扱うものについては、**その指定可燃物の消火に適応する消火器具を設置しなければなりません。**この場合、設置する消火器具の能力単位の数値は、貯蔵または取り扱っている指定可燃物の数量を、危政令の別表第四に定める数量の**50倍の数量で割った値以上**とされています。

設置する消火器具の能力単位	≧	指定可燃物の数量 / 危政令別表第四に定める数量×50

　さらに、防火対象物またはその部分のうち、指定可燃物を危政令の別表第四に定める数量の**500倍以上貯蔵または取り扱うものについては、そ**の指定可燃物の消火に適応する**大型消火器を設置すること**とされています。

■大型消火器

📕 用語

木毛（もくもう）
木材を糸状に削ったもの。果物や陶磁器などを梱包する際に用いる。

🔒 重要 !!!

「危険物の規制に関する政令」別表第四（◉P.117）別名「危政令」、「危令」。

第3章
消防関係法令（第6類）

113

③電気設備がある場合

防火対象物またはその部分に変圧器、配電盤その他これらに類する電気設備があるときは、**電気設備の消火に適応する消火器**（簡易消火用具は含まない▶P.124）を設置しなければなりません。この場合、設置する消火器の個数は、その電気設備がある場所の**床面積100㎡以下ごとに1個**を設置することとされています。

④多量の火気を使用する場所がある場合

防火対象物またはその部分に鍛造場、ボイラー室、乾燥室その他多量の火気を使用する場所があるときは、**建築物その他の工作物の消火に適応する消火器具**を設置しなければなりません。この場合、設置する消火器具の能力単位の数値は、その場所の**床面積を25㎡で割った値以上**とされています。

用語

鍛造場
金属を加熱して圧力をかけ、鍛えながら目的の形に加工していく作業をする所。

$$\text{設置する消火器具の能力単位} \geqq \frac{\text{その場所の床面積}}{25\text{㎡}}$$

なお、①〜④のそれぞれの消火に適応する消火器具は、「令別表第二」（▶P.124）に定められています。

コレだけ！

所要能力単位を求める際の算定基準面積

防火対象物の区分	算定基準面積	
	通 常	耐火構造＋難燃材料
令別表第一　(1)イ、(2)、(16-2)、(16-3)、(17) 例）劇場、映画館、地下街、重要文化財等の建物	50㎡	100㎡
令別表第一　(1)ロ、(3)〜(6)、(9)、(12)〜(14) 例）飲食店、百貨店、旅館、共同住宅、幼稚園	100㎡	200㎡
令別表第一　(7)、(8)、(10)、(11)、(15) 例）小・中・高等学校、図書館、神社、事務所	200㎡	400㎡

 **確認テスト**

Key Point			できたら チェック ☑
能力単位	☐	1	防火対象物に必要とされる能力単位の数値は、その防火対象物の算定基準面積を延べ面積で割ることによって求められる。
	☐	2	主要構造部を耐火構造とし、壁や天井の内装部分の仕上げを難燃材料でした防火対象物については、算定基準面積を2倍にする。
	☐	3	耐火構造でない神社の場合、算定基準面積は200㎡である。
	☐	4	主要構造部を耐火構造とし、壁や天井の内装部分の仕上げを難燃材料でした百貨店の場合、算定基準面積は50㎡である。
	☐	5	主要構造部を耐火構造とし、壁や天井の内装部分の仕上げを不燃材料でした博物館の場合、算定基準面積は400㎡である。
	☐	6	主要構造部を耐火構造とし、壁や天井の内装部分の仕上げを不燃材料でした延べ面積600㎡の映画館の場合、所要能力単位は6である。
	☐	7	延べ面積1000㎡で重要文化財の木造建造物に、能力単位2の消火器のみを設置する場合は、5本設置すればよい。
消火器具の附加設置	☐	8	少量危険物を貯蔵している防火対象物の場合、設置すべき消火器具の能力単位の数値は、貯蔵している少量危険物の数量をその危険物の指定数量で割った値以上でなければならない。
	☐	9	指定可燃物を危政令別表第四に定める数量の500倍以上貯蔵する防火対象物には、その消火に適応する大型消火器を設ける必要がある。
	☐	10	防火対象物に、多量の火気を使用する場所がある場合は、その場所の床面積100㎡以下ごとに1個の消火器を設置することとされている。

解答・解説

1.× その防火対象物の延べ面積を、算定基準面積で割ることによって求められる。　2.○　3.○　4.× 通常の「百貨店」の算定基準面積は100㎡なので、これを2倍して200㎡となる。　5.○ 通常の「博物館」の算定基準面積は200㎡なので、これを2倍して400㎡となる。　6.○ 設問の「映画館」は、算定基準面積が100㎡なので、所要能力単位は600÷100＝6である。　7.×「重要文化財等の建造物」は、設問のような木造（主要構造部が耐火構造でない）の場合、算定基準面積が50㎡なので所要能力単位は1000÷50＝20である。そこに能力単位2の消火器のみを設置するのだから、設置本数は20÷2＝10本となる。8.○　9.○　10.× 多量の火気を使用する場所の床面積を25㎡で割った値以上の能力単位となるよう、消火器具を設置する必要がある。床面積100㎡以下ごとに1個設置するのは、電気設備がある場合。

ここが狙われる！

消火器具の設置義務による区分ごとに、通常の算定基準面積と、**主要構造部が耐火構造等である場合の算定基準面積を覚えておく必要がある**。また、所要能力単位も計算できるようにしておこう。消火器具の附加設置については、〈実技〉の問題で計算問題が出題されることがある。

■〈資料3〉危険物の規制に関する政令 別表第三「危険物の指定数量」

種　別	品　名	性　質	指定数量
第1類		第一種酸化性固体	50kg
		第二種酸化性固体	300kg
		第三種酸化性固体	1000kg
第2類	硫化りん		100kg
	赤りん		100kg
	硫黄		100kg
		第一種可燃性固体	100kg
	鉄粉		500kg
		第二種可燃性固体	500kg
	引火性固体		1000kg
第3類	カリウム		10kg
	ナトリウム		10kg
	アルキルアルミニウム		10kg
	アルキルリチウム		10kg
		第一種自然発火性物質および禁水性物質	10kg
	黄りん		20kg
		第二種自然発火性物質および禁水性物質	50kg
		第三種自然発火性物質および禁水性物質	300kg
第4類	特殊引火物		50ℓ
	第1石油類	非水溶性液体	200ℓ
		水溶性液体	400ℓ
	アルコール類		400ℓ
	第2石油類	非水溶性液体	1000ℓ
		水溶性液体	2000ℓ
	第3石油類	非水溶性液体	2000ℓ
		水溶性液体	4000ℓ
	第4石油類		6000ℓ
	動植物油類		10000ℓ
第5類		第一種自己反応性物質	10kg
		第二種自己反応性物質	100kg
第6類			300kg

＊性質欄の区分は、それぞれ試験において示される危険性に応じて設けられている

■〈資料4〉危険物の規制に関する政令 別表第四「指定可燃物」

品　名		数　量
綿花類		200kg
木毛類およびかんなくず		400kg
ぼろおよび紙くず		1000kg
糸類		1000kg
わら類		1000kg
再生資源燃料		1000kg
可燃性固体類		3000kg
石炭・木炭類		10000kg
可燃性液体類		2㎥
木材加工品および木くず		10㎥
合成樹脂類	発泡させたもの	20㎥
	その他のもの	3000kg

備考

1　綿花類とは、不燃性または難燃性でない綿状またはトップ状の繊維および麻糸原料をいう
2　ぼろおよび紙くずは、不燃性または難燃性でないもの（動植物油がしみ込んでいる布または紙およびこれらの製品を含む）をいう
3　糸類とは、不燃性または難燃性でない糸（糸くずを含む）および繭をいう
4　わら類とは、乾燥わら、乾燥藺およびこれらの製品並びに干し草をいう
5　再生資源燃料とは、「資源の有効な利用の促進に関する法律」第2条第4項に規定する再生資源を原材料とする燃料をいう
6　可燃性固体類とは、固体で、次のイ、ハ、ニのいずれかに該当するもの（1気圧において、温度20℃を超え40℃以下の間において液状となるもので、次のロ、ハ、ニのいずれかに該当するものを含む）をいう
　イ　引火点が40℃以上100℃未満のもの
　ロ　引火点が70℃以上100℃未満のもの
　ハ　引火点が100℃以上200℃未満で、かつ、燃焼熱量が34kJ/g以上であるもの
　ニ　引火点が200℃以上で、かつ、燃焼熱量が34kJ/g以上であるもので、融点が100℃未満のもの
7　石炭・木炭類には、コークス、粉状の石炭が水に懸濁しているもの、豆炭、練炭、石油コークス、活性炭およびこれらに類するものを含む
8　可燃性液体類とは、法別表第一備考第14号の総務省令で定める物品で液体であるもの、同表備考第15号および第16号の総務省令で定める物品で1気圧において温度20℃で液状であるもの、同表備考第17号の総務省令で定めるところにより貯蔵保管されている動植物油で1気圧において温度20℃で液状であるもの並びに引火性液体の性状を有する物品（1気圧において、温度20℃で液状であるものに限る）で1気圧において引火点が250℃以上のものをいう
9　合成樹脂類とは、不燃性または難燃性でない固体の合成樹脂製品、合成樹脂半製品、原料合成樹脂および合成樹脂くず（不燃性または難燃性でないゴム製品、ゴム半製品、原料ゴムおよびゴムくずを含む）をいい、合成樹脂の繊維、布、紙および糸ならびにこれらのぼろおよびくずを除く

Lesson 3 消火器具の設置基準 (1)

実際に消火器具を設置する場合の具体的な「設置・維持の基準」を学習します。特に、距離による配置基準について理解を深めましょう。また、ほかの消火設備を設置した場合に「消火器具の設置の軽減」ができることも押さえましょう。

1コマ劇場

（吹き出し）ここにありますよ！消火器具の設置・維持の基準を守らないと、イザというときに大変です。

（吹き出し）そういえば、ここには消火器がないようですが…。

① 設置・維持の基準

①距離による配置基準

消火器具の設置には、前のレッスンで学習した「能力単位」に基づく基準のほかに、**距離による配置基準**があります。これによると、消火器具は次のように配置しなければなりません。

ア　防火対象物の階ごとに配置する

イ　防火対象物の各部分から、消火器具に至る**歩行距離が20m（大型消火器は30m）以下**となるよう配置する

🔒重要 !!!

「防火対象物の各部分から」の例外

● 少量危険物または指定可燃物の貯蔵・取扱いの場合

→それらを貯蔵または取り扱う場所の各部分から

● 電気設備がある場合

→電気設備のある場所の各部分から

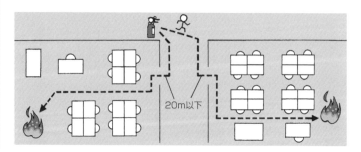

20m以下

この場合、「**歩行距離**」とは、机や棚などを避けながら、歩いて消火器具にたどり着くまでの距離という意味です。図面上の水平距離ではないことに注意しましょう。

②**設置・維持に関する基準の細目**

消火器具の設置および維持に関する技術上の基準の細目として、次のような規定が置かれています。

ア　消火器具は、床面からの高さが1.5m以下の箇所に設けること

イ　消火器具は、水や消火剤が凍結・変質・噴出するおそれの少ない箇所に設けること。ただし、保護のための有効な措置を講じたときはこの限りでない

ウ　消火器には、地震による震動等による**転倒**を**防止**するための適当な措置を講じること。ただし、**粉末消火器**その他転倒により消火剤が漏出するおそれのない消火器の場合はこの限りでない

エ　消火器具を設置した箇所には、以下のように表示した「**標識**」を見やすい位置に設けること

- 消火器 ……………………「消火器」
- 水バケツ …………………「消火バケツ」
- 水槽 ………………………「消火水槽」
- 乾燥砂 ……………………「消火砂」
- 膨張ひる石・膨張真珠岩 ……「消火ひる石」

■「消火器」の標識

- 長辺24cm以上　短辺8cm以上（縦長でもよい）
- 赤地に白文字

実際には「距離による配置基準」に従って設置される消火器具の個数のほうが、能力単位に基づいて計算された設置個数よりも多くなることがあります。その場合には、多いほうに合わせます。

プラス1

「床面からの高さが1.5m以下」というのは、消火器具の上部が1.5m以下の高さにあるという意味。

🔒**重要** ///

消火器具の設置箇所
消火器具は、通行や避難に支障がなく、使用に際して容易に持ち出すことができる箇所に設置しなければならない。

すべて「消火○○」と表示されることに注意しよう。

② 消火器具の設置の軽減

消火設備（▶P.81）には、消火器具（消火器および簡易消火用具）よりも消火能力の高いものがあります。これらが設置された場合には、消火器具の設置が軽減されます。

■ 消防設備と軽減能力単位

設置された消火設備	軽減できる能力単位
① • 屋内消火栓設備 • スプリンクラー設備 • 水噴霧消火設備 • 泡消火設備 • 不活性ガス消火設備 • ハロゲン化物消火設備 • 粉末消火設備	3分の1まで 
② 大型消火器	2分の1まで

その消火設備の対象物に対する適応性がその対象物に設置すべき消火器具の適応性と同一であるとき、その消火器具の能力単位の数値の合計数を、表の右欄の数値まで軽減することができます。

ただし、次の点が重要です。

• 軽減できるのは、設置された消火設備の有効範囲内の部分にある消火器具の能力単位であること
• 防火対象物の11階以上の部分に設置する消火器具は、①の消火設備が設置されても軽減できないこと
• ①の消火設備の対象物に対する適応性が、大型消火器の適応性と同一であるときは、その消火設備の有効範囲内の部分について大型消火器の設置を省略できること

コレだけ！

距離による消火器具の配置基準

• 防火対象物の階ごとに配置する
• 防火対象物の各部分から
歩行距離で20m（大型消火器は30m）
以下となるよう配置する

「歩行距離」は、水平距離や直線距離とは異なります。

 確認テスト

Key Point			できたら チェック ☑
設置・維持の基準	☐	1	消火器具（大型消火器を除く）は、防火対象物の階ごとに、防火対象物の各部分から水平距離で20m以下となるように配置する。
	☐	2	大型消火器は、防火対象物の階ごとに、指定可燃物を貯蔵または取り扱う場所の各部分から歩行距離で30m以下となるように配置する。
	☐	3	消火器具は、床面からの高さ1.2m以下の箇所に設ける必要がある。
	☐	4	消火器具は、水や消火剤が凍結し、変質し、または噴出するおそれの少ない箇所に設けることとされている。
	☐	5	消火器には、地震の震動等による転倒を防止するための適当な措置を講じることとされている。
	☐	6	消火器具を設置した箇所には、消火器ならば「消火器」、水バケツならば「防火バケツ」と表示した標識を見やすい位置に設ける。
消火器具の設置の軽減	☐	7	スプリンクラー設備が設置された場合、その対象物に対する適応性が、設置すべき消火器具のものと同一であるときは、その消火器具の能力単位の数値の合計数を2分の1まで軽減できる。
	☐	8	大型消火器を設置した場合、その対象物に対する適応性が、設置すべき消火器具のものと同一であるときは、その消火器具の能力単位の数値の合計数を2分の1まで軽減できる。
	☐	9	消火器具の能力単位の数値が軽減されるのは、スプリンクラー設備、屋外消火栓設備、その他の消火設備が設置された場合である。
	☐	10	消火器具のうち、防火対象物の11階以上の部分に設置するものについては、能力単位の数値を軽減することができない。

解答・解説

1.× 水平距離ではなく、歩行距離で20m以下となるように配置する。　2.○　3.× 床面からの高さは1.2mではなく、1.5m以下の箇所に設けることとされている。　4.○　5.○　6.× 水バケツには、「防火バケツ」ではなく「消火バケツ」と表示する。　7.× 2分の1ではなく、3分の1まで軽減できる。　8.○　9.× 屋外消火栓設備は、消火器具の能力単位の数値を軽減できる消火設備に含まれていない。　10.○

ここが狙われる！

「設置・維持の基準」では、消火器具を歩行距離で20m（または30m）以下に配置すること、床面からの高さ1.5m以下の箇所に設けることなどが重要である。また「消火器具の設置の軽減」では、消火器具の能力単位を軽減できる消火設備の種類をすべて覚えるようにしよう。

Lesson 4 消火器具の設置基準（2）

ここでは、消火器具の適応性に関連したことを学習します。どの消火器具が、どのような場所のどのような種類の火災に適応するのかしないのか、しっかりと理解しましょう。特に「地下街等に設置できない消火器」が重要です。

1コマ劇場

ダメ！二酸化炭素式消火器は、地下では使えないの！

普通の消火器と違いますけど、これで大丈夫ですよね？

① 地下街等に設置できない消火器

消火器のうち、二酸化炭素またはハロゲン化物（一部を除く）を放射するものは、換気が不十分な場所で使用した場合、酸素欠乏や中毒を引き起こすおそれがあるため、次の場所には設置してはならないとされています。

ア　地下街（令別表第一（16の2））

イ　準地下街（令別表第一（16の3））

ウ　地階、無窓階または居室のうち、換気について有効な開口部の面積が床面積の30分の1以下であり、かつ、その床面積が20㎡以下のもの

また、消火剤のハロゲン化物については次の通りです。

居室

居住、執務、作業、集会、娯楽等の目的のために、継続的に使用する室をいう。

ハロン1301消火器については、
▶P.153

■ ハロゲン化物の地下街等への設置

できない	• ハロン2402（ジブロモテトラフルオロエタン） • ハロン1211（ブロモクロロジフルオロメタン）
できる	• ハロン1301（ブロモトリフルオロメタン）

122

❷ 危険物施設における設置基準

　危険物施設（製造所等）は、消火設備の設置が義務づけられています。危政令では、消火設備を次の5種類に区分しています。

■危険物施設に設置する消火設備の区分

区 分	消火設備の内容
第1種	屋内消火栓設備、屋外消火栓設備
第2種	スプリンクラー設備
第3種	水、泡、ガス、粉末を放射する消火設備
第4種	大型消火器（◐P.190、192）
第5種	小型消火器、簡易消火用具

　危規則では、製造所等にどれくらいの能力単位を有する消火設備が必要であるかを定める基準の単位を「**所要単位**」といいます。所要単位は、次の表に基づいて計算します。

製造所等の構造、危険物		1所要単位当たりの数値
製造所 取扱所	外壁が耐火構造	延べ面積　100㎡
	それ以外	延べ面積　 50㎡
貯蔵所	外壁が耐火構造	延べ面積　150㎡
	それ以外	延べ面積　 75㎡
危険物		指定数量の10倍

　たとえば、ある取扱所（外壁が耐火構造）の延べ面積が250㎡の場合、上の表より1所要単位当たりの数値が100㎡なので、所要単位は250÷100＝2.5となります。

　ただし、以下のように、面積や危険物の倍数等とは関係なく消火設備が定められているものもあります。

- 地下タンク貯蔵所…第5種消火設備を2個以上
- 移動タンク貯蔵所…自動車用消火器のうち粉末消火器（3.5kg以上のもの）またはその他の消火器を2個以上

　また電気設備に対する消火設備は、電気設備のある場所の面積100㎡ごとに1個以上設けるものとされています。

消防設備士の区分（◐P.100）と混同しないように。

🔒**重要** !!!
第3種消火設備の詳細
- 水蒸気消火設備
- 水噴霧消火設備
- 泡消火設備
- 不活性ガス消火設備（二酸化炭素、窒素など）
- ハロゲン化物消火設備
- 粉末消火設備

用語
危規則
「危険物の規制に関する規則」の略称。「危則」と略される場合もある。

防火対象物またはその部分に電気設備がある場合
◐P.114

対象物の区分

消火器具の区分		建築物その他の工作物	電気設備	危険物 第1類 アルカリ金属の過酸化物またはこれを含有するもの	危険物 第1類 その他の第1類の危険物	危険物 第2類 鉄粉、金属粉もしくはマグネシウムまたはこれらのいずれかを含有するもの	危険物 第2類 引火性固体	危険物 第2類 その他の第2類の危険物	危険物 第3類 禁水性物品	危険物 第3類 その他の第3類の危険物	危険物 第4類	危険物 第5類	危険物 第6類	指定可燃物 可燃性固体類または合成樹脂類（不燃性または難燃性でないゴム製品、原料ゴムなどを除く）	指定可燃物 可燃性液体類	指定可燃物 その他の指定可燃物
水	棒状の水を放射する消火器	○			○		○	○		○		○	○	○		○
水	霧状の水を放射する消火器	○	○		○		○	○		○		○	○	○		○
強化液	棒状の強化液を放射する消火器	○			○		○	○		○		○	○	○		○
強化液	霧状の強化液を放射する消火器	○	○		○		○	○		○	○	○	○	○	○	○
泡を放射する消火器		○			○		○	○		○	○	○	○	○	○	○
二酸化炭素を放射する消火器			○				○				○				○	
ハロゲン化物を放射する消火器			○				○				○				○	
消火粉末を放射する消火器	＊1	○	○		○		○	○		○	○		○	○	○	○
消火粉末を放射する消火器	＊2		○	○		○	○		○		○				○	
消火粉末を放射する消火器	＊3			○		○			○							
水バケツ・水槽		○			○		○	○		○		○	○	○		○
乾燥砂				○	○	○	○	○	○	○	○	○	○	○	○	○
膨張ひる石・膨張真珠石				○	○	○	○	○	○	○	○	○	○	○	○	○

＊1…りん酸塩類等を使用するもの
＊2…炭酸水素塩類等を使用するもの
＊3…その他のもの

③ 消火器具の適応性

左ページの令別表第二には、どの消火器具がどういった対象物の消火に適応するかが示されています。このうち、重要なポイントだけ確認しておきましょう。

①電気設備に適応しない消火器具

電気設備による火災（電気火災）の場合は、感電のおそれがあるため、水や強化液（炭酸カリウムの水溶液）を棒状に放射する消火器は使用できません。泡を放射する消火器も、泡を伝わって感電する危険があるため、やはり使用できません。ただし、水と強化液の場合は、霧状にすることで電気抵抗が大きくなり、電流が流れにくくなって感電の危険が少なくなるため、霧状に放射するものは適応が可能です。

②第4類危険物・可燃性液体類に適応しない消火器具

石油類や動植物油類などが分類されている第4類危険物（▶P.76）には、水に溶けず（非水溶性）、水に浮く（比重が1より小さい）性質のものが多く存在します。そのためこれらの火災に水や強化液を使用すると、燃えている油が水面に浮き、炎が拡大してしまう危険性が高くなります。

指定可燃物の可燃性液体類（▶P.117）の場合も同様です。したがって、水（棒状・霧状）または強化液（棒状）を放射する消火器は、これらの火災には使用できません。ただし、強化液を霧状に放射するものは、炭酸カリウムの作用が働くため適応が可能です。

ゴロ合わせ

【電気火災に適応できないもの】
でんき（電気火災）に弱い、
あわ（泡）てんぼう（棒状）

用語

可燃性液体類
本来は第4類危険物の第2〜第4石油類や動植物油類に分類される物品のうち、危険性の低さなどを考慮して危険物から除外されたもので、指定可燃物に区分されている。

コレだけ！ 地下街等に設置できない消火器

・地下街、準地下街
・地階、無窓階、居室

→ **二酸化炭素・ハロゲン化物**を放射する消火器は使用不可

→換気について有効な開口部の面積が床面積の30分の1以下、かつ、床面積が20㎡以下のもの

ハロン1301のみ使用可能。

第3章 消防関係法令（第6類）

125

Key Point			できたら チェック ☑
地下街等に設置 できない消火器	☐	1	二酸化炭素やハロゲン化物（一部を除く）を放射する消火器を、換気の不十分な場所で使用すると、酸欠や中毒を起こすおそれがある。
	☐	2	換気について有効な開口部の面積が床面積の20分の1以下で、かつその床面積が30㎡以下の居室には、二酸化炭素またはハロゲン化物（一部を除く）を放射する消火器は設置できないとされている。
	☐	3	ハロン1211を放射する消火器は、地下街に設置することができる。
	☐	4	ハロゲン化物のうちハロン1301を放射する消火器に限り、地下街等への設置が認められている。
危険物施設に おける設置基準	☐	5	危険物の製造所等に設置する消火設備の区分としては、大型消火器は第4種消火設備、小型消火器は第5種消火設備とされている。
	☐	6	製造所等で貯蔵する危険物の量に基づいて所要単位を計算する場合、1所要単位当たりの数値は、その危険物の指定数量の100倍とする。
消火器具の 適応性	☐	7	電気設備による火災に対して、水や強化液を霧状に放射する消火器は適応しない。
	☐	8	電気設備による火災に対して、泡を放射する消火器は適応しない。
	☐	9	第4類危険物の火災に対して、水や強化液を放射する消火器はすべて適応しない。
	☐	10	可燃性液体類の火災に対して、強化液を霧状に放射する消火器は適応する。

解答・解説

1.○　2.× 換気について有効な開口部の面積が床面積の30分の1以下で、かつその床面積が20㎡以下のものである。　3.× 地下街等への設置が認められているのは、ハロン1211ではなくハロン1301を放射する消火器だけである。　4.○　5.○　6.× この場合の1所要単位当たりの数値は、危険物の指定数量の10倍とされている。　7.× 水や強化液を棒状に放射する消火器は適応しないが、霧状に放射するものは電気設備による火災にも適応する。　8.○　9.× 水（棒状・霧状）または強化液（棒状）を放射する消火器は適応しないが、強化液を霧状に放射するものは適応する。　10.○ 可燃性液体類の火災に対する消火器具の適応性は、第4類危険物の火災に対する適応性と同じである（●P.124令別表第二）。

ここが狙われる！

「地下街等に設置できない消火器」では、設置できない地階・無窓階・居室の床面積等の数値や、**ハロン1301だけ認められる**という点が重要。「消火器具の適応性」については、**電気設備**と**第4類危険物**のほか、「建築物その他の工作物」も**令別表第二**で確認しておこう。

第4章

消火器の
構造・機能・整備

ここではいろいろな種類の消火器について、その構造や機能、点検・整備の方法を学びます。
- 消火剤にはどんな種類があるのか？
- 蓄圧式とガス加圧式の違いは？
- 化学泡消火器は反応式で転倒式？
- 点検で粉末消火器のキャップが緩んでいたら？
- 消火器を分解する手順は？

図やイラストを多数掲載しているので、それらを見ながら楽しく学習していきましょう。

1 消火の理論と消火剤

ここでは、各種の消火剤がどのような原理によって消火するのか（消火方法）、またそれぞれの消火剤が適応する火災を学習します。基礎となる消火の理論と、消火剤ごとの特徴から理解していきましょう。

1コマ劇場

電気火災なら水を霧状放射すれば、大丈夫！

油火災に水を棒状放射すると、炎が拡大して危険！

① 燃焼と消火

物質が酸素と結びつく反応を**酸化**といい、酸化のうち、熱と光を発するものを特に**燃焼**といいます。物質の燃焼には、燃える物（**可燃物**）、酸素（**酸素供給源**）、火（**熱源**）の3つ（「**燃焼の3要素**」）が同時に存在する必要があり、1つでも欠ければ燃焼は起こりません。したがって消火のためには、このうちの1つを取り除けばよいことがわかります。燃焼の3要素に対応したこの消火方法を、「消火の3要素」といいます。

プラス1

燃焼は、酸化反応の連鎖が続くことによって継続する。このため、燃焼の3要素に「連鎖反応」を加えて「燃焼の4要素」という場合もある。

■燃焼と消火の関係

燃焼の3要素		
可燃物	酸素供給源	熱源
⬇ 取り除く	⬇ 断ち切る	⬇ 熱を奪う
除去消火	窒息消火	冷却消火
消火の3要素		

② 消火方法

①除去消火

　可燃物を取り除くことによって消火します。ガスコンロの元栓を閉めてガス（可燃物）の供給を断つ、家屋等を壊して可燃物を取り除くことなどが挙げられます。

②窒息消火

　酸素の供給を断つことによって消火します。不燃性の泡などの消火剤を用いて燃焼物を覆い、空気との接触を断ちます。二酸化炭素やハロゲン化物などのガスによって酸素の濃度を薄めること（希釈作用）も窒息消火に含みます。

③冷却消火

　熱を奪うことによって消火する方法です。水などを用いて燃焼物を冷却し、燃焼の継続を遮断します。

④抑制消火（負触媒消火）

　物質と酸素との酸化反応の連鎖を抑制することによって燃焼を中止させる方法です。粉末消火剤などの負触媒作用を利用したものなので、**負触媒消火**ともいいます。

③ 火災の区別

　一般に火災は、**普通火災**、**油火災**、**電気火災**の３種類に区別され、普通火災を**A火災**、油火災を**B火災**、電気火災を**C火災**と呼びます。

①普通火災（A火災）

　木材、紙、繊維類など、普通の可燃物による火災です。

②油火災（B火災）

　第４類危険物の石油類や、指定可燃物の可燃性液体類、油脂類などによる火災です。

③電気火災（C火災）

　変圧器、配電盤などの電気設備による火災です。

「除去消火」は、ほかの消火方法と異なり、消火器を用いません。

プラス1
「除去」「窒息」「冷却」に「抑制」を加えて「消火の４要素」という場合もある。

📖 **用語**
負触媒作用
それ自身は変化せずに、対象物の化学反応を遅くする作用。

第4章
消火器の構造・機能・整備

④ 消火剤ごとの特徴

消火剤は、水・泡系、ガス系、粉末系に大別できます。

■ 消火剤の種類

消火剤	水・泡系	水
		強化液
		泡（化学泡、機械泡）
	ガス系	二酸化炭素
		ハロゲン化物
	粉末系	りん酸塩類、炭酸水素塩類

①水・泡系消火剤

ア　水

水は比熱と蒸発熱が大きいので、非常に高い**冷却効果**を発揮します。**普通火災**の消火剤として最も多く利用されていますが、**油火災**の場合は燃えている油が水に浮いて炎が拡大する危険性が高く、また、**電気火災**の場合は感電のおそれがあるため使えません。ただし、注水方法を棒状放射ではなく、**霧状放射**（噴霧状放射）にすれば、電気火災には適応することができます。

イ　強化液

強化液には**強アルカリ性**のものと**中性**のものがあります。強アルカリ性のものは、**炭酸カリウム**の濃厚な水溶液です。（▶P.139）。強化液には、**冷却効果**だけでなく、消火後の**再燃防止効果**があり、消火剤として主に普通火災に利用されます。**油火災**は、**霧状放射**にすれば**抑制作用**によって適応可能です。また、**電気火災**についても**霧状放射**の場合にだけ適応することができます。

ウ　泡

消火剤の泡には、**化学泡**と**機械泡**の２種類があります。化学泡は、泡の中に炭酸水素ナトリウムと硫酸アルミニウムの化学反応によって生じた二酸化炭素を含んだものです。

用語

比熱
物質１gの温度を１℃上昇させるのに必要な熱量。比熱が大きい物質は温まりにくい。

蒸発熱
液体1gが蒸発するときに周囲から吸収する熱量。蒸発熱が大きい物質は周囲から熱を奪いやすい。

霧状放射にすると電気火災にも適応できます（▶P.125の①）。

130

一方、機械泡は水成膜泡剤等を用い、空気を混合してつくった空気泡です。どちらの場合も、泡が燃焼物を覆うことによる**窒息効果**および**冷却効果**で消火するため**普通火災**と**油火災**に適応します。**電気火災**については泡を伝わって感電する危険があるため適応しません。

二酸化炭素などを放射する消火器は地下街等には設置できません（▶P.122）。

②ガス系消火剤

ア　二酸化炭素

二酸化炭素は化学的に安定した不燃性の物質です。空気より重いので、空気中に放出すると、燃焼物周辺の酸素の濃度を低下させます（**窒息効果**）。このため、二酸化炭素は**油火災**に適応します。また二酸化炭素は電気の不良導体（電気絶縁性が高い）であることから、**電気火災**にも適応します。ただし、密閉された場所で使用すると**酸欠状態**になる危険性があるため、十分な注意が必要です。

イ　ハロゲン化物

ハロゲン化物とは、塩素（Cl）、臭素（Br）、ふっ素（F）等のハロゲン元素を含んだ化合物です。消火剤としてのハロゲン化物には、**窒息効果**のほか、燃焼の連鎖反応を抑制する**抑制効果**があります。**油火災**と**電気火災**にも適応します。

③粉末系消火剤

ア　りん酸塩類を主成分とするもの

主成分の**りん酸アンモニウム**に防湿処理をした消火剤です。放射する薬剤の抑制効果と窒息効果によって**普通火災**および**油火災**に適応します。また、電気の不良導体なので

重要 !!!
ハロゲン化物消火剤の製造中止
ハロゲン化物消火剤は、オゾン層の保護に関する法律によって1994（平成6）年1月1日以降は製造が全廃されているが、現在も使用されているものがあるため学習しておく必要がある。

電気火災にも適応します。つまり、この消火剤はすべての火災に適応できる万能の消火剤といえます。

イ　炭酸水素塩類を主成分とするもの

主成分の炭酸水素ナトリウムまたは炭酸水素カリウム等に防湿処理をした消火剤です。普通火災には適応しませんが、薬剤の抑制効果と窒息効果により油火災に適応します。また、電気の不良導体なので電気火災にも適応できます。

■ 消火方法と適応する火災のまとめ

消火剤			消火方法	適応する火災		
				A普通	B油	C電気
水・泡系	水	棒状	冷却	○	×	×
		霧状	冷却	○	×	○
	強化液	棒状	冷却	○	×	×
		霧状	冷却　抑制	○	○	○
	泡	化学泡	窒息　冷却	○	○	×
		機械泡	窒息　冷却	○	○	×
ガス系	二酸化炭素		窒息	×	○	○
	ハロゲン化物		抑制　窒息	×	○	○
粉末系	りん酸塩類		抑制　窒息	○	○	○
	炭酸水素塩類		抑制　窒息	×	○	○

この表を見ると、基本的に水・泡系の消火剤は普通火災に、ガス系と粉末系の消火剤は油火災および電気火災に適応することがわかります。

コレだけ！

消火剤別の消火方法

- 水 ……………… 冷却
- 強化液（霧状）… 冷却、抑制
- 泡 ……………… 窒息、冷却
- 二酸化炭素 …… 窒息
- ハロゲン化物 … 抑制、窒息
- 粉末系消火剤 … 抑制、窒息

 確 認 テ ス ト

Key Point			できたら チェック ☑
燃焼と消火	☐	1	「燃焼の3要素」とは、可燃物、酸素供給源、熱源の3つをいう。
	☐	2	消火するためには、「燃焼の3要素」をすべて取り除く必要がある。
消火方法	☐	3	「除去消火」とは、可燃物と酸素を同時に除去する消火方法をいう。
	☐	4	「窒息消火」には、二酸化炭素などのガスによって酸素の濃度を薄めること（希釈作用）も含まれる。
	☐	5	物質と酸素との酸化反応の連鎖を抑制することによって燃焼を中止させる方法を、「冷却消火」という。
火災の区別	☐	6	「普通火災」とは、石油類や可燃性液体類などによる火災をいう。
	☐	7	普通火災をA火災、油火災をB火災、電気火災をC火災という。
消火剤ごとの特徴	☐	8	強化液（霧状放射）は、冷却効果だけでなく、抑制作用も働く。
	☐	9	化学泡と機械泡は、どちらも泡が燃焼物を覆うことによる窒息効果のほか、冷却効果によって消火する。
	☐	10	二酸化炭素による消火方法は、窒息消火および抑制消火である。
	☐	11	ハロゲン化物および粉末系の消火剤は、どちらも抑制効果と窒息効果によって消火する。
	☐	12	油火災に適応できない消火剤は、強化液（棒状放射）と水だけである。
	☐	13	電気火災に適応できない消火剤は、棒状放射の水と棒状放射の強化液だけである。

第4章 消火器の構造・機能・整備

解答・解説

1.○ 2.× 「燃焼の3要素」のすべてではなく、どれか1つを取り除けばよい。 3.× 「除去消火」は可燃物を除去することによって消火する方法。なお、酸素を除去するのは「窒息消火」。 4.○ 5.× これは「冷却消火」ではなく「抑制消火」の説明。 6.× これは「普通火災」ではなく「油火災」の説明。 7.○ 8.○ 9.○ 10.× 二酸化炭素の場合、抑制効果は働かない。 11.○ 12.○ 13.× 水（棒状）と強化液（棒状）のほかに、泡（化学泡・機械泡）も電気火災に適応しない。

ここが狙われる！

まず消火剤ごとの特徴を押さえ、それぞれの主な消火方法が、冷却、窒息または抑制のどれであるかを覚えよう。適応火災については、**油火災に適応しないもの、電気火災に適応しないもの**をそれぞれ覚え、それ以外は適応するものと考えると覚えやすい。

Lesson 2 消火器の種類

ここで消火器の大まかな分類をみておきましょう。消火器の構造や機能は、あとのレッスンで詳しく学習します。規格省令による定義のほか、加圧方式、運搬方式による分類をまとめています。特に「加圧方式による分類」が重要です。

1コマ劇場

消火器に、ちくわ式とカツ式があるんでしょうか!?

違います！蓄圧式と加圧式です。ここらで君の学習意欲に喝！

 用語

エアゾール式
簡易消火具
片手で操作ができるスプレー缶タイプの消火具。家庭内における石油ストーブや天ぷら鍋等の火災に用いられる。

浸潤剤等
浸潤剤、不凍剤その他消火薬剤の性能を高め、性状を改良するための薬剤。

① 規格省令による定義

消火器は、「消火器の技術上の規格を定める省令（**規格省令**）」および「消火器用消火薬剤の技術上の規格を定める省令（**薬剤規格**）」に基づいて製造されます。

■消火器の定義（規格省令）

> 水その他消火剤（以下「消火剤」という）を圧力により放射して消火を行う器具で人が操作するもの。
> ＊エアゾール式簡易消火具は除く

消火剤別の消火器の定義も確認しておきましょう。

①水消火器

水（薬剤規格に規定する浸潤剤等を混和・添加したものを含む）を圧力により放射して消火を行う消火器

②強化液消火器

薬剤規格に規定する強化液消火薬剤（浸潤剤等を混和・添加したものを含む）を圧力で放射して消火を行う消火器

③泡消火器

　薬剤規格に規定する泡消火薬剤（浸潤剤等を混和・添加したものを含む）を圧力により放射して消火を行う消火器

④二酸化炭素消火器

　液化二酸化炭素を圧力により放射して消火を行う消火器

⑤ハロゲン化物消火器

　薬剤規格に規定するハロゲン化物消火薬剤を圧力により放射して消火を行う消火器

⑥粉末消火器

　薬剤規格に規定する粉末消火薬剤（浸潤剤等を混和・添加したものを含む）を圧力により放射して消火を行う消火器

用語

液化二酸化炭素
二酸化炭素を高圧で圧縮することにより液体にしたもの。

第4章

消火器の構造・機能・整備

② 加圧方式による分類

　消火器は圧力によって消火剤を放射します。その加圧の方式には、**蓄圧式**と**加圧式**の2種類があり、加圧式はさらに**ガス加圧式**と**反応式**に分かれます。

■各消火器の加圧方式

消火器の種類		蓄圧式	加圧式	
			ガス加圧式	反応式
水消火器		◎	―	―
強化液消火器		◎	○	―
泡	化学泡消火器	―	―	○
	機械泡消火器	◎	○	―
二酸化炭素消火器		●	―	―
ハロゲン化物消火器		●	―	―
粉末消火器		◎	○	―

①蓄圧式

　消火器の本体容器内の**圧縮ガスの圧力**によって消火剤を放射するもの（表の◎）と、消火器に充てんされた**消火剤自身の圧力**によって消火剤を放射するもの（表の●）があります。どちらも本体容器内に常に圧力がかかっており、

合わせ

　　　　　【消火器の種類】
げ　　　　　ミ
ん　カ　　　（水）、
（　（　　　キ
ハ　化　　　（強化液）、
ロ　学　　　キ
ゲ　泡　　　（機械泡）
ン　）　　　に
化　こ　　　二
物　（　　　（二酸化炭素
）　粉　
　　末　
　　）
　　つ

用語

圧縮ガス
容器内で圧縮された空気や窒素ガス等のこと。

135

用語

指示圧力計
本体容器内の圧力
が使える状態に維持
されているかどうか
を確認する計器（
P.207）。

加圧用ガス容器
（▶P.209）

開閉弁を開くと消火剤が放射されます。**圧縮ガスの圧力を**用いるものには**指示圧力計**の取付けが必要とされますが、消火剤自身の圧力によるものには不要です。

②**ガス加圧式**

消火器の本体容器とは別に**加圧用ガス容器**というものを設け、消火器使用時に加圧用ガス容器のガスを本体容器内に導入し、消火剤を加圧して放射します。

③**反応式**

本体容器内に充てんした2種類の薬剤を**化学反応**させることで圧力を発生させ、消火剤を加圧して放射します。

③ 運搬方式による分類

消火器を運ぶ方法（運搬方式）による分類です。

ア　手さげ式の消火器

手にさげた状態で使用する消火器

イ　背負式の消火器

背負ひも等により、背負って使用する消火器

ウ　据置式の消火器

床面上に据え置いた状態でノズル部分を持ち、ホースを延長して使用する消火器（車輪付きは除く）

エ　車載式の消火器

運搬のための車輪を有する消火器

■据置式の消火器

コレ だけ！

蓄圧式と加圧式（ガス加圧式、反応式）

● **蓄圧式** ………… 化学泡消火器以外のすべての消火器
● **ガス加圧式** …… 強化液消火器、機械泡消火器、粉末消火器
● **反応式** ………… 化学泡消火器のみ

 確認テスト

Key Point			できたら チェック ☑
規格省令による定義	☐	1	消火器とは、水その他消火剤を圧力により放射して消火を行う器具で人が操作するものをいう。
	☐	2	規格省令では、エアゾール式簡易消火具も消火器に含むとしている。
	☐	3	二酸化炭素消火器とは、液化二酸化炭素を圧力により放射して消火を行う消火器をいう。
加圧方式による分類	☐	4	消火器は、加圧方式により、蓄圧式と反応式の2種類に分けられる。
	☐	5	蓄圧式の消火器は、消火器の本体容器内の圧縮ガスの圧力または消火器に充てんされた消火剤自身の圧力によって消火剤を放射する。
	☐	6	蓄圧式の消火器は、すべてに指示圧力計を取り付ける必要がある。
	☐	7	ガス加圧式のものがある消火器は、強化液消火器、機械泡消火器および粉末消火器の3種類である。
	☐	8	反応式のものがあるのは、ハロゲン化物消火器のみである。
	☐	9	二酸化炭素消火器は、蓄圧式のみである。
運搬方式による分類	☐	10	消火器を運搬方式によって分類すると、手さげ式、背負式、据置式、車載式に分けられる。
	☐	11	据置式の消火器とは、床面上に据え置いた状態でノズル部分を持ち、ホースを延長して使用する車輪付きの消火器をいう。

第4章　消火器の構造・機能・整備

解答・解説

1.○　2.× エアゾール式簡易消火具は「消火器」の定義から除かれている。　3.○　4.× 消火器は「蓄圧式」と「加圧式」の2種類に大きく分けられ、さらに「加圧式」が「ガス加圧式」と「反応式」に分かれる。5.○　6.× 蓄圧式のうち、本体容器内の圧縮ガスの圧力によって消火剤を放射するものに限り、指示圧力計を取り付ける必要がある。消火剤自身の圧力によるものには取り付け不要である。　7.○　8.× ハロゲン化物消火器ではなく、化学泡消火器のみが反応式である。　9.○　10.○　11.× 据置式の消火器は、車輪付きのものを除くとされている。

ここが狙われる！

「加圧方式による分類」については、まず、化学泡消火器以外のすべての消火器に「蓄圧式」のものがあることを押さえよう。また、二酸化炭素消火器とハロゲン化物消火器は消火剤自身の圧力によって消火剤を放射するため、指示圧力計が不要であることを覚えておこう。

Lesson 3 水消火器と強化液消火器

> 水消火器と強化液消火器について学習します。特に、強化液消火器の消火薬剤の性質が重要です。また、蓄圧式の消火器の構造は、ほかの消火薬剤の消火器も基本的に共通しているので、ここでしっかりと理解しておきましょう。

1コマ劇場

（寒い場所だと、消火器の薬剤が、凍ってしまうようなことはないんですか？）

（零下の所では使えない消火器もあります。でも、強化液消火器は、零下20℃でも大丈夫。）

① 水消火器

消火薬剤

　従来は、清水に界面活性剤等を添加した無色半透明または淡黄色中性の水溶液が使われていましたが、1985（昭和60）年以降製造されなくなりました。最近では、**純水**をベースとし、これに浸潤剤等を配合したものが製造されています。

 用語

純水
水中に含まれている電解質（電気を通す物質）を取り除き、純粋な水に近づけるようにしたもの。これに対し「清水」は単に澄んだ水を意味する。

■純水をベースとする消火器（純水消火器）

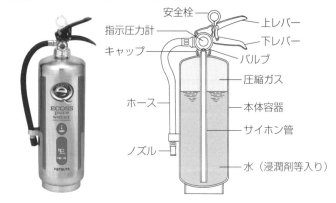

- 安全栓
- 指示圧力計
- キャップ
- ホース
- ノズル
- 上レバー
- 下レバー
- バルブ
- 圧縮ガス
- 本体容器
- サイホン管
- 水（浸潤剤等入り）

純水消火器は、純水を主成分とするだけでなく、塩類等を含まない浸潤剤等を配合しているため、放射の際、周囲に飛散する薬剤による影響が少なく、乾燥後も薬剤成分がほとんど残りません。このため、電子機器や精密機械などのある**クリーンルーム**での使用に適しています。

性　能

- 冷却消火により**普通火災**に適応し、霧状放射で**電気火災**にも適応する（◐P.130、132）
- 純水消火器の使用温度範囲は0℃〜＋40℃

構　造

加圧方式は蓄圧式のみです（◐P.135）。鋼板製またはステンレス鋼板製の本体容器内に、**圧縮空気または窒素ガス**とともに消火薬剤が充てんされています。内部圧力を示す**指示圧力計**が付いており、使用圧力範囲は0.7〜0.98MPaです。レバー式の開閉バルブがあり、その操作の仕組みは蓄圧式の強化液消火器の場合と同様です。

② 強化液消火器

消火薬剤

強アルカリ性（pH約12）のものは**炭酸カリウム**（K_2CO_3）の濃厚な水溶液で無色透明または淡黄色をしています。

中性のもの（pH約7）は、ふっ素系界面活性剤を主成分として、りん酸エステル塩類等を添加しているもの（透明）と、カルボル酸金属塩のもの（淡黄色）とがあり、どちらも「強化液（中性）消火器」と表示して区別します。

いずれも凝固点が－25℃〜－30℃と低いため、**寒冷地での使用**に適しています。

性　能

- 冷却消火により**普通火災**に適応し、霧状放射にすると、**油火災**と**電気火災**にも適応する（◐P.130、132）
- 使用温度範囲は－20℃〜＋40℃

 用語

クリーンルーム
浮遊粉じん等の含有量を一定の基準以下に抑え、高い清浄度を保っている空間。

第4章
消火器の構造・機能・整備

 用語

MPa（メガパスカル）
1MPa＝100万Pa
Paは圧力の単位である（◐P.32）。

用語

pH（ペーハー）
酸性・アルカリ性の強弱を示す数値で、pH7のとき中性である。pHが0に近づくほど強い酸性で、14に近づくほど強いアルカリ性になる。

凝固点
水が氷になるなど、液体が固体に変化するときの温度。

構　造

　加圧方式は、蓄圧式またはガス加圧式です（●P.135）。

ア　蓄圧式

　水消火器と同様、鋼板製またはステンレス鋼板製の本体容器内に、圧縮空気または**窒素ガス**とともに消火薬剤が充てんされています。内部圧力を示す**指示圧力計**が取り付けられ、使用圧力範囲は0.7〜0.98MPaです。

　レバー式の開閉バルブが装着されており、レバーを操作することによって、**放射および放射の停止**ができます。

　使用時にホースを持ち、もう一方の手で右の図のようにレバーを握ると、バルブ（弁）が下がることによりサイホン管が開き、蓄圧されていた消火薬剤がホースへと流れ、ノズルから放射されます。

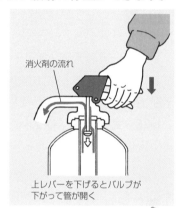

消火剤の流れ

上レバーを下げるとバルブが下がって管が開く

プラス1

蓄圧式の消火器は、強化液消火器に限らず、すべて右の図のような開閉バルブ式。放射するだけでなく、放射を停止できる点が特徴。

これは「手さげ式」の消火器です。

■蓄圧式強化液消火器（手さげ式）

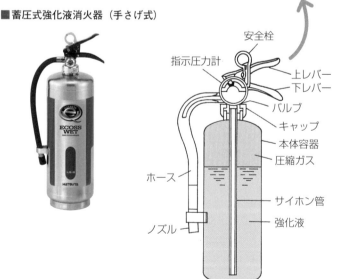

安全栓

指示圧力計

上レバー
下レバー

バルブ

キャップ

本体容器

圧縮ガス

ホース

サイホン管

強化液

ノズル

また、強化液は液体薬剤なので、本体容器の内部を腐食してしまうおそれがあります。このため、鉄製の本体容器の内面には、合成樹脂によって耐食加工を施す必要があります。

強化液消火器には、下の図のような据置式のものもあります。本体容器とコイル状にまとまったホースが収納容器の中に納められています。安全栓を抜き、ノズルを収納容器から引き出すと起動します。ノズル部分の開閉機構を操作することによって、放射および放射の停止ができます。

 用語

腐食
金属などの材料が、化学反応により表面から変質してしまうこと。

耐食加工
腐食しにくいように加工すること。

■蓄圧式強化液消火器（据置式）

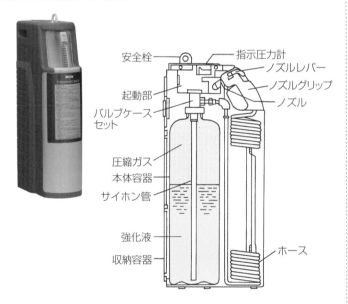

安全栓
起動部
バルブケースセット
圧縮ガス
本体容器
サイホン管
強化液
収納容器

指示圧力計
ノズルレバー
ノズルグリップ
ノズル
ホース

イ ガス加圧式

一部の大型消火器には、ガス加圧式のものがあります。鋼板製の本体容器内に消火薬剤が充てんされ、これとは別に、圧力源となる加圧用ガス容器が本体容器の外部に装着されています（●P.142）。

加圧用ガスには、二酸化炭素が用いられています。

加圧用ガス容器のバルブを開き、ガス（二酸化炭素）を本体容器内に導入することによって、消火薬剤を加圧して

第4章 消火器の構造・機能・整備

141

放射します。ノズルが開閉式になっており（開閉ノズル）、ノズルレバーの操作によって、**放射および放射の停止**ができます。また、ノズルは、棒状放射と霧状放射の切換えができる構造になっています。

■ ガス加圧式強化液消火器（車載式）

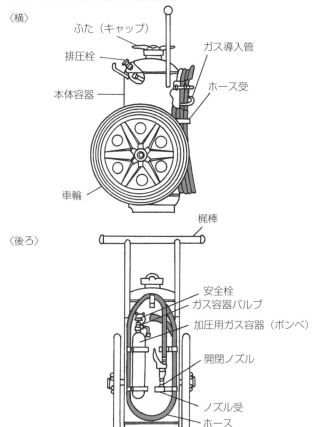

〈横〉

- ふた（キャップ）
- 排圧栓
- 本体容器
- ガス導入管
- ホース受
- 車輪

〈後ろ〉

- 梶棒
- 安全栓
- ガス容器バルブ
- 加圧用ガス容器（ボンベ）
- 開閉ノズル
- ノズル受
- ホース

これは「車載式」の消火器です。

車輪がついていると、大きくても持ち運びが簡単ですね。

〈前〉

コレだけ！

強化液消火器

- **消火薬剤** … 強アルカリ性のものは**炭酸カリウム**の濃厚な水溶液
  - 凝固点が低いため、寒冷地での使用に適している
- **蓄圧式** … 圧縮空気または窒素ガスを充てん、**レバー式の開閉バルブ**
- **ガス加圧式** … 一部の大型消火器、加圧用ガスは**二酸化炭素**

 確 認 テ ス ト

Key Point			できたら チェック ☑
水消火器	☐	1	最近では、清水に界面活性剤等を加えた無色半透明または淡黄色中性の水溶液が消火薬剤として使われている。
	☐	2	水消火器は、棒状放射にすると電気火災に適応する。
	☐	3	純水消火器は、クリーンルームでの使用に適している。
	☐	4	純水消火器の使用温度範囲は、0℃～＋40℃とされている。
強化液消火器	☐	5	強アルカリ性の強化液は、炭酸ナトリウムの濃厚な水溶液である。
	☐	6	強化液は凍結しやすいため、寒冷地での使用には適さない。
	☐	7	強化液は、アルカリ性のものと中性のものが製造されている。
	☐	8	強化液を霧状放射にすると、A火災とC火災には適応するが、B火災には適応しない。
	☐	9	蓄圧式の強化液消火器は、本体容器内に、圧縮空気または窒素ガスとともに消火薬剤が充てんされている。
	☐	10	蓄圧式の強化液消火器には、レバー式の開閉バルブが装着されているが、消火薬剤の放射を途中で停止することはできない。
	☐	11	強化液消火器の鋼板製の本体容器の内面は、合成樹脂により耐食加工を施しておく必要がある。
	☐	12	ガス加圧式の強化液消火器は、加圧用ガスとして、二酸化炭素を用いている。

解答・解説

1.× このような消火薬剤は1985（昭和60）年以降製造されなくなり、最近では純水をベースとするものが製造されている。　2.× 棒状放射ではなく、霧状放射にすると電気火災に適応する。　3.○　4.○　5.× 炭酸ナトリウムではなく、炭酸カリウムの濃厚な水溶液である。　6.× 凝固点が－25℃～－30℃と低いため、寒冷地での使用に適している。　7.○　8.× 霧状放射にするとすべての火災に適応する。　9.○　10.× レバーの操作によって、消火薬剤を放射することはもちろん、放射を途中で停止することもできる。　11.○　12.○

ここが狙われる！

強化液消火器については比較的よく出題されている。**強化液消火薬剤の性質**や、**蓄圧式の構造**が重要である。また、レッスン1で学習した**消火方法**や**適応する火災**と合わせて出題されることが多いので、常に関係するページを参照し、くり返し復習することを心がけよう。

Lesson 4 泡消火器

ここでは「化学泡消火器」と「機械泡消火器」について学習します。どちらも消火薬剤や消火器の構造を中心として、細かいところまでよく出題されます。化学泡と機械泡の内容を混同しないよう、区別して理解することが大切です。

🎥
1コマ劇場

中の2つの薬剤を混ぜるために、本体をさかさまにしたまま使います。

転倒式の消火器ってどうやって使うんですか？

---

① 化学泡消火器

消火薬剤

A剤（外筒用）とB剤（内筒用）の2種類があります。

	成分および形状	水溶液の性質
A剤	炭酸水素ナトリウムを主成分とし、起泡安定剤等を添加した淡褐色の粉末	弱アルカリ性
B剤	硫酸アルミニウムの白色粉末	弱酸性

化学泡消火器のみ消火剤を加圧する方式が「反応式」です（▶P.135、136）。

それぞれ**水溶液**にしてA剤は外筒、B剤は内筒に充てんします。消火器を使用する際は、A剤とB剤の**化学反応**によって生じる**二酸化炭素**を含んだ多量の泡を放射します。

プラス1
薬剤の水溶液は経年劣化するので、定期的に再充てんする必要がある（通常1年に1回）。

性　能

- 水による冷却効果で**普通火災**に適応し、泡で覆うことによる窒息効果で**油火災**に適応する（▶P.131、132）。
- 放射する泡の量は、小型消火器で薬剤容量の**7倍**以上、

大型消火器の場合は5.5倍以上である

● 使用温度範囲は＋5℃〜＋40℃

構　造

　鋼板製の本体容器（外筒）内に、ポリエチレン製の内筒が取り付けられています。内筒は、化学泡消火器以外の消火器には存在しない部品です。このほか、化学泡消火器に特有の部品等として、次のものがあります。

● ろ過網…消火薬剤を放出する際のノズルの詰まりを防ぐための網。ノズルまたはホースに至る通り道の、本体容器内の開口部に設ける

● 液面表示…充てんされた消火薬剤の量（液面）を確認するための簡明な表示（外筒・内筒とも）

　消火器を使用する際には、容器を転倒させることによって外筒と内筒の薬剤を混合し、化学反応させる仕組みになっています。その操作方法により、転倒式、破がい転倒式、開がい転倒式の３種類に分けられます。

ア　転倒式

　容器を転倒し、内筒ふたを落下させるタイプです。

■ 反応式化学泡消火器（転倒式・手さげ式）

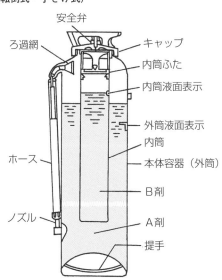

安全弁
ろ過網
キャップ
内筒ふた
内筒液面表示
外筒液面表示
内筒
本体容器（外筒）
ホース
B剤
A剤
ノズル
提手

プラス1
化学泡消火器の消火薬剤は、液温が著しく低い状態では性能が低下する。そのため、寒冷地での使用には適さない。

重要 !!!
外筒と内筒の材質等
外筒には金属製以外のものはなく、その内面には耐食加工を施す必要がある。
内筒は、大型消火器では、鋼板製またはステンレス製のものがある。

プラス1
内筒ふた
内筒のB剤が外筒のA剤と混ざらないようにする。

プラス1
提手を持って消火器本体をさかさにする。

安全弁とは、容器内の圧力が一定以上に上昇したとき、その圧力を排出するための部品です。これは化学泡消火器のほか、二酸化炭素消火器などにも取り付けられています。
イ　破がい転倒式
　内筒が鉛の封板で密封されており、消火器を使用する際には、キャップに装着された押し金具を押して、カッターで封板を破ってから転倒します。

■反応式化学泡消火器（破がい転倒式・手さげ式）

「破がい転倒式」の安全栓はリング型ではなく、押し金具にかぶせるような形になっています。

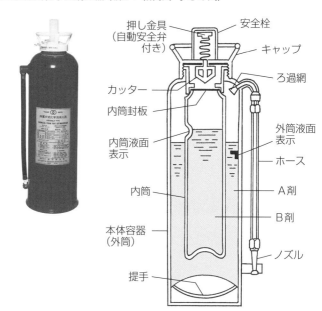

押し金具
（自動安全弁
付き）

安全栓

キャップ

ろ過網

カッター

内筒封板

内筒液面
表示

外筒液面
表示

ホース

内筒

A剤

B剤

本体容器
（外筒）

ノズル

提手

　押し金具には、**自動安全弁**が付いており、容器内の圧力が一定以上になると自動的に弁が開放して、圧力を排出する仕組みになっています。**安全栓**は、消火器が誤って作動しないための部品です。
ウ　開がい転倒式
　キャップに装着されたハンドルに内筒ふたが固定されており、普段は内筒を密封しています。消火器を使用する際には、このハンドルを回して内筒ふたを開いてから転倒します。開がい転倒式は、大型消火器に使われます。

用語

安全栓
転倒式化学泡消火器にはない。「安全弁」と「安全栓」は別の部品なので混同しないこと。

❷　機械泡消火器

消火薬剤

　水成膜泡剤または合成界面活性剤の希釈水溶液を用いています。一般に淡いコハク色で若干の芳香臭があります。水溶液自体が泡立ちやすい性質をもっており、ノズルから放射する際に空気を混入して発泡します。

📖 **用語**

芳香臭
特有の甘い刺激臭。

性　能

- 水による冷却効果で**普通火災**に適応し、泡で覆うことによる窒息効果で**油火災**に適応する（◉P.131、132）
- 放射する泡の量は、薬剤容量の**5倍以上**（20℃のとき）
- 使用温度範囲は、−10℃〜＋40℃または−20℃〜＋40℃

構　造

　加圧方式は、蓄圧式またはガス加圧式です（◉P.135）。

ア　蓄圧式

　鋼板製の本体容器内に、**圧縮空気**または**窒素ガス**とともに消火薬剤が充てんされています。**指示圧力計**が取り付けられており、使用圧力範囲は0.7〜0.98MPaです。

■蓄圧式機械泡消火器（手さげ式）

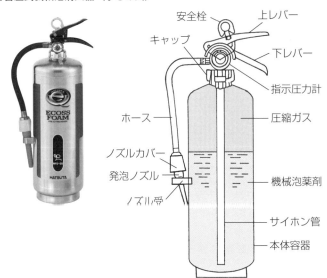

🔒 **重要** !!!

蓄圧式機械泡消火器の構造
ノズルが発泡ノズルであること以外は、蓄圧式強化液消火器と同じ構造である（◉P.140）。

開閉バルブ式で、レバーを操作することによって放射および放射の停止ができます。

ノズルを見て、それが発泡ノズルであれば、機械泡消火器であることがわかるね。

発泡ノズルは、その基部に**空気吸入口がある太くて大き**なノズルであり、機械泡消火器に特有の部品です。これによって消火薬剤（水溶液）に空気を混合し、機械的に泡を生成（発泡）して放射します。

■ 発泡ノズル

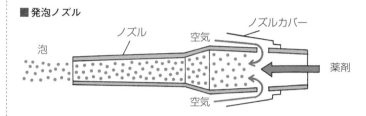

イ　ガス加圧式

大型消火器にはガス加圧式のものもあります。本体容器内に消火薬剤が充てんされ、圧力源となる**加圧用ガス容器**は本体容器の外部に装着されています。加圧用ガスには、**二酸化炭素**または**窒素ガス**が用いられています。

加圧用ガス容器のバルブを開き、ガスを本体容器内に導入することによって消火薬剤を加圧し放射します。ノズルは、開閉式になっています。

■ ガス加圧式機械泡消火器（車載式）

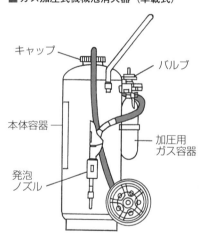

ノズルレバーを操作することにより、放射および放射の停止ができます。

コレだけ！

	化学泡消火器	機械泡消火器
泡の生成	A剤とB剤の化学反応で生じた二酸化炭素を含んだ泡	発泡ノズルで消火薬剤に**空気**を混合した泡
消火器の構造	●転倒式 ●破がい転倒式　など	●蓄圧式 ●ガス加圧式

 確 認 テ ス ト

第4章 消火器の構造・機能・整備

Key Point			できたら チェック ☑
化学泡消火器	☐	1	化学泡消火器は、A剤とB剤の化学反応によって生じる二酸化炭素を含んだ泡を放射する。
	☐	2	A剤の主成分は硫酸アルミニウムであり、B剤の成分は炭酸水素ナトリウムである。
	☐	3	A剤、B剤ともに水溶液とし、弱アルカリ性のA剤を外筒に、弱酸性のB剤を内筒に充てんする。
	☐	4	化学泡消火器に特有の部品等として、内筒、ろ過網および液面表示が挙げられる。
	☐	5	外筒はポリエチレン製で、内筒は鋼板製のものが多い。
	☐	6	外筒と内筒の薬剤を混合させる方法により、転倒式、破がい転倒式、開がい転倒式の3種類に分けられる。
	☐	7	破がい転倒式は、ハンドルを回して内筒ふたを開いてから転倒する。
機械泡消火器	☐	8	機械泡消火器では、水成膜泡剤または合成界面活性剤の希釈水溶液を消火薬剤として用いている。
	☐	9	発泡ノズルで空気を消火薬剤と混合し、機械的に泡を生成する。
	☐	10	発泡ノズルは、化学泡消火器と機械泡消火器に特有の部品である。
	☐	11	蓄圧式の機械泡消火器では、鋼板製の本体容器内に、二酸化炭素とともに消火薬剤が充てんされている。
	☐	12	ガス加圧式の機械泡消火器では、加圧用ガスとして、二酸化炭素または窒素ガスが用いられている。

解答・解説

1.○　2.× A剤の主成分が炭酸水素ナトリウムで、B剤の成分が硫酸アルミニウムである。　3.○　4.○　5.× 外筒（本体容器）は鋼板製で、内筒がポリエチレン製（大型消火器では鋼板製やステンレス製のものもある）。　6.○　7.× これは「開がい転倒式」の説明。「破がい転倒式」では押し金具を押し、カッターで封板を破ってから転倒する。　8.○　9.○　10.× 発泡ノズルは機械泡消火器に特有の部品であり、化学泡消火器にはない。　11.× 二酸化炭素ではなく、圧縮空気または窒素ガスとともに充てんされている。　12.○

ここが狙われる！

「化学泡消火器」ではA剤とB剤の成分・性質、外筒と内筒、特有の部品等、薬剤を混合する方法（転倒式その他）など、「機械泡消火器」では消火薬剤、発泡ノズルの役割、圧力源となるガスの種類などが重要である。化学泡と機械泡の内容を混同しないよう整理しておこう。

Lesson 5　二酸化炭素消火器とハロン1301消火器

ここでは、高圧ガス保安法の適用を受ける2種類の消火器（二酸化炭素消火器とハロン1301消火器）について学習します。どちらも消火器に充てんされた消火剤自身の圧力で消火剤を放射するという点が特徴です。

1コマ劇場

どちらも変わった色をしていますね。ホーンも特徴的です。

その通り。この2つは外見は色とホーンの形がポイントです。どちらも高圧ガス保安法の適用を受けます。

ハロン1301消火器

二酸化炭素消火器

ねずみ色　　　緑色

① 二酸化炭素消火器

消火薬剤

用語

JIS K1106
高圧ガス容器に充てんした工業用の液化二酸化炭素についての規格。

高圧ガス保安法
高圧ガスによる災害の防止を目的とする法律。

日本工業規格「JIS K1106」が定める2種または3種に適合した**液化二酸化炭素**（液化炭酸ガス）を使用します。二酸化炭素は、常温常圧（20℃・1気圧）では無色無臭の気体ですが、高圧で圧縮することによって**液化**します。このため、二酸化炭素消火器は**高圧ガス保安法の適用を受け**ます。液化二酸化炭素（液体）が消火器から放射されるときは、ガス（気体）およびドライアイス（固体）となって放出されます。

性　能

- 窒息効果によって油火災に適応するほか、二酸化炭素は電気の不良導体なので電気火災にも適応する。普通火災には適応しない（●P.131、132）
- 窒息性のため、地下街等には設置できない（●P.122）
- 使用温度範囲は−30℃〜＋40℃

構　造

　加圧方式は**蓄圧式のみ**であり（●P.135）、**鋼板製**または**アルミニウム製**の本体容器内に液化二酸化炭素が充てんされています。本体容器は**高圧ガス保安法**に基づく**耐圧試験**に合格したものでなければなりません。

■二酸化炭素消火器（手さげ式）

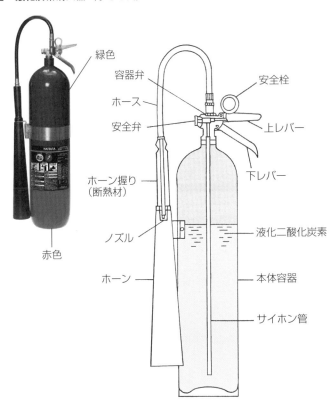

　緑色
　容器弁
　ホース
　安全弁
　安全栓
　上レバー
　下レバー
　ホーン握り（断熱材）
　ノズル
　液化二酸化炭素
　赤色
　ホーン
　本体容器
　サイホン管

　二酸化炭素消火器には、次のような特徴があります。
- 容器内が高圧になっているため、**安全弁を取り付ける**
- 消火剤自身の圧力で放射するので、圧縮ガスは充てんされていない。このため**指示圧力計**（●P.136）がない
- レバー式の開閉バルブが装着され、レバーを操作することで放射および放射の停止ができる（車載式は除く）

消火器の部品等の解説は、P.200以降（第5章）にも出てきます。わからない部品等があったら、そちらも参照してみてください。勉学の道は行きつ戻りつが大切です。

プラス1
二酸化炭素消火器とハロン1301消火器は、キャップではなくて、消火器の口金の内部のねじ穴を使って開閉バルブを固定する構造である。口金の内部に入る部分を「プラグ」と呼ぶ。二酸化炭素や窒素などを入れるガス容器も同様の構造である。

「安全弁」は、化学泡消火器（●P.146）にも取り付けられていたね。

●ノズルから消火薬剤を放射する際、先端のホーンの部分で液化二酸化炭素が気体や固体となる。このとき周囲から熱を奪うため、ノズルが冷却されて操作者の手が凍傷になる危険がある。そこでこれを防ぐために、断熱材でできたホーン握りが装着されている

●高圧ガス保安法に基づき、容器表面積の2分の1以上を「緑色」に塗装する必要がある

●規格省令にて、本体容器の内容積は、充てんする液化二酸化炭素の質量1kg（＝1000g）につき1500cm³以上としなければならない

このような、「本体容器の内容積（cm³）」と「充てんする消火薬剤の重量（g）」の比を「充てん比」といいます。二酸化炭素消火器の場合は1500÷1000＝1.5なので、充てん比＝1.5以上ということになります。

車載式の二酸化炭素消火器の場合は、下の図のように、レバーのかわりに起動ハンドルが装着されており、これを操作することによって放射および放射の停止をする仕組みになっています。

🔒 **重要!!!**

2分の1以上を緑色
高圧ガス保安法に基づく「容器保安規則」に定められている。なお、規格省令では消火器の外面の25％以上を「赤色」とするよう定めている。このため二酸化炭素消火器は緑色と赤色のツートンカラーになっている。

＋プラス1
車載式二酸化炭素消火器の使い方
①ホースとホーンを取り外し、ホーンを火元に向ける

②安全栓を抜く

③起動ハンドルを左方向に回す

■二酸化炭素消火器（車載式）

起動ハンドル

② ハロン1301消火器

　ハロゲン化物消火剤には、ハロン2402、ハロン1211、ハロン1301の3種類がありますが、いずれもオゾン層を破壊する特定物質に指定されており、「特定物質の規制等によるオゾン層の保護に関する法律」に基づいて、平成6年1月1日以降製造が全廃されました。しかし、ハロン1301を放射する消火器は、現在でも現場に設置されているものがあります。そこで、ここではハロン1301消火器について学習します。

🔒**重要** !!!

オゾン層の保護
オゾン層が破壊されると、紫外線の地上到達量が増え、人の健康（皮膚がん、白内障など）や植物の成長に有害な影響を与える危険がある。

■ ハロン 1301 消火器（手さげ式）

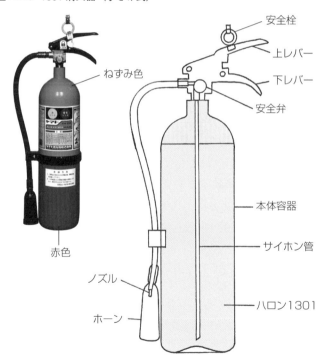

ねずみ色
赤色
ノズル
ホーン

安全栓
上レバー
下レバー
安全弁

本体容器
サイホン管
ハロン1301

二酸化炭素消火器とハロン1301消火器には、キャップがありません。それも重要な特徴です。また、指示圧力計がなくて安全弁があります。

消火薬剤

　ハロン1301は、常温常圧では気体ですが、圧縮することによって無色透明の液体になります。

用語

ハロン2402消火器
黄銅製の本体容器内に圧縮空気または窒素ガスとともにハロン2402が充てんされている。高圧ガス保安法の適用を受けない。

ハロン1211消火器
鋼板製またはステンレス製の本体容器内に圧縮液化されたハロン1211が充てんされている。このため高圧ガス保安法の適用を受ける。

プラス1

規格省令で充てん比の定めがある消火器は、次の3つだけ。
- 二酸化炭素消火器
……1.5以上
- ハロン1301消火器
……0.9以上
- ハロン1211消火器
……0.7以上

性　能

- 窒息効果と抑制効果によって油火災に適応するほか、ハロン1301は電気の不良導体なので電気火災にも適応する。普通火災には適応しない（●P.131、132）
- ハロン2402消火器やハロン1211消火器と異なり、地下街等にも設置することができる（●P.122）
- 使用温度範囲は−30℃～＋40℃

構　造

　加圧方式は蓄圧式のみであり（●P.135）、鋼板製またはステンレス製の本体容器内に圧縮液化されたハロン1301が充てんされています。このため、ハロン1301消火器も二酸化炭素消火器と同様、高圧ガス保安法の適用を受けます。

　ハロン1301消火器には、次のような特徴があります。
- 容器内が高圧になっているため、安全弁を取り付ける
- 消火剤自身の圧力で放射するので、圧縮ガスは充てんされていない。このため指示圧力計（●P.136）がない
- レバー式の開閉バルブが装着され、レバーを操作することによって、放射および放射の停止ができる
- 高圧ガス保安法に基づき、容器表面積の2分の1以上を「ねずみ色」に塗装する必要がある
- 充てん比＝0.9以上。本体容器の内容積は、充てんするハロン1301の質量1 kg（＝1000g）につき900㎤以上とされている

コレだけ！ 二酸化炭素消火器とハロン1301消火器のまとめ

	二酸化炭素消火器	ハロン1301消火器
高圧ガス保安法	どちらも高圧ガス保安法の適用を受ける	
安全弁・指示圧力計	どちらも安全弁を取り付け、指示圧力計は不要	
本体容器の塗装	緑色が2分の1以上	ねずみ色が2分の1以上
充てん比	1.5以上	0.9以上

確認テスト

Key Point			できたら チェック ☑
二酸化炭素 消火器	☐	1	二酸化炭素消火器の本体容器は、高圧ガス保安法に基づく耐圧試験に合格したものでなければならない。
	☐	2	二酸化炭素消火器では、指示圧力計で本体容器内の圧力を確認する。
	☐	3	冷却されたノズルを握った手が凍傷にならないように、ホーン握りが装着されている。
	☐	4	二酸化炭素消火器の消火方法は、冷却効果によるものである。
	☐	5	「充てん比」とは、本体容器の内容積（㎤）と充てんする消火薬剤の重量（g）との比をいう。
	☐	6	二酸化炭素消火器は、容器表面積の2分の1以上を「ねずみ色」に塗装する必要がある。
ハロン1301 消火器	☐	7	ハロン1301消火器は、窒息効果と抑制効果によって油火災に適応するほか、電気の不良導体なので電気火災にも適応するが、普通火災には適応しない。
	☐	8	黄銅製の本体容器内に、圧縮ガスとともにハロン1301が充てんされている。
	☐	9	ハロゲン化物消火剤のうち、ハロン1301は高圧ガス保安法の適用を受けない。
	☐	10	ハロン1301消火器には、安全弁を取り付ける必要がある。
	☐	11	充てん比は、ハロン1301消火器の場合、1.5以上とされている。

第4章 消火器の構造・機能・整備

解答・解説

1.○　2.× 消火剤自身の圧力で放射するため圧縮ガスが充てんされておらず、このため指示圧力計は取り付けられていない。3.○　4.× 二酸化炭素消火器の消火方法は窒息効果によるものである。5.○　6.×「ねずみ色」ではなく「緑色」である。　7.○　8.× ハロン1301消火器では、鋼板製またはステンレス製の本体容器内に圧縮液化されたハロン1301が充てんされている。　9.× ハロン1301は高圧ガス保安法の適用を受ける。　10.○　11.× 充てん比1.5以上は二酸化炭素消火器。ハロン1301消火器は0.9以上である。

ここが狙われる！

「二酸化炭素消火器」と「ハロン1301消火器」は、どちらも高圧ガス保安法の適用を受けるなど、共通した点が多い。共通点と異なる点をきちんと整理しておこう。また、他の消火器と同様、消火方法や適応火災もいっしょに出題されるので、復習を怠らないようにしよう。

Lesson 6 粉末消火器

粉末消火器は、ほぼ毎回出題される重要項目です。「消火薬剤や性能等」「蓄圧式の構造」「ガス加圧式の構造」に分けて、じっくり学習しましょう。ガス加圧式が特に重要です。「開閉バルブ式」と「開放式」の違いについて理解を深めましょう。

① 粉末消火器の薬剤と性能等

消火薬剤

　粉末系の消火薬剤は、下の表の4種類に分けれられます。いずれも180μm以下の微細な粉末で、防湿および流動性を高めるために、シリコン樹脂などで防湿処理をしています。また、薬剤を区別するため、主成分ごとに異なる着色をしています。

 用語

μm
（マイクロメートル）
1mmの1000分の1が、1μmである。
180μm＝0.18mm。

りん酸アンモニウムを主成分とするものはA火災・B火災・C火災すべてに適応することから、「粉末（ABC）」と表示されます。

消火薬剤	主成分	着色
粉末（ABC）	りん酸アンモニウム	淡紅色系
粉末（Na）	炭酸水素ナトリウム	白色
粉末（K）	炭酸水素カリウム	紫色系
粉末（KU）	炭酸水素カリウム＋尿素	ねずみ色

性　能

● いずれの薬剤も、抑制効果と窒息効果によって油火災に適応し、電気の不良導体なので電気火災にも適応する。さらに、りん酸アンモニウムを主成分とするもののみ、

普通火災にも適応する（◐P.131、132）

● 使用温度範囲は（窒素ガスを用いる蓄圧式・ガス加圧式の場合）、−30℃〜＋40℃

| 構　造 |

加圧方式は、蓄圧式またはガス加圧式です（◐P.135）。

② 蓄圧式粉末消火器の構造

　鋼板製またはステンレス鋼板製の本体容器内に、**窒素ガ
ス**とともに消火薬剤が充てんされています。**指示圧力計**が
取り付けられ、使用圧力範囲は0.7〜0.98MPaです。

　小型消火器には、レバー式の開閉バルブが装着されてお
り、レバーの操作によって**放射および放射の停止**ができま
す。

　ノズルの先端は、粉末を放射しやすいように先広がりの
ホーンになっています。

■蓄圧式粉末消火器（手さげ式）

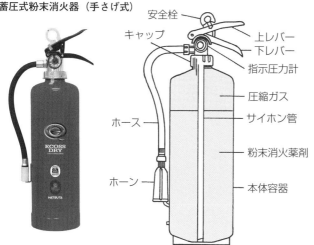

安全栓
キャップ
上レバー
下レバー
指示圧力計
圧縮ガス
ホース
サイホン管
ホーン
粉末消火薬剤
本体容器

　大型消火器の場合は、欄外のような**ハンドルレバー**（起
動レバー）が装着されています。これを倒してバルブを開
いてから、開閉式の**ノズルレバー**を操作することによって
放射および放射の停止を行います。

＋プラス**1**
二酸化炭素ガス加圧
式の使用温度範囲は
構造によって次の2
種類に分かれる。
● −20℃〜＋40℃
● −10℃〜＋40℃

第4章

消火器の構造・機能・整備

🔓**重要***!!!*
ハンドルレバー
（起動レバー）

起動
レバー
安全栓
指示
圧力計

ノズルレバー
（開閉式）

ノズル

③ ガス加圧式粉末消火器の構造

①小型消火器の構造

　鋼板製、ステンレス製またはアルミニウム製の本体容器内に消火薬剤が充てんされ、これとは別に、圧力源となる**加圧用ガス容器**が本体容器の内部（外部のものもある）に装着されています。加圧用ガスとしては、主に**二酸化炭素**が用いられますが、**窒素ガス**や、窒素ガスと二酸化炭素の混合ガスを用いているものもあります。

■ **ガス加圧式粉末消火器（手さげ式）**

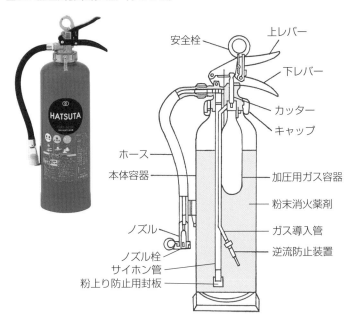

「開閉バルブ式」では、カッターにバルブが付いているので放射の停止ができます。

　消火器を使用する際は、レバーを操作して、カッターで加圧用ガス容器の封板を破ります。すると、加圧用ガスが**ガス導入管**を通って本体容器内に導入され、充てんされている消火薬剤を攪拌（かくはん）し、加圧します。加圧された消火薬剤は、**サイホン管**の先にある**粉上り防止用封板**を突き破り、サイホン管とホースを通ってノズルから放射されます。

 用語

攪拌（かくはん）
かき混ぜること。

158

特徴的な部品を確認しておきましょう。

ア ガス導入管

粉末系の消火薬剤は、長年設置しておくと固まってしまうことがあるため、ガス導入管によって加圧ガスを容器の下部まで導いて薬剤を撹拌するようにしています。先端には、ガス導入管に薬剤が逆流しないよう、**逆流防止装置**が設けられています。

イ 粉上り防止用封板

消火器の使用時以外に薬剤がサイホン管に流入したり、管内で固まったりすることを防ぐために設けられています。外部からの湿気を防ぐ役割も果たします。

ウ ノズル栓

外気がノズルを通って容器内に侵入することを防ぐために設けられています。

■ガス加圧式小型消火器の使用方法

開閉バルブ式	• レバー操作で放射および**停止ができる** • 放射を停止できるが、**再び使用できないことが多い** • 点検・整備の前に残留する加圧用ガスを排出できるよう、**排圧栓**が設けられている
開放式	• カッターで加圧用ガス容器の封板を破り、放射を開始する。**途中で停止できず**、全量放射する • ガス加圧式「**粉末（ABC）消火器**」で、充てん薬剤質料が**3kg以下**のものに、採用されている

②大型消火器の構造

鋼板製の本体容器内に消火薬剤が充てんされ、圧力源となる**加圧用ガス容器**は、本体容器の外部（小容量のものでは内部のものもある）に装着されています。加圧用ガスは小容量のものには**二酸化炭素**、大容量のものには**窒素ガス**が用いられています。加圧用ガスは、**ガス導入管**を通って本体容器内に導入されます。窒素ガスの場合は圧力が高いため**圧力調整器**によって減圧します。**ノズル**が開閉式で、ノズルレバーの操作で**放射および放射の停止**ができます。

プラス1
排圧栓

プラス1
「粉末（ABC）」薬剤を使用する消火器のことを「ABC消火器」という。現在最も普及している消火器である。

サイホン管はなく、消火薬剤はホースに直接入ります。

🔒**重要 !!!**

加圧用ガス容器から本体容器に加圧用ガスを導入する操作

- **二酸化炭素の場合**
  （右の図①）
  押し金具を押し、カッターで加圧用ガス容器の封板を破る
- **窒素ガスの場合**
  （右の図②）
  加圧用ガス容器のボンベバルブを開く

■ ①二酸化炭素加圧式大型粉末消火器（車載式）

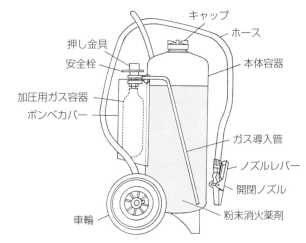

- キャップ
- ホース
- 本体容器
- 押し金具
- 安全栓
- 加圧用ガス容器
- ボンベカバー
- ガス導入管
- ノズルレバー
- 開閉ノズル
- 車輪
- 粉末消火薬剤

■ ②窒素ガス加圧式大型粉末消火器（車載式）

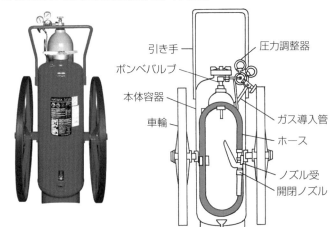

- 引き手
- ボンベバルブ
- 本体容器
- 車輪
- 圧力調整器
- ガス導入管
- ホース
- ノズル受
- 開閉ノズル

コレ だけ！ 粉末消火器のまとめ

蓄圧式		ガス加圧式		
小型消火器	大型消火器	小型消火器		大型消火器
開閉バルブ式	開閉バルブ式	開放式	開閉バルブ式	開閉バルブ式
レバー式 開閉バルブ	ハンドルレバー ＋ノズルレバー	常に全量放射	レバー式 開閉バルブ	ノズルレバー

確認テスト

Key Point			できたら チェック ☑
粉末消火器の 薬剤と性能等	☐	1	粉末系消火薬剤は、いずれも180μm以下の微細な粉末で、防湿処理が施されている。
	☐	2	炭酸水素カリウムを主成分とするものは、淡紅色に着色されている。
	☐	3	りん酸アンモニウムを主成分とするものは、A火災、B火災、C火災のすべてに適応することができる。
蓄圧式 粉末消火器の 構造	☐	4	蓄圧式では、消火薬剤と窒素ガスが本体容器内に充てんされている。
	☐	5	蓄圧式粉末消火器には、指示圧力計が取り付けられていない。
ガス加圧式 粉末消火器の 構造	☐	6	ガス加圧式の小型粉末消火器を使用するときは、レバーを操作して、カッターで加圧用ガス容器の封板を破る。
	☐	7	加圧用ガスは、サイホン管を通って本体容器内に導入される。
	☐	8	ガス導入管の先端には、粉上り防止用封板が設けられている。
	☐	9	「開放式」の場合、放射の停止はできず、常に全量放射する。
	☐	10	「開閉バルブ式」は放射の停止ができ、何回でも放射をくり返せる。
	☐	11	ガス加圧式の大型粉末消火器の場合は、ノズルが開放式になっており、ノズルレバーの操作で放射および放射の停止ができる。
	☐	12	ガス加圧式の大型粉末消火器では、加圧用ガスが二酸化炭素の場合、圧力調整器によって減圧する。

第4章　消火器の構造・機能・整備

解答・解説

1.○　2.× 淡紅色系はりん酸アンモニウムを主成分とするもの。　3.○　4.○　5.× 蓄圧式粉末消火器には指示圧力計が取り付けられている。　6.○　7.×「サイホン管」ではなく「ガス導入管」を通って本体容器内に導入される。　8.× ガス導入管の先端には「逆流防止装置」が設けられ、サイホン管の先端に「粉上り防止用封板」が設けられている。　9.○　10.× 放射の停止はできるが、再使用できないことが多く、何回でも放射をくり返せるというのは誤り。　11.○　12.× 圧力調整器を減圧に用いるのは、加圧用ガスが窒素ガスの場合である。

ここが狙われる！

粉末系消火薬剤については、4種類とも何色に着色されているかを覚えよう。消火器の構造については、蓄圧式とガス加圧式を分けたうえで、それぞれの小型消火器と大型消火器の構造、特に「開放式」と「開閉バルブ式」の違いや、特徴的な部品等について整理しておこう。

Lesson 7 外観点検（1）

ここからレッスン9にかけては、機器点検の具体的な方法について「消防用設備等の点検要領」に沿って解説していきます。レッスン7では「機器点検の概要」「一般的留意事項」のほか、外形点検項目の「設置状況」について学習します。

1コマ劇場

あれは、外観点検よ。消火器の設置状況を確認しているの。

あれは何をしているんですか？

1 外観点検の概要

①機器点検と「消防用設備等の点検要領」

「消防用設備等の点検」（法第17条の3の3）のうち、「機器点検」は6か月に1回以上行うものとされています（●P.91）。このうち、消火器を対象とする機器点検の方法は「消防用設備等の点検要領」（2010（平成22）年12月22日消防予第557号）の「第1 消火器具」に具体的に示されています。これによると、消火器の点検項目は、以下のように大きく5つに分けられます。

2）～5）についてはあとのレッスンで学習します。

 1）設置状況
 2）表示および標識 ┐
 3）消火器の外形 ┘ 外形点検項目 …（**外観点検**）
 4）消火器の内部および機能 …（**機能点検**）
 5）消火器の耐圧性能

1）～3）の外形点検項目については「**外観点検**」などといい、4）は「**機能点検**」などといいます。

②**外観点検の方法とその後の処置**

　外観点検は、設置している消火器の**全数を対象**として、目視または簡単な操作・測定等によって行います。

　点検後、必要があれば次のア～オの処置に移行します。

ア　**復元する**

　設置位置の誤っているものは設置し直し、ねじが緩んでいるものは締め直すなど

イ　**機能点検に移行する**

　欠陥その他機能上の支障を発見したものは、内部および機能の点検（**機能点検**）に移行する

ウ　**整備に移行する**

　部品交換や薬剤の詰替えなどを必要とするものは、**整備に移行する**

エ　**耐圧性能に関する点検に移行する**

　本体容器に腐食等が認められたものについて行う

オ　**廃棄するもの**

　使用に耐えない機能上の支障があるものは、**廃棄する**

> どのような場合に機能点検等に移行するかは、あとのレッスンで具体的に学習します。

2　一般的留意事項

　消火器に対する機器点検の**一般的留意事項**のうち、主なものは以下の通りです。

- **合成樹脂製の容器・部品の清掃にシンナー、ベンジン等の有機溶剤を使用しない**
- キャップやプラグ等を開ける際は、容器内の残圧に注意し、**残圧を排除した後に開ける**
- キャップの開閉には、所定のキャップスパナ（●P.177）を用いる（ハンマーで叩くようなことはしない）
- **ハロゲン化物**および**粉末消火薬剤**は、**水分が禁物**であることに十分注意して容器・部品の清掃や整備を行う
- 二酸化炭素消火器、ハロゲン化物消火器、加圧用ガス容器のガスの充てんは、**専門業者に依頼する**

プラス1
点検のために消火器を所定の設置位置から移動したままにする場合は、代わりの消火器（代替消火器）を設置する。

第4章 消火器の構造・機能・整備

③ 消火器の設置状況の点検

①設置場所について

　以下の点を、目視または簡易な測定によって確認します。

ア　通行または避難に支障がないこと

イ　使用に際し、容易に持ち出すことができること

ウ　床面からの高さが1.5m以下の箇所に設けられていること（●P.119）

エ　消火器に表示された**使用温度範囲内**である箇所に設置されていること（使用温度範囲外の箇所に設置しているものは、保温等適当な措置が講じられていること）

オ　本体容器または部品の腐食が著しく促進されるような場所（化学工場、メッキ工場、温泉地等）、著しく湿気の多い箇所（厨房等）、たえず潮風や雨雪にさらされている箇所等に設置されているものは、適当な**防護措置**が講じられていること

②**設置間隔について**

　防火対象物または設置を要する場所の各部分から、1つの消火器に至る歩行距離が20m以下（大型消火器の場合は30m以下）となるように配置してあることを、目視または簡易な測定によって確認します（●P.118）。

③**消火器の適応性について**

　対象物の区分別に適応した消火器が設置されているか、令別表第二（●P.124）によって確認します。

＋プラス1

転倒により消火薬剤が漏出するおそれのある消火器に限り、「耐震措置」の点検も必要とされる。
以下の点について、目視で確認する。
● 取付けが適正か
● 変形や損傷等がないか

コレだけ！　外観点検とは

（外形点検項目）
● 設置状況
● 表示および標識
● 消火器の外形
　　｝消火器の全数を対象として目視等で点検

➡
● 復元する
● 機能点検に移行する
● 整備に移行する
● 耐圧性能に関する点検に移行する
● 廃棄する

確認テスト

Key Point			できたら チェック ☑
外観点検の概要	☐	1	外観点検は、設置してある消火器のうちから無作為に抽出したものについて行えばよい。
	☐	2	外観点検の項目には、消火器の設置状況だけでなく、消火器の外形や表示・標識まで含まれている。
	☐	3	外観点検の結果、欠陥その他機能上の支障を発見したものは、廃棄しなければならない。
	☐	4	外観点検の結果、部品交換や薬剤の詰替えなどを必要とするものは、整備に移行する。
一般的留意事項	☐	5	キャップ等は、残圧を少しずつ排出しながら開けるようにする。
	☐	6	ハロゲン化物または粉末消火薬剤の容器等を清掃したり整備したりする際は、水分が禁物であることに十分注意する。
	☐	7	二酸化炭素消火器のガスの充てんは、消防設備士自身が行う。
消火器の設置状況の点検	☐	8	消火器の設置状況の点検では、設置場所、設置間隔、消火器の適応性などについて確認する。
	☐	9	本体容器の腐食が著しく促進される場所に設置されているものについては、適当な防護措置が講じられているかどうか確認する。
	☐	10	手さげ式の粉末消火器が、床面からの高さ1.7mの箇所に設けられていたので、設置し直した。
	☐	11	手さげ式の二酸化炭素消火器が、地下街において防火対象物の各部分から歩行距離20m以内に設置されていたので、そのままにした。

解答・解説

1.× 外観点検は、設置している消火器の全数を対象として行う必要がある。 2.○ 3.× この場合は、廃棄するのではなく、内部および機能の点検（機能点検）に移行する。 4.○ 5.× 残圧を排出しながら開けるのではなく、残圧を排除した後に開ける。 6.○ 7.× 二酸化炭素消火器、ハロゲン化物消火器、加圧用ガス容器のガスの充てんは、専門業者に依頼する。 8.○ 9.○ 10.○ 床面からの高さ1.5m以下の箇所に設けなければならないので、設問の場合は設置し直す。 11.× 二酸化炭素やハロゲン化物（ハロン1301を除く）を放射する消火器は、地下街には設置できないので（▶P.122）、適切な種類の消火器に設置し直す必要がある。

ここが狙われる！

「外観点検」にはすでに学習した内容が多く含まれているため、復習をする絶好のチャンスといえる。試験で出題される問題にも「第3章 消防関係法令（第6類）」などの内容が含まれていることが多いので、該当ページを必ず参照し、この章のレッスンとともに理解を深めよう。

第4章 消火器の構造・機能・整備

Lesson 8 外観点検（2）

外観点検のうち「表示および標識の点検」と「消火器の外形の点検」について学習します。点検の結果、どのような場合に廃棄になるのか、また機能点検に移行するのかに注意しましょう。本体容器、指示圧力計が特に重要です。

1コマ劇場

「あばたもえくぼ」ってことには、ならないですね。

あばた状に腐食が進んでいるものは、必ず廃棄します。

1 表示および標識の点検

「表示」とは、消火器の本体容器に貼られているラベル（銘板）のことで、消火器の種類や能力単位など、所定の内容が記されています。また、「標識」（◯P.119）は消火器具を設置した箇所の見やすい位置に設けられるものです。

外観点検では、この表示および標識に関して、以下の点について、目視によって確認することとされています。

ア　損傷、汚損、脱落、不鮮明等がないこと

イ　表示については、所定の内容を記した銘板が貼られていること

ウ　標識については、消火器具設置場所の見やすい位置に、消火器具の種類に従い、「消火器」「消火バケツ」「消火水槽」「消火砂」「消火ひる石」と表示されていること

エ　型式失効に伴う特例期間を過ぎたものでないこと

オ　銘板のないもの、または型式失効に伴う特例期間を過ぎたものは、廃棄すること

🔒重要！！！
「表示」の記載事項
（◯P.213）

型式失効に伴う
特例期間
規格省令が改正されると、改正前基準の消火器は型式承認が失効（◯P.96）となる。しかしすでに設置されている消火器については、特例として一定期間効力を有するものとされる場合があり、この期間を「型式失効に伴う特例期間」という。

② 消火器の外形の点検

①本体容器

消火薬剤の漏れ、変形、損傷、著しい腐食等がないことについて、目視により確認します。次の点が重要です。

ア　腐食のあるものは、耐圧性能に関する点検を行う

イ　以下の場合は、廃棄する

- 著しく腐食しているもの。例）「あばた状の孔食」
- 錆がはく離するようなもの
- 溶接部が損傷しているものまたは著しい変形のあるもので、機能上支障のおそれがあるもの

②安全栓および安全栓の封

■安全栓・安全栓の封

安全栓
安全栓の封
使用済みの表示装置
レバー支え

「安全栓」は消火器が誤って作動しないようにするための部品であり、これが外れているとその消火器は使用された可能性があるため、以下の点を目視により確認します。

- 安全栓が外れていないか
- 操作に支障のある変形や損傷等がないか

「安全栓の封」も、次の点を目視により確認します。

- 損傷や脱落等がないか確認します。

安全栓が外れている場合は、機能点検を行います。

ただし、「使用済みの表示装置」（●P.204）が設けられている場合には、安全栓が外れていても使用済みの表示装置が脱落していなければ、機能点検は不要です。逆に、使用済みの表示装置が脱落しているときは、安全栓が外れていなくても、機能点検を行う必要があるので注意しましょう。

🔒**重要** !!!

耐圧性能に関する点検（●P.188）

📖 **用語**

あばた状の孔食
金属表面に小さな穴ができ、その局部に腐食が進行することを「孔食」といい、これが「あばた状」になっているもの。このような消火器は速やかに廃棄しなければならない。

「安全栓の封」が脱落しているときは、安全栓を外して消火器を使用したことが疑われます（使用した後、安全栓だけをもとに戻した可能性がある）。

③キャップ

次の点を目視および手で締め付けること等で確認します。

- 強度上支障のある変形や損傷、腐食がないか
- 容器に緊結されているか

＋プラス1

キャップが、変形、損傷または腐食している場合は機能点検を行う。キャップの緩みだけの場合は、粉末消火器以外については締め直すだけでよい。

■ 損傷したキャップ

キャップが緩んでいるものは締め直しを行います。ただし、粉末消火器の場合は、緩み等のあるものは消火薬剤が外気（湿気）に触れて変質しているおそれがあるため、機能点検によって消火薬剤の性状を点検する必要があります。

④ホース

次の点を目視および手で締め付けること等で確認します。

- 変形、損傷、老化等がないか
- 内部に詰まりがないか
- 容器に緊結されているか

■ 脱落したホース

ホース取付けねじの緩みは締め直しを行いますが、消火薬剤の漏れまたは固化による詰まりのあるものは、機能点検により消火薬剤量を点検します。また、ガス加圧式かつ開放式の粉末消火器の場合は、詰まりや著しい損傷、取付けねじの緩み等のあるものは、消火薬剤の質量および性状のほか、加圧用ガス容器の封板とガス質量も点検する必要があります。

⑤ノズル、ホーンおよびノズル栓

＋プラス1

ホースやノズル等に著しい変形、損傷、老化等がある場合は交換する。

次の点を目視および手で締め付けること等で確認します。

- 変形、損傷、老化等がないか
- 内部に詰まりがないか
- ホースに緊結されているか
- ノズル栓が外れていないか
- 二酸化炭素消火器ではホーン握りが脱落していないか

　異物による詰まりは清掃し、ねじの緩みは締め直すとともに、ノズル栓の外れているものは取り付け直します。ただし、消火薬剤の漏れや固化による詰まりのあるものは、機能点検により消火薬剤量を点検する必要があります。

⑥指示圧力計

　次の点を目視により確認します。

- 変形、損傷等がないか
- 指示圧力値が緑色の範囲内にあるか

■蓄圧式消火器の指示圧力計

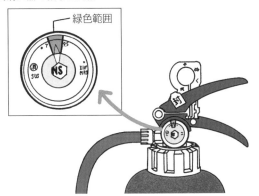

緑色範囲

　未使用の消火器は、指示圧力値が緑色の範囲内にあれば正常ですが、**緑色の範囲外**にあるものは、何らかの異常があると考えられるため、次のような**機能点検が必要**です。

ア　指針が緑色範囲の下限より下がっている場合

　　まず、**消火薬剤の質量**を点検します。

- 適量の場合…漏れによる圧力低下が考えられるため、気密試験（●P.186）を行い、漏れの点検をする
- 不足の場合…消火薬剤を詰め替える

イ　指針が緑色範囲の上限より上がっている場合

　　指示圧力計の作動を点検し、精度を確認します。異常がなければ、圧力調整を行います。

　なお、指示圧力計の内部に消火薬剤が漏れていたときには、新しい指示圧力計と取り替えます。

ガス加圧式かつ開放式の粉末消火器のみ機能点検が必要となる場合について（●P.170「コレだけ！」）

🔒**重要**!!!
指示圧力計の取付けが必要な消火器（●P.135、136）

第4章
消火器の構造・機能・整備

➕**プラス1**
指示圧力計を有しない二酸化炭素消火器およびハロン1301消火器については、質量を測定することによって漏れのないことを確認する。

⑦**安全弁**

　化学泡消火器、二酸化炭素消火器、ハロン1301消火器には**安全弁**が取り付けられています。これに変形や損傷等がないか、緊結されているかどうかについて、目視および手で締め付けを行うこと等により確認します。

　次の場合、それぞれ必要な処置をとります。

ア　ねじが緩んでいる場合

- 化学泡消火器は、ねじの緩みを締め直す
- 二酸化炭素消火器、ハロン1301消火器については、消火薬剤の質量を点検する

イ　噴き出し口の封が損傷・脱落している場合

- 化学泡消火器で、消火薬剤が反応してしまっているものは、消火薬剤を詰め替える
- それ以外のものは、消火薬剤の質量を点検する

 外観点検の結果、機能点検が必要となる場合

- 使用済みの表示装置が設けられておらず、**安全栓が外れている**とき、または「安全栓の封」が脱落しているとき
- （安全栓が外れていなくても）**使用済みの表示装置が脱落している**とき
- キャップが、変形、損傷または腐食しているとき
  ＊**粉末消火器**は、**キャップが緩んでいる**ときを含む
- ホースやノズル等に、消火薬剤の漏れまたは固化による詰まりがあるとき
  ＊**ガス加圧式かつ開放式の粉末消火器**は、
  　ホースに詰まりや著しい損傷、取付けねじの緩み等があるときを含む
- **指示圧力計**の指示圧力値が、**緑色の範囲外**にあるとき
- 安全弁のねじが緩んでいるとき（**化学泡消火器は除く**）
- 安全弁の噴き出し口の封が損傷・脱落しているとき

確認テスト

Key Point			できたら チェック ☑
表示および標識の点検	☐	1	「標識」とは消火器の本体容器に貼られているラベルのことをいう。
	☐	2	「表示」については、所定の内容を記した銘板が貼られていることを、目視により確認する。
	☐	3	「標識」は、床面からの高さが1.5m以下の箇所に設ける必要がある。
消火器の外形の点検	☐	4	本体容器に著しい腐食のあるものや錆がはく離するようなものなどは、廃棄しなければならない。
	☐	5	安全栓が外れていれば、使用済みの表示装置が脱落していなくても、機能点検を行う必要がある。
	☐	6	キャップが緩んでいる場合は、消火器の種類にかかわらず、締め直しを行うだけでよい。
	☐	7	ガス加圧式で開放式の粉末消火器の場合は、ホース取付けねじの緩みがあるときも、機能点検を行う必要がある。
	☐	8	ノズルに消火薬剤の漏れや固化によるつまりのあるものは、機能点検により、消火薬剤量を点検する必要がある。
	☐	9	指示圧力計の指針が、緑色範囲の下限より下がっている場合は、常に気密試験を行わなければならない。
	☐	10	指示圧力計の指針が、緑色範囲の上限より上がっている場合は、指示圧力計の精度を確認し、異常がなければ圧力調整を行う。
	☐	11	化学泡消火器の安全弁のねじが緩んでいる場合は、消火薬剤の質量を点検する必要がある。

解答・解説

1.× これは「標識」ではなく「表示」（銘板）の説明である。 2.○ 3.×「消火器具」は床面から高さ1.5m以下に設ける必要があるが、「標識」は消火器具設置場所の見やすい位置に設置すればよい。 4.○ 5.× 安全栓が外れていても、使用済みの表示装置が脱落していなければ機能点検は不要である。6.× 粉末消火器だけは、機能点検によって消火薬剤の性状を点検する必要がある。 7.○ 8.○ 9.× 消火薬剤の質量を点検し、単に消火薬剤が不足している場合には詰め替えを行えばよい。適量であれば、気密試験により漏れを確認する必要がある。 10.○ 11.× 二酸化炭素消火器とハロン1301消火器については消火薬剤の質量を点検する必要があるが、化学泡消火器は、ねじの緩みを締め直すだけでよい。

ここが狙われる！

消火器の外形の点検の結果、どのような場合に**機能点検**が必要となるのかを整理しておこう。特に、**消火器の種類によって異なる処置をするもの**は要注意である。なぜその消火器だけ他と異なる処置が必要か、該当箇所を読み返し理由を確かめることで暗記に頼らない実力がつく。

Lesson 9 機能点検の概要

ここでは、一定年数を経過した消火器（二酸化炭素消火器およびハロゲン化物消火器を除く）を対象として実施する機能点検について学習します。消火器の種類ごとの経過年数、点検試料の選び方（全数か抜取り方式か）が重要です。

🎥 1コマ劇場

消火器の機能点検の「抜取り」って、どういうことですか？

対象となる消火器のうち、一部だけを抜き取って点検するということです。何年かかけてすべての消火器を点検します。

---

① 機能点検を行う消火器

外観点検の結果、欠陥その他機能上の支障が発見された消火器について機能点検（内部および機能の点検）を行うことを学習しました。このほかに、製造年または設置後から一定年数を経過した消火器（二酸化炭素消火器およびハロゲン化物消火器を除く）についても、機能点検を行うこととされています。

■機能点検を行う消火器の種類

消火器の種類	機能点検を行う時期	試料の扱い
蓄圧式消火器	製造年から5年経過	抜取り
ガス加圧式消火器	製造年から3年経過	全数＊
化学泡消火器（反応式）	設置後1年経過	全数

＊粉末消火器のみ「抜取り」

「製造年から5年経過」とは、たとえば令和5年に製造されたものであれば、5年経過した次の年の令和11年に機能点検を実施します。

ゴロ合わせ

【機能点検の時期】
ちくわ（蓄圧）は これる（5年）、
カツ（加圧）は サンド（3年）、
あわび（泡）は 置くよ（設置後）
一面（1年）に

化学泡消火器だけ「設置後」とされていることに注意しましょう。

172

❷　機能点検の試料

①「全数」と「抜取り」

　外観点検の結果、欠陥その他機能上の支障が発見された消火器については、その全数について機能点検を行います。

　これに対し、製造年または設置後から一定年数を経過した消火器（二酸化炭素消火器およびハロゲン化物消火器を除く）の機能点検は、「**抜取り方式**」でよいものと**全数**に分かれます（◉P.172の表）。

　粉末消火器だけは、蓄圧式でも加圧式（ガス加圧式）でも「抜取り方式」となります。

②「抜取り方式」とは

　まず消火器をグループ（ロット）に分けます。次に、各ロットから試料を抜き取ります。

ア　消火剤の種類別、大型・小型の別、蓄圧式・加圧式の別に同一のものを1ロットとする

　→5年間でロット全数の点検が終了するよう、おおむね均等に、かつ製造年の古いものから抜き取っていきます。

　機器点検（機能点検を含む）は6か月に1回以上行うものなので、5年で10回です。5年間で全数の点検を終了するには、1回の点検につき、そのロットの10％の消火器を古い順に試料として抜き取ればよいことになります。

イ　製造年から10年を超える蓄圧式消火器と、製造年から8年を超える加圧式の粉末消火器は、別ロットとする

　→2.5年間でロット全数の点検を終了するように1回の点検で20％を古い順に抜き取ることになります。

🔒 重要 !!!

二酸化炭素消火器とハロゲン化物消火器「高圧ガス保安法」による規制等を受け（◉P.150、154）、乙種6類消防設備士であっても、消火器の分解や消火薬剤の充てんを行うことができない（専門業者に依頼する）。

🔴 ゴロ合わせ

【抜取りの対象となる試料】抜取りカツ（加圧）の粉（粉末）は

📖 用語

試料
ここでは、機能点検の対象となる消火器のこと。

プラス1

機能点検項目のうち「放射能力」の点検については、試料数が次のように定められている。

- 機能点検を全数を対象に行う場合
→全数の10%以上
- 抜取り方式で行う場合
→抜取り数の50%以上

なお、車載式消火器は放射能力の点検を行わない。

プラス1

右のアの「内面の塗膜のはくり」が明らかに外部からの衝撃によるものと判断される場合は、はくりのあった試料のみ確認すればよく、全数の確認は必要ない。

蓄圧式消火器
製造年から5年経過

加圧式粉末消火器の場合は「5年目」末の時点を、製造年から3年経過した時点として表を見る。

「不要＊」
外観点検により欠陥その他機能上の支障が発見された消火器については必要。

経過年数	外観点検	機能点検
…	全数	不要＊
5年目	全数	
	全数	
6年目	全数	10%
	全数	10%
7年目	全数	10%
	全数	10%
8年目	全数	10%
	全数	10%
9年目	全数	10%
	全数	10%
10年目	全数	10%
	全数	10%（全数終了）
11年目	全数	20%
	全数	20%
12年目	全数	20%
	全数	20%
13年目	全数	20%（全数終了）
	全数	20%
14年目	全数	20%
	全数	20%　以下同じ

③ 抜取り方式の場合の判定

　抜き取った試料に欠陥がなかった場合は、そのロットの全体を「良」とします。一方、欠陥があった場合は、欠陥の種類に応じて、次のような処置をとります。

ア　消火薬剤の固化や容器内面の塗膜のはくり等の欠陥

　欠陥試料と同一メーカー、同一質量、同一製造年のもの全数について欠陥項目の確認を行う

イ　ア以外の欠陥

　欠陥のあった試料について整備するよう指示する

コレだけ！

機能点検のまとめ

蓄圧式消火器	製造年から5年経過	抜取り
ガス加圧式消火器	製造年から3年経過	全数＊
化学泡消火器	設置後1年経過	全数

＊粉末消火器は加圧式でも「抜取り」

174

確認テスト

Key Point			できたら チェック ☑
機能点検を行う消火器	☐	1	機能点検は、外観点検によって欠陥が発見された消火器のみを対象として行うものである。
	☐	2	二酸化炭素消火器およびハロゲン化物消火器を除く蓄圧式の消火器は、製造年から5年を経過したものについて機能点検を実施する。
	☐	3	ガス加圧式消火器は、製造年から3年経過したものについて機能点検を実施する。
	☐	4	化学泡消火器は、製造年から1年を経過したものについて機能点検を実施する。
機能点検の試料	☐	5	製造年から5年を経過したことにより機能点検を行う蓄圧式消火器については、抜取り方式で点検を行うことができる。
	☐	6	粉末消火器の場合、蓄圧式のものは抜取り方式であるが、ガス加圧式のものは全数を対象として機能点検を行う。
	☐	7	化学泡消火器について機能点検を行う場合は、全数を対象とする。
	☐	8	抜取り方式の場合、メーカーが同一のものを1ロットとする。
	☐	9	抜取り方式の場合、製造年から10年を超える蓄圧式消火器については、2.5年間でロット全数の点検を終了するように抜き取る。
抜取り方式の場合の判定	☐	10	抜き取った試料に欠陥がなかった場合は、そのロットの全体が「良」と判断される。
	☐	11	抜き取った試料に、消火薬剤の固化または容器内面の塗膜のはくり等の欠陥があったときは、欠陥のあった試料のみを整備する。

第4章 消火器の構造・機能・整備

解答・解説

1.× 外観点検で欠陥が発見された消火器だけでなく、製造年（または設置後）から一定年数を経過した消火器についても行う。 2.○ 3.○ 4.× 製造年から1年ではなく、設置後1年を経過したものについて実施する。 5.○ 6.× 一定年数の経過により機能点検を行う粉末消火器は、蓄圧式でもガス加圧式でも「抜取り方式」でよいとされている。 7.○ 8.× 消火剤の種類別、大型・小型の別、蓄圧式・加圧式の別に同一のものを1ロットとする。 9.○ 10.○ 11.× この場合は原則として、欠陥試料と同一のメーカー、同一質量、同一製造年のもの全数について欠陥項目の確認を行う必要がある。

ここが狙われる！

ここでも各消火器の**加圧方式の区別**が基礎となるので、レッスン2（❍P.135〜）の復習が大切。まず、消火器の種類ごとに**機能点検を行う時期**を確実に覚える。次に、点検試料が**全数**なのか**抜取り方式**なのか、消火器の種類ごとに区別できるようにしよう。

消火器の分解の手順

内部点検や薬剤等の充てんに必要となる消火器の分解について、加圧方式別に手順を学習しましょう。ポイントは、消火器の構造や消火薬剤の特徴との関係です。なお、ここでとりあげる消火器以外の分解は、ほとんど出題されません。

1コマ劇場

すべての消火器は、同じように分解できるんですか？

いいえ。加圧方式や消火薬剤によって、分解の手順が異なります。

① 蓄圧式消火器の分解

　蓄圧式消火器（二酸化炭素消火器およびハロゲン化物消火器を除く）の分解の手順は、以下の通りです。

①総質量を秤量する

　「秤量」とは、はかりで重さを量ることです。これにより、消火薬剤量を確認します。

②指示圧力計の指度を確認する

③容器内圧を完全に排出する

+
プラス1

「放射能力」の点検を行う試料は、②の確認のあとで放射を行う。

■図1

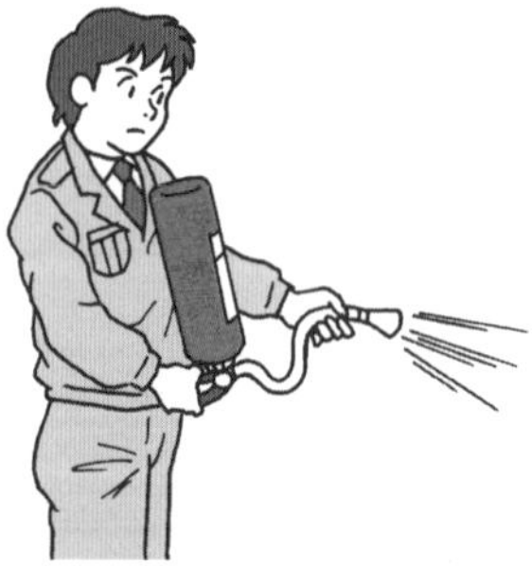

■図2

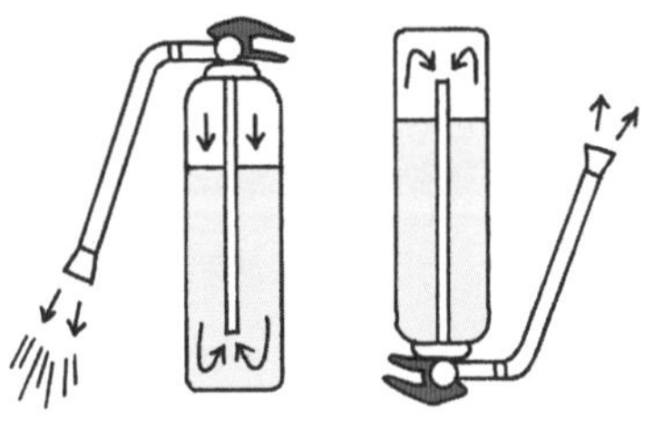

(a) ×　　　　(b) ○

　排圧栓のあるものはこれを開いて、容器内の**圧縮ガス**を徐々に抜きます。排圧栓のないものは、前ページの図1のように**容器をさかさ**にしてレバーを徐々に握り、容器内の圧縮ガスを抜きます。容器をさかさにするのは、図2の (a) のように立てた状態でレバーを握ると、消火剤が放出されてしまうからです。なお、内圧を排出しようとして、いきなりキャップを緩めてはいけません。

④**キャップ、バルブ部分を本体容器から外す**

　本体容器をクランプ台に固定し、キャップスパナを用いてキャップの締め付けを緩めます（図3）。キャップが外

■**クランプ台**

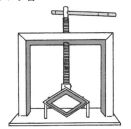

■**図3**

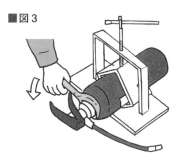

■**図4**

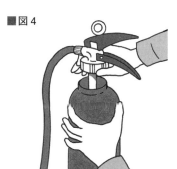

れたところでバルブ部分とサイホン管とが一体となった部分を本体容器から抜き取ります（図4）。

⑤**消火薬剤を移す**

　本体容器内に残っている消火薬剤を、別の容器に移します。

●**水系の消火薬剤**
　ポリバケツ等に静かに移す

●**粉末系の消火薬剤**
　ポリ袋に移し、輪ゴムなどで封をして湿気が入らないようにする

⑥**本体容器内等の清掃**

　本体容器内、ノズル、ホース、サイホン管、バルブ等を清掃します。

●**水系消火器の場合**
　水で洗浄する

●**粉末系消火器の場合**

プラス1
圧縮ガスを抜きながら指示圧力計の指針が「0」に戻ることを確認する。

◆**用語**

クランプ台
キャップの開閉などの作業をする際に、消火器の本体容器を固定する器具。左の図は横型であるが、容器を立てた状態で固定する縦型のものもある（▶P.178）。

キャップスパナ
消火器のキャップを開閉するためのスパナ。

粉末系消火薬剤は水分が禁物です。

第4章　消火器の構造・機能・整備

清掃のあと、各部品についての点検を実施します。

除湿された圧縮空気または窒素ガスを用いて、付着した薬剤を吹き払うように清掃する（エアーブロー）

② ガス加圧式粉末消火器の分解

ここでは、ガス加圧式の粉末小型消火器について、分解の手順を学習します。まず、消火器がすでに使用されたことが明確でない限り、外観からは加圧用ガス容器の封板が破られているかどうか判断できないため、レバーが作動してガスが噴き出さないよう、**安全栓**が確実に装着されていることを確認してから、①の手順に進みます。

①総質量を秤量する

総質量を秤量して消火薬剤の質量を確認します。

②容器内圧を完全に排出する

消火器をクランプ台に固定し、**排圧栓**のあるものはこれを開き、残圧があれば排出します。

🔒 **重要** _!!!_

消火薬剤量の確認
たとえば、総質量が5.16kg、消火薬剤量が3kgと表示されている消火器を秤量して、総質量が5.18kgであったとすると、実際に充てんされていた消火薬剤量は、3.02kgであることがわかる。

📕 **用語**

減圧孔
キャップの側面に開けられた小さな穴。キャップを外す途中で内圧を少しずつ完全に排出するために設けられている（▶P.200）。

プライヤ

排圧栓がない場合にはキャップを緩めます（図5）。緩める際に減圧孔から残圧が噴き出した場合はそのままの状態にして、噴出が止まってからキャップを再び緩めます。

③レバー等を本体容器から取り出す

レバー、キャップ、加圧用ガス容器、サイホン管等が一体となった部分を本体容器から取り出します（図6）。さらに加圧用ガス容器をプライヤ等で取り外します（図7）。

■図5

■図6

■図7

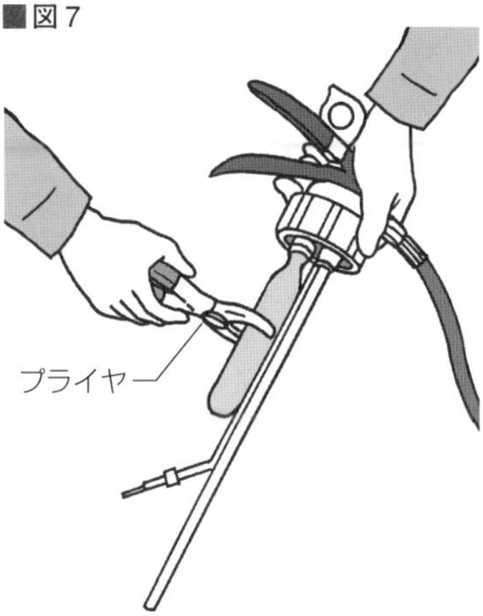

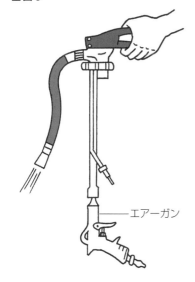

プライヤ

■図8

エアーガン

④消火薬剤を移す

　本体容器内に残っている粉末消火薬剤をポリ袋に移し、輪ゴムなどで封をして湿気が入らないようにします。

⑤本体容器内等の清掃

　本体容器内、ノズル、ホース、サイホン管、バルブ等を、**除湿された圧縮空気または窒素ガス**を用いて、付着した薬剤を吹き払うように清掃します（エアーブロー）。

⑥通気試験

　サイホン管とガス導入管の変形や損傷の有無を確認し、詰まり等がないことを**通気試験**で確認します。図8は、サイホン管の通気試験の様子です。開閉バルブ式では、レバーを握ってバルブが開いた状態で圧縮空気を送り、通気が良好であるかどうか確認します。

プラス1

ガス加圧式消火器に指示圧力計はない。「放射能力」の点検を行う試料は、①の秤量のあとに放射を行う。

加圧用ガス容器を取り外した後で、安全栓を外します。

用語

エアーガン
粉末消火器の本体容器内、ホース、ノズル、サイホン管などを除湿した圧縮空気や窒素ガスなどで清掃するための器具。

開閉バルブ式のレバー操作が円滑かつ確実に行えるかどうかも確認します。

第4章

消火器の構造・機能・整備

③　化学泡消火器の分解

　分解する前に、本体容器内に残圧が閉塞されていないか留意します。転倒式（●P.145）は、消火薬剤が密閉されていないので、消火器を30度以上傾けないようにします。

①キャップを外す

消火器をクランプ台に固定し、**木製の「てこ棒」**をキャップのハンドルに入れて、**左回り（反時計回り）**に回し、キャップを緩めます（図9）。

キャップは合成樹脂製なので、金属の硬い棒は使えません。

②内筒を取り出す

図10のように内筒を取り出します。

③消火薬剤を移す

内筒と外筒の消火薬剤の量をそれぞれ液面表示で確認してから、これらが反応し合わないよう、別々の容器に移します。

④本体容器内等の清掃

本体容器（外筒）内、ノズル、ホース、ろ過網、内筒等を十分に水洗いします。

■図9

■図10

＋ プラス1

キャップを緩めているうちに減圧孔から泡が噴き出した場合は、作業を中断し、噴出が止まってから静かに開ける。

コレだけ！

加圧方式別の分解のポイント

蓄圧式	ガス加圧式（粉末）	反応式（化学泡）
● 排圧栓がない場合は、**容器をさかさにして**、レバーを握って排圧 ● 水系薬剤：**ポリバケツ** 　粉末系薬剤：**ポリ袋** ● 水系消火器は**水洗い**、粉末系は**エアーブロー**	● **安全栓**は装着のまま ● 排圧栓がない場合は、キャップを緩める ● 消火薬剤は、**ポリ袋**に入れて湿気を防ぐ ● 清掃は**エアーブロー**で行う	● **転倒式**のものは30度以上傾けない ● **木製の棒**でキャップを緩める ● 内筒と外筒の薬剤を、別々の容器に移す ● 清掃は**水洗い**

 **確認テスト**

Key Point			できたら チェック ☑
蓄圧式消火器の分解	□	1	排圧栓のないものは、容器をさかさにしてレバーを握り、徐々に容器内の圧縮ガスを抜く。
	□	2	本体容器内に残っている消火薬剤は、水系の薬剤も粉末系の薬剤も、必ずポリバケツに移すようにする。
	□	3	水系消火器の場合は本体容器内等を水で洗浄するが、粉末系消火器の場合はエアーブローによって清掃する。
ガス加圧式粉末消火器の分解	□	4	消火器の分解に先立ち、まず安全栓を外す。
	□	5	排圧栓のあるものはこれを開き、残圧があれば排出する。
	□	6	排圧栓のないものは、蓄圧式消火器の場合と同様、容器をさかさにしてレバーを握り、徐々に容器内の圧縮ガスを抜くようにする。
	□	7	本体容器内に残っている消火薬剤は、ポリ袋に移し、輪ゴムなどで封をしておく。
	□	8	通気試験においては、開閉バルブ式の場合、レバーを握らないようにして圧縮空気を送り、通気を確認する。
化学泡消火器の分解	□	9	転倒式のものは、消火薬剤が密閉されていないので、消火器を30度以上傾けないよう注意する。
	□	10	消火器をクランプ台に固定し、金属の棒をキャップのハンドルに入れて左回りに回し、キャップを緩める。
	□	11	内筒および外筒の消火薬剤は、その量をそれぞれ液面表示で確認してから、別々の容器に移す。

第4章　消火器の構造・機能・整備

解答・解説

1.○　2.× 水系の薬剤はポリバケツに移すが、粉末系の薬剤はポリ袋に入れて湿気を防ぐようにする。
3.○　4.× レバーが作動してガスが噴出しないよう、安全栓が確実に装着されていることを確認してから分解作業に入る。 5.○　6.× ガス加圧式消火器で排圧栓のないものは、容器をさかさにせず、キャップを緩めて残圧を排出する。 7.○　8.× 開閉バルブ式の場合、レバーを握ってバルブが開いた状態でなければ通気しない。 9.○　10.× キャップは合成樹脂製なので、硬い金属の棒ではなく、木製の棒を使う。
11.○

ここが狙われる！

消火器の分解の手順は、**加圧方式ごとに異なる**が、**蓄圧式、ガス加圧式、反応式**の各消火器の特徴が理解できていれば、自ずと納得がいくものである。個々の手順ごとに、なぜそのような手順が必要なのか、それぞれの該当レッスンに戻って復習することが理解への近道となる。

11 消火薬剤および蓄圧ガスの充てん

ここでは、蓄圧式消火器、ガス加圧式の粉末小型消火器、化学泡消火器ごとの消火薬剤の充てんと、蓄圧式消火器における蓄圧ガス（圧縮ガス）の充てんの手順を学習します。現場で作業しているつもりで確実な理解に努めましょう。

1コマ劇場

① 消火薬剤の充てん

①蓄圧式消火器の場合

蓄圧式消火器（二酸化炭素消火器、ハロゲン化物消火器を除く）の消火薬剤の充てんの手順は、以下の通りです。

1) メーカーが指定する消火薬剤を使用する

2) 本体容器内に異物や水滴等がないか確認して、口金に薬剤注入用の漏斗を挿入する（図1）

3) 充てん量を確認して、消火薬剤を静かに注入する

4) 口金やねじ等に付着した粉末薬剤は刷毛等で除去する。水系薬剤は水で洗い流す

5) サイホン管が結合されているバルブ本体を口金に挿入して、指示圧力計が正面を向くよう保持しながら、キャップを十分に締める

レッスン10で学習した手順に従い、消火器はすでに分解されているものとします。

＋プラス1

キャップ、プラグ等のパッキンは、新しいものと取り替える。

■図1

漏斗
口金

6) 蓄圧ガス（圧縮ガス）の充てんを行う（●P.184）

②ガス加圧式の粉末小型消火器の場合

　粉末系消火薬剤の場合は、薬剤を充てん後すぐにサイホン管等を挿入します。薬剤が沈降して締まってくるとサイホン管等の挿入がしにくくなります。分解されていたレバー、キャップ、ガス導入管、サイホン管、加圧用ガス容器等をあらかじめもとの状態にしてから下の 1) の手順に進みます。加圧用ガス容器は、**安全栓を装着してから**取り付けます。

1) **メーカーが指定する**消火薬剤を使用する
2) 本体容器内に異物や水滴等がないか確認して、口金に薬剤注入用の漏斗を挿入する
3) 充てん質量を確認して、消火薬剤を静かに注入する
4) 口金やねじ等に付着した消火薬剤を刷毛等で除去する
5) 充てんされた消火薬剤がふわふわと**流動している間に**すばやくサイホン管等を差し込み（図2）、キャップを締める。このとき、ホースの向きが本体容器のホース固定位置と同じ向きになるようにする（図3）

■図2

■図3

ホースの向き

ホース
固定位置

③化学泡消火器の場合

　化学泡消火器の場合、消火薬剤はA剤（外筒用）とB剤（内筒用）の2種類あり、どちらも水に溶かして水溶液にしてから充てんします（●P.144）。次の点が重要です。

● 薬剤を水に溶かす作業は、**別の容器（ポリバケツ等）**で行い、外筒や内筒の中では行わない

🔓重要 !!!

もとの状態

● 粉上り防止用封板や逆流防止装置、ノズル栓を取り付ける

● 安全栓の装着後、加圧用ガス容器を取り付ける

＋プラス1

消火薬剤が締まるとサイホン管等の位置を変えにくくなる。斜めに入れたままでキャップを締めるとパッキンが密着しないため、ガスや粉末が噴出してしまう。

🔓重要 !!!

水に溶かす作業は、別の容器で行う
たとえば外筒の中で棒を用いて撹拌すると、内面の防錆塗膜が傷つけられて腐食の原因となる。

第4章

消火器の構造・機能・整備

●消火薬剤に水を加えるのではなく、一定量計った水の中に消火薬剤を徐々に入れ、撹拌しながら溶かす

ア　A剤（外筒用）

1）まず本体容器（外筒）の液面表示の8割程度まで水を入れ、これをポリバケツ等に移し（図4）、その水の中にA剤を加えて水溶液を作る

■図4

2）外筒に漏斗を挿入し、1）の水溶液を静かに注入する。液面表示に達するまで水を追加する

イ　B剤（内筒用）

1）内筒の半分程度の水をポリバケツ等に入れ、その中にB剤を加えて水溶液を作る

■図5

2）内筒に漏斗を挿入し、1）の水溶液を静かに注入する（図5）。液面表示に達するまで水を追加する

3）内筒にふたをして、本体容器（外筒）内に挿入し、キャップを締める

4）充てん年月日を点検票に記録する

＋プラス1

ポリバケツ等や漏斗をA剤とB剤で兼用する場合は、十分に水洗いをしてから使うようにする。

🔒**重要!!!**

充てん年月日の記録
消火薬剤の有効期限を明確にするために記録する。この薬剤は定期的に再充てんする必要がある（◖P.144）。

② 蓄圧ガスの充てん

蓄圧ガス（圧縮ガス）として、水系および機械泡消火器では圧縮空気または窒素ガス（◖P.139、140、147）、粉末消火器では窒素ガス（◖P.157）を使用しますが、一般的には窒素ガスが用いられています。

ここでは、窒素ガスを、**窒素ガス容器**から蓄圧式消火器に充てんする手順を学習します。

1) まず、窒素ガス容器のバルブに**圧力調整器**（図6）を取り付け、充てんするために減圧する。圧力調整器の出口側に**高圧エアーホース**を緊結する（図7）

2) 圧力調整器の出口側バルブを締め、**圧力調整ハンドル**は緩めた状態にして、窒素ガス容器のバルブを開く。すると、圧力調整器の**一次側圧力計**は窒素ガス容器内の圧力を示し、**二次側圧力計**は0を指す

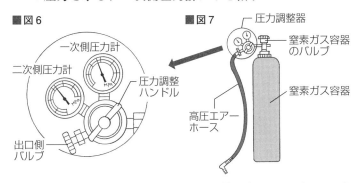

■図6

一次側圧力計
二次側圧力計
圧力調整
ハンドル
出口側
バルブ

■図7

圧力調整器
窒素ガス容器
のバルブ
窒素ガス容器
高圧エアー
ホース

用語

圧力調整器
高圧の窒素ガスを、消火器に充てんできる圧力に調整（減圧）するための装置。
- 一次側（入口側）
  高圧のガスが入る
- 二次側（出口側）
  減圧されたガスが出ていく

第4章

消火器の構造・機能　整備

3) それぞれの消火器の「温度-圧力線図」より、充てん時の気温に適合する圧力値（**充てん圧力値**）を求める

4) 圧力調整ハンドルを回すと二次側圧力計の針が徐々に上がるので、3) で求めた充てん圧力値にセットする

5) 高圧エアーホースを消火器に接続する
   まず、**接手（継手）金具**を消火器のホース接続部に取り付け（図8）、これに**三方バルブのカプラ継手**を接続する（図9）（なお、三方バルブはあらかじめ高圧エアーホースの先端部分に緊結し、「閉」の状態にしておく）

用語

温度-圧力線図
消火器内に蓄圧された圧力が、消火器の温度の変化に伴ってどのように変化するかを表したグラフ。

用語

三方バルブ
レバー操作によって窒素ガスの注入および停止を行う器具。

■図8

接手金具を
取り付ける

■図9

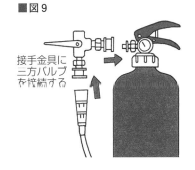

接手金具に
三方バルブ
を接続する

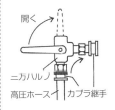

開く
三方バルブ
高圧ホース　カプラ継手

プラス1

水系の消火薬剤は、充てんした窒素ガスの一部を吸収するため、「温度-圧力線図」で求めた値よりも約0.1MPa高い圧力を充てん圧力値とする必要がある。

プラス1

8)の場合、蓄圧ガスが充てんされているので、消火器のレバーを握ったまま三方バルブを閉じると、消火薬剤が三方バルブへ噴出してしまう。

漏れがある場合はパッキンの交換等必要な整備をして再び気密試験を行います。

6) 圧力調整器の出口側バルブを開けると、充てん圧力まで減圧された窒素ガスが、高圧エアーホースを通って三方バルブまで通じる

7) 三方バルブを「開」の状態にして、消火器のレバーを握ると、窒素ガスが消火器内に充てんされる

8) 「シュー」という充てん音がなくなり、**指示圧力計**によって充てん圧力値に達したことを確認したら、先に消火器のレバーを離してから、三方バルブを閉じる

9) 安全栓を装着して、三方バルブを接手金具から外す

　以上の手順で蓄圧ガスの充てんが完了したら、消火器の分解後に再び緊結した部分やバルブ部分から漏れがないか点検します。これを「**気密試験**」といい、下（図10）のように消火器を水槽中に浸漬して気泡を確認します。

■図10　気密試験

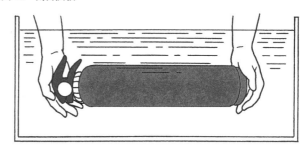

コレだけ！

「充てん」のポイント

消火薬剤の充てん	蓄圧ガスの充てん
● **ガス加圧式粉末消火器**　粉末が締まらないうちにサイホン管を挿入する ● **化学泡消火器**　A剤・B剤の水溶液はポリバケツ等で作る	**圧力調整器**を用いて、窒素ガス容器内の高圧のガスを**充てん圧力値**まで減圧する

確認テスト

Key Point			できたら チェック ☑
蓄圧式消火器の 消火薬剤充てん	☐	1	消火薬剤は、メーカーが指定したものを使用する。
	☐	2	キャップ、プラグ等のパッキンは、なるべく交換しないで、きれい に洗ってそのまま使用する。
ガス加圧式粉末 小型消火器の 消火薬剤充てん	☐	3	分解されていたレバー、キャップ、サイホン管等を元の状態に戻す 際、加圧用ガス容器は、安全栓を装着してから取り付ける。
	☐	4	薬剤充てん後、十分に時間が経過してからサイホン管等を挿入する。
化学泡消火器の 消火薬剤充てん	☐	5	A剤（外筒用）、B剤（内筒用）とも、水溶液にしてから充てんする。
	☐	6	消火薬剤の中に水を徐々に加え、撹拌しながら溶かすようにする。
	☐	7	外筒の液面表示の約8割まで水を入れ、その外筒の中にA剤を加え て棒で撹拌する。
	☐	8	内筒の半分程度の水をポリバケツ等に入れて、その中にB剤を加え て水溶液を作る。
蓄圧ガスの 充てん	☐	9	窒素ガスは、窒素ガス容器から高圧のまま、消火器に充てんする必 要がある。
	☐	10	充てん圧力値は、それぞれの消火器の「温度-圧力線図」に基づい て求められる。
	☐	11	蓄圧ガスの充てんを指示圧力計によって確認したら、消火器のレバ ーを握ったまま、三方バルブを閉じる。
	☐	12	蓄圧ガスの充てんが完了したら、消火器を水槽中に浸漬し、緊結部 分等から気泡が出ていないか確認する。

解答・解説

1.○ 2.× キャップ、プラグ等のパッキンは、新しいものと取り替える。 3.○ 4.× 時間が経過してからで
は粉末消火薬剤が締まってしまうので、ふわふわと流動している間にすばやくサイホン管等を挿入する。 5.○
6.× 消火薬剤に水を加えるのではなく、水の中に消火薬剤を徐々に入れて、撹拌して溶かす。 7.× 外筒の中
で撹拌すると、内面が傷つくおそれがあるので、ポリバケツ等に移してから、その水の中にA剤を加える。
8.○ 9.× 高圧のままでは消火器に充てんできないので、圧力調整器を用いて適切な充てん圧力値まで減圧
する必要がある。 10.○ 11.× 消火器のレバーを離してから、三方バルブを閉じる。 12.○ 気密試験である。

ここが狙われる！

本書では、**消火器の分解、消火薬剤の充てんおよび蓄圧ガスの充てん**を、わかりやすくする
ために別々に分けて解説しているが、試験では、1問の中でいっしょに出題されていること
が多い。それぞれの内容を関係づけながら、**総合的に理解**していくことが大切である。

第4章
消火器の構造・機能・整備

〈資料6〉

◆耐圧性能に関する試験（耐圧試験）について

①義務づけられる消火器

次のアまたはイの消火器に義務づけられます。

ア　製造年から10年を経過したもの

イ　消火器の外形の点検において**本体容器に腐食等が認め**
られたもの（●P.167）

②耐圧試験の内容

本体容器およびキャップについて、所定の水圧をかけた
場合において、変形、損傷、漏水等がないことを目視によ
り確認します。

義務づけ対象となる消火器は、「3年」ごとに耐圧試験を実施しなければなりません。

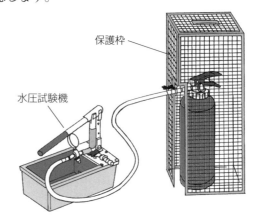

保護枠

水圧試験機

◆消火薬剤の廃棄について

消火薬剤	廃棄・処理の方法
強化液消火薬剤	多量の水で希釈して放流処理をする
化学泡消火薬剤	A剤（外筒用）とB剤（内筒用）が混合しないよう、それぞれ希釈して放流処理をする
粉末消火薬剤	粉末が飛散しないよう袋に詰め、さらにブリキ缶に入れて処理する
二酸化炭素消火薬剤＊	危害を生じるおそれのない場所で、少量ずつ放出し、揮発させて処理する

＊ 「高圧ガス保安法」の適用を受ける二酸化炭素消火器およびハロゲン化物消火器の処理は、
専門業者に依頼する

使われなくなった消火器の廃棄処分は、その消火器を製造したメーカー以外のメーカーにも依頼できます。「リサイクルシール」を購入して消火器に貼付すれば、運搬・処理等の費用を徴収されずに引き取ってもらえます。

第5章

消火器の規格

消火器や消火薬剤について、省令で定められている規格の内容を具体的に学んでいきます。

● 「大型消火器」といえるためには？

● 「使用済みの表示装置」が必要な消火器とは？

● 指示圧力計の圧力検出部の材質は？

● 消火器の本体容器には何を表示する？

4章の復習となる内容が多いので、該当ページを必ず参照して理解を深めましょう。

Lesson 1 消火器の技術上の規格（1）

この章では、規格省令等に定められている規定について解説していきます。これまでの総まとめです。そして、このレッスンでは、小型・大型消火器に必要とされる能力単位の数値とその測定方法、大型消火器の薬剤充てん量を学習します。

🎥 1コマ劇場

能力単位以外に、消火薬剤の充てん量も関係があります。

大型消火器かどうかは、能力単位だけで決まるんですか？

① 能力単位の数値

各消火器具の消火能力を表す単位を「能力単位」といいます（●P.110）。たとえば、消火器の本体容器のラベルに「能力単位：Ａ−３、Ｂ−７、Ｃ」と表示されている場合は、Ａ火災（普通火災）に対する能力単位が３単位で、Ｂ火災（油火災）に対する能力単位が７単位という意味です。Ｃ火災（電気火災）は能力単位の規定が存在しないため、電気火災に適応できるものには「Ｃ」とだけ表示します。

規格省令によると、消火器の能力単位の最低限は次のようになります（住宅用消火器を除く）。

- 小型消火器…１単位以上（Ａ火災、Ｂ火災を問わず）
- 大型消火器 ┌ ア　Ａ火災に適応するもの…10単位以上
　　　　　　 └ イ　Ｂ火災に適応するもの…20単位以上

なお、大型消火器は、ア、イのいずれかに該当するほか、充てんされる消火薬剤の量が規格省令の規定を満たすものでなければなりません（●P.192）。

用語

規格省令
「消火器の技術上の規格を定める省令」。

住宅用消火器
住宅での使用に限定した消火器のこと（●P.198）。

【大型消火器の能力単位】
普通（普通火災）のてん（10）ぷら、油（油火災）にジュッ（20）

❷　能力単位の測定方法

①Ａ火災（普通火災）に対する能力単位の測定

　杉の角材で作った模型（第1模型と第2模型）を用いた「第一消火試験」によって測定します。「燃焼なべ」に入れたガソリンに点火し、点火後3分経過してから消火を開始します。完全に消火できた模型の数によって能力単位を決めるという方法です。

■第一消火試験に使う模型

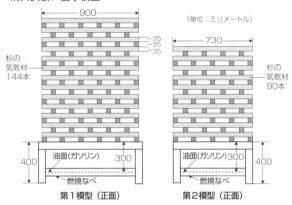

（単位：ミリメートル）

900

杉の気乾材144本

35
35
35

730

杉の気乾材90本

400　油面（ガソリン）300　燃焼なべ

第1模型（正面）

油面（ガソリン）300　400　燃焼なべ

第2模型（正面）

（能力単位の算出方法）

- 第1模型n個を消火………………………… $n × 2$ 単位
- 第1模型n個と第2模型1個を消火…（$n × 2$）＋1 単位

> **例題 1**
>
> 　第一消火試験で第1模型を3個、第2模型を1個、完全に消火した場合、その消火器の能力単位はいくらか。
>
> 　$n = 3$ より、（$3 × 2$）＋1 ＝ 7　　　∴ 能力単位は7単位

②Ｂ火災（油火災）に対する能力単位の測定

　「第一消火試験」および「第二消火試験」によって測定します。両試験とも第一消火試験とは異なる模型を使って消火を行い、それぞれの試験で完全に消火した模型の番号の数値を平均して能力単位とします。

消火剤の放射が終了したときに残炎が認められず、放射終了後2分以内に再燃しない場合に完全に消火したものと判定します。

第5章

消火器の規格

第2模型のほうがやや小さめなんだね。

プラス1

第1模型は2個以上並べることができるが、第2模型は1個のみとされている。

プラス1

第二・第三消火試験で用いる模型

断面図

ガソリン

30

3
12

水　鉄板製 厚さ0.3

（単位：センチメートル）

例題2

第二消火試験で8番の模型1個を完全に消火し、第三消火試験では4番の模型2個と1番の模型1個を完全に消火した場合、能力単位はいくらになるか。

$$\{8+(4\times2+1)\}\div2=(8+9)\div2=17\div2=8.5$$
小数点以下は切り捨てます。　　　　∴ 能力単位は8単位

第二および第三消火試験で用いる模型は、寸法の違いによって16種類に分けられ、大きいものほど大きな番号が付けられています。両試験とも、点火後1分間経過してから消火を開始し、消火剤の放射終了後1分以内に再燃しない場合に完全に消火したものと判定します。

ゴロ合わせ

【消火器の種類】
げん（ハロゲン化物）こ（粉末）つ
ミ（水）キ（強化液）、
カ（化学泡）キ（機械泡）に（二酸化炭素）

③ 大型消火器の薬剤充てん量

小型消火器と大型消火器は、能力単位の数値で区別されていることを学習しましたが（▶P.190）、さらに**大型消火器といえるためには、充てんされている消火薬剤が、下の表の充てん量を満たすものでなければなりません。**

■大型消火器の薬剤充てん量

消火器の種類		薬剤充てん量
水消火器		80ℓ以上
強化液消火器		60ℓ以上
泡	化学泡消火器	80ℓ以上
	機械泡消火器	20ℓ以上
二酸化炭素消火器		50kg以上
ハロゲン化物消火器		30kg以上
粉末消火器		20kg以上

ゴロ合わせ

【薬剤充てん量】
はたち（20）
ハ（8）ロー（6）、
ハ（8）ツ（2）コ（5）さん（3）

コレだけ！

消火器（住宅用消火器を除く）の能力単位

● 小型消火器 …… 1単位以上（A火災、B火災を問わず）
● 大型消火器 ┬ A火災に適応 …… 10単位以上
　　　　　　 └ B火災に適応 …… 20単位以上

 確認テスト

Key Point			できたら チェック ☑
能力単位の数値	☐	1	消火器（住宅用消火器を除く）の能力単位は、A火災、B火災を問わず、最低でも1単位以上でなければならない。
	☐	2	「能力単位：A−1、B−3」の表示は、普通火災に対する能力単位が1単位で、油火災に対する能力単位が3単位という意味である。
	☐	3	大型消火器の能力単位は、A火災またはB火災のどちらに適応するものであっても、20単位以上でなければならない。
	☐	4	C火災に適応できる場合は、C火災に対する能力単位も数値で表示する必要がある。
能力単位の測定方法	☐	5	A火災については「第一消火試験」、B火災については「第二消火試験」および「第三消火試験」によって能力単位を測定する。
	☐	6	「第一消火試験」では第1模型、「第二消火試験」では第2模型が用いられる。
	☐	7	「第一消火試験」で第1模型を2個、第2模型を1個、完全に消火した場合、A火災に対する能力単位は5単位である。
大型消火器の薬剤充てん量	☐	8	大型の強化液消火器は、薬剤充てん量が60ℓ以上とされている。
	☐	9	大型の化学泡消火器は、薬剤充てん量が80kg以上とされている。
	☐	10	大型の二酸化炭素消火器の薬剤充てん量は、50kg以上とされている。
	☐	11	ある粉末消火器の能力単位が「A−8、B−20」であり、薬剤充てん量が15kgである場合、この粉末消火器はB火災に対して大型消火器といえる。

第5章

消火器の規格

解答・解説

1.○　2.○　3.× A火災に適応するものは10単位以上であればよい。　4.× C火災（電気火災）にはそもそも能力単位の規定が存在しない。　5.○　6.×「第一消火試験」で第1模型と第2模型を用い、「第二消火試験」と「第三消火試験」ではそれらとは異なる16種類の模型が用いられる。　7.○ $n=2$より、（2×2）＋1＝5単位である。　8.○　9.× 80kg以上ではなく80ℓ以上とされている。　10.○　11.× B火災に対する能力単位は20単位以上であるが、薬剤充てん量が20kg以上でないため、大型消火器とはいえない。

ここが狙われる！

消火器（住宅用消火器を除く）の能力単位が1以上とされていること、特に大型消火器については、A火災に対して10単位以上、B火災に対して20単位以上とされ、消火薬剤の種類ごとに薬剤充てん量が定められていることに注意する。この充てん量は必ず覚える必要がある。

Lesson 2 消火器の技術上の規格（2）

規格省令の規定のうち、「操作の機構」「放射性能」「使用温度範囲」「携帯または運搬の装置」「自動車用消火器」「住宅用消火器」について学習します。操作の機構の「動作数」、放射性能（放射時間、消火剤の放射量等）、使用温度範囲が重要です。

❶ 安全栓を引き抜く　❷ ホースを外し、火元に向ける　❸ レバーを強く握る

1コマ劇場

手さげ式消火器の動作でこの3つで1動作です。

何の動きですか？

① 操作の機構

①「動作数」について

　消火器は、火災の際にだれもが使うものであり、種類やメーカーによって操作方法がバラバラでは、いざというときに困ります。そこで規格省令では、容易かつ確実に放射を開始することができるよう、消火器を操作する際の「動作数」について、以下のように規定しています。

ア　手さげ式の消火器（化学泡消火器を除く）… 1動作

イ　手さげ式の化学泡消火器

　　据置式の消火器および背負式の消火器 … 2動作以内

ウ　車載式の消火器 ……………………………… 3動作以内

　ただし、次の動作は「動作数」には含まれません。

- 消火器を保持装置から取り外す動作
- 背負う動作
- 安全栓を引き抜く動作
- ホースを外す動作

【動作数の規定】
手さげ（手さげ式）で1つ（1動作）、加賀があわてて（化学泡・手さげ式）、置いて（据置式）背負って（背負式）2つ（2動作以内）、車に載せ（車載式）たら全部で3つ（3動作以内）

194

②手さげ式の消火器の操作方法

　規格省令では、手さげ式の消火器の操作方法について、「○」の操作方法のいずれか１つによって作動し、放射を開始できるものでなければならないとしています。

■手さげ式消火器の操作方法

消火器の区分		レバーを握る	押し金具をたたく	ひっくり返す	ふたを開けてひっくり返す	ハンドルを上下する
水消火器	手動ポンプで作動するもの					●
	その他	○				
強化液消火器	A火災またはB火災に対する能力単位の数値が１を超えるもの	○				
	その他	○	●			
泡消火器		○		○	○	
二酸化炭素消火器	B火災に対する能力単位の数値が１を超えるもの	○				
	B火災に対する能力単位の数値が１であるもの	○	●			
ハロゲン化物消火器	B火災に対する能力単位の数値が１を超えるもの	●				
	B火災に対する能力単位の数値が１であるもの	●	●			
粉末消火器	消火剤の質量が１kgを超えるもの	○				
	その他	○	○			

上段見出し：操作方法

（●のものは、現在では製造されていない）

③操作方法の表示

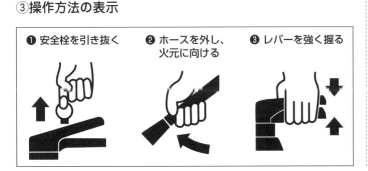

❶ 安全栓を引き抜く

❷ ホースを外し、火元に向ける

❸ レバーを強く握る

プラス1

左の表で重要なのは次の点である。
①「レバーを握る」
② 化学泡消火器
　「ひっくり返す」
　●転倒式
　「ふたを開けてひっくり返す」
　●破がい転倒式、開がい転倒式
（▶P.145、146）
③「押し金具をたたく」

「ふたを開けてひっくり返す」は、２動作です。

操作方法の表示は「消火器」の標識と同じプレートに表示されている例かよくみられますね（▶P.119）。

第5章

消火器の規格

消火器の安全栓、ハンドル、レバー、押ボタン等の操作部分には、操作方法を見やすい箇所に、簡明かつ消えないように表示しなければなりません（●P.195）。

② 放射性能

「放射性能」とは、消火器の放射時間や放射距離、消火剤の放射量などについての性能をいいます。

規格省令によると、消火器は、正常な操作方法で放射した場合において、次のア〜エに適合するものでなければならないとされています。

ア 放射の操作が完了した後、すみやかに消火剤を有効に放射するものであること

イ 放射時間は、温度20℃において10秒以上であること

ウ 消火に有効な放射距離を有するものであること

エ 充てんされた消火剤の容量または質量の90％以上を放射できるものであること（ただし、化学泡消火薬剤の場合は85％以上）

③ 使用温度範囲

「使用温度範囲」とは、その範囲内で消火器を使用した場合には、正常に操作することができ、消火および放射の機能を有効に発揮できる温度の範囲をいいます。規格省令では、次のように使用温度範囲を定めています。

- 化学泡消火器 ………… 5℃以上40℃以下
- それ以外の消火器 …… 0℃以上40℃以下

ただし、10℃単位で拡大した場合においてもなお正常に操作することができ、かつ消火・放射の機能を有効に発揮する性能を有する消火器であれば、その拡大した温度範囲を実際の使用温度範囲とすることができます。

プラス1
市販されている消火器の使用温度範囲
- 水（純水）消火器
　0℃〜+40℃
- 強化液消火器
　−20℃〜+40℃
- 化学泡消火器
　+5℃〜+40℃
- 機械泡消火器
　−20℃〜+40℃
　−10℃〜+40℃
- 二酸化炭素消火器
　−30℃〜+40℃
- ハロン1301消火器
　−30℃〜+40℃
- 粉末消火器
　−30℃〜+40℃
　−20℃〜+40℃
　−10℃〜+40℃

④ 携帯または運搬の装置

　規格省令では、消火器の質量によって運搬方式を区別するよう、以下のように定めています。この場合、消火器の質量には、保持装置、背負ひも、車輪の質量は含みません。

■消火器の質量と運搬方式

消火器の質量	運搬方式			
	手さげ式	背負式	据置式	車載式
28kg以下	○	○	○	－
28kg超～35kg以下	－	○	○	○
35kg超	－	－	－	○

ゴロ合わせ

【消火器の質量と運搬方式】
重いみこし（35kg超）は、車に載せ（車載式）る

　消火器の携帯または運搬に用いる取手等、背負ひも、車輪は、堅ろうで、かつ消火器の携帯・運搬および作動に適した寸法・形状のものでなければなりません。

■背負式消火器

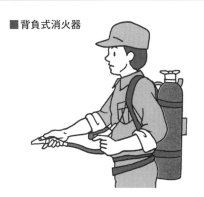

35kg超の消火器は車載式にしなければならないので、大型消火器は車載式になります。

⑤ 自動車用消火器

　自動車に設置する消火器を「**自動車用消火器**」といいます。規格省令では、自動車用消火器を次の5種類に限定しています。

- 強化液消火器
  （霧状放射のみ）
- 機械泡消火器
- ハロゲン化物消火器
- 二酸化炭素消火器
- 粉末消火器

車両に固定するための、専用のブラケット

🔓重要 !!!
自動車に設置できない消火器
- 水消火器
- 強化液消火器
  （棒状放射のもの）
- 化学泡消火器

第5章
消火器の規格

重要 !!!

住宅用消火器の
適応火災の絵表示

普通火災適応

天ぷら油火災適応

ストーブ火災適応

電気火災適応

❻ 住宅用消火器

　住宅用消火器とは、住宅での使用に適した構造と性能を有するものとして、規格省令で特別に定められた消火器をいいます。主な特徴をみておきましょう。

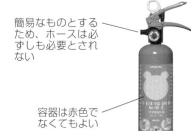

簡易なものとするため、ホースは必ずしも必要とされない

容器は赤色でなくてもよい

①使用の限定

　住宅における使用に限定されており、一般の防火対象物には使用できません。

②消火能力

　普通火災はもちろん、**天ぷら油火災、ストーブ火災および電気火災に適応**するものでなければなりません。ただし、能力単位は1以上である必要はありません（●P.190）。

③消火剤の限定

　ハロゲン化物および二酸化炭素は使用できません。

④構造

　蓄圧式の消火器であって、かつ消火剤を再充てんできない構造（使い捨て）でなければなりません。

⑤適応火災の絵表示

　住宅用消火器の見やすい位置に、使用期限その他の記載事項とともに、「適応火災の絵表示」を表示しなければなりません。

コレだけ！

「動作数」
- 手さげ式（化学泡除く）… 1動作
- 手さげ式化学泡消火器
  据置式・背負式………2動作以内
- 車載式…………………3動作以内

「放射性能」
- 放射時間
  温度20℃において10秒以上
- 消火剤の放射量（充てん量中）
  90%以上（化学泡のみ85%以上）

  確認テスト

Key Point			できたら チェック ☑
操作の機構	☐	1	手さげ式の消火器はすべて、1動作で放射を開始できなければならないとされている。
	☐	2	車載式の消火器の動作数は、安全栓を引き抜く動作、ホースを外す動作を含めて3動作以内とされている。
	☐	3	手さげ式泡消火器の操作方法については、「ひっくり返す」または「ふたを開けてひっくり返す」という方法でもよいとされている。
放射性能	☐	4	消火器の放射時間は、温度20℃において10秒以上とされている。
	☐	5	消火器の放射距離は、3m以上でなければならないとされている。
	☐	6	消火剤の放射量については、充てんされた容量または質量の90%以上（化学泡消火薬剤の場合は85%以上）であることとされている。
使用温度範囲	☐	7	規格省令では、化学泡消火器の使用温度範囲を5℃以上40℃以下と定めている。
	☐	8	規格省令では、化学泡消火器以外の消火器の使用温度範囲を−20℃以上40℃以下と定めている。
携帯または運搬の装置	☐	9	消火器の質量（保持装置、背負ひも、車輪の質量を除く）が35kg超の場合は、車載式にしなければならないとされている。
自動車用消火器	☐	10	水・泡系の消火薬剤を放射する消火器は、自動車用消火器として設置することができない。
住宅用消火器	☐	11	住宅用消火器は、能力単位は1以上である必要はないが、普通火災、天ぷら油火災、ストーブ火災、電気火災に適応できなければならない。

第5章
消火器の規格

解答・解説

1.× 手さげ式の化学泡消火器は2動作以内とされており、それ以外の手さげ式消火器は1動作とされている。 2.×「動作数」には、安全栓を引き抜く動作やホースを外す動作は含めない。 3.○ 4.○ 5.× 放射距離については「消火に有効な放射距離を有するものであること」とされており、具体的な距離は規定されていない。 6.○ 7.○ 8.× 規格省令では0℃以上40℃以下と定めており、そのうえで一定の場合に温度範囲を拡大できるものとしている。 9.○ 10.× 水・泡系消火薬剤のうち、霧状放射の強化液または機械泡を放射する消火器であれば、自動車用消火器として設置できる。 11.○

ここが狙われる！

「操作の機構」については各消火器の**動作数**を確実に覚えておく。「放射性能」については消火器の**放射時間**、**放射距離**、**消火剤の放射量**の規格、「使用温度範囲」については規格に定められている温度範囲がよく出題される。どれも数値を正確に覚えるようにしよう。

3 部品に関する規格（1）

「キャップ、バルブ等」「ホース、ノズル」「ろ過網、液面表示」「安全栓」「安全弁」「使用済みの表示装置」といった部品に関する規格について学習します。いずれもすでに学習している部品等です。関係するページを参照しましょう。

1コマ劇場

消火器の種類によっては、取り付け不要になるものがあります。

「安全栓」や「使用済みの表示装置」が付いていないものもありますね。

用語

プラグ
消火器の口金の内側のねじ穴を使って固定する構造の開閉バルブ。二酸化炭素消火器やハロン1301消火器に使われる（▶P.151）。

パッキン
密閉性を高めるために部品どうしを接合する部分に用いられる部材。

減圧溝
内圧を排出するために、キャップ内部のねじの部分に設けられる溝のこと。

① キャップ、バルブ等

①キャップ、プラグ、口金

キャップ、プラグと口金には、その間に容易に外れないようにパッキンをはめ込みます。パッキンは、充てんされた消火剤に侵されず、かつ消火器を使用温度範囲で使用した場合に、その消火器の機能に悪影響を与えないものでなければなりません。

また、充てん等の目的でキャップやプラグを外す途中において、本体容器内の圧力を少しずつ完全に減圧できるよう、有効な減圧孔または減圧溝を設けることとされています。キャップやプラグは減圧が完了するまで本体容器内の圧力に耐えられるものでなければなりません。

減圧孔

②**バルブ**

バルブ（◐P.140）は、開放した場合に分解したり離脱したりしないものでなければなりません。また、ハンドル車式のバルブについては、1回転と4分の1（450度）以下の回転で全開することが必要とされています。

② ホース、ノズル

①**ホース**

消火器にはホースを取り付けることが原則ですが、次のものには取り付けなくてもかまいません。

- ハロゲン化物消火器で、消火剤の質量が**4kg未満**のもの
- 粉末消火器で、消火剤の質量が**1kg以下**のもの
- 住宅用消火器（◐P.198）

ホースの長さは、消火剤を有効に放射するに足るものでなければなりません（据置式の消火器（◐P.141）は、有効長10m以上とされている）。また、使用温度範囲で耐久性を有するものであり、かつ円滑に操作できるものでなければなりません。

②**ノズル**

消火器のノズルには、原則として、**開閉式の装置**および**切替式の装置**を設けてはなりません。ただし、次のア、イの例外があります。

ア　開閉式の装置を設けてよいもの
　　据置式の消火器、背負式の消火器
イ　開閉式の装置および切替式の装置を設けてよいもの
　　車載式の消火器（◐P.142、148、157、160）

③ ろ過網、液面表示

「ろ過網」と「液面表示」は、どちらも**化学泡消火器**に特有の部品等であることをすでに学習しました（◐P.145）。

用語

ハンドル車式バルブ
バルブにハンドルが取り付けられた構造で、ハンドルを回すことによりバルブを開閉させる。車載式の消火器に用いられている。

次の点に注意！
- 「4kg未満」
- 「1kg以下」

用語

有効長
ホースを有効に使用できる状態で、最も長く延長したときの長さ。

切替式の装置
棒状放射と霧状放射の切り替えができる装置のこと。

 合わせ

 合わせ

【開閉式の装置等を設けてよい消火器】

ホース長けりゃ（長い）、鼻（ノズル）の開け閉め（開閉式の装置等）OK

第5章

消火器の規格

①ろ過網

　ろ過網は、消火薬剤中のごみによって
ホースやノズルが目詰まりすることを防
ぐための部品です。

　次のア、イの基準を満たすものを、ホ
ースやノズルに通じる薬剤導出管の本体
容器内における開口部に設けます。

ア　ろ過網の目の最大径

　　……ノズルの最小径の４分の３以下

イ　ろ過網の目の部分の合計面積

　　……ノズルの開口部の最小断面積の30倍以上

②液面表示

　化学泡消火器の本体容器
の内面には、充てんされた
消火剤の液面を示す簡明な
表示（**液面表示**）を設けな
ければなりません。実際に
は本体容器（外筒）と内筒
の両方に設けられています。

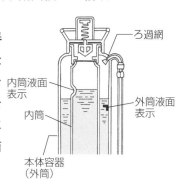

ろ過網

内筒液面
表示

外筒液面
表示

内筒

本体容器
（外筒）

④ 安全栓

　消火器には、誤作動を防止するため、**安全栓**を設けなけ
ればなりません。ただし、次の消火器には**設ける必要がな
い**とされています。

●**転倒式の化学泡消火器**（▶P.145、146）

●手動ポンプで作動する水消火器（現在製造していない）

　安全栓は、１動作で容易に引き抜くことができ、かつ、
引き抜きに支障のない封（**安全栓の封**）が施されていなけ
ればなりません。なお、安全栓および安全栓の封について
は、消火器の「外観点検」のところでも学習しているので
復習しておきましょう（▶P.167）。

ゴロ合わせ

【安全栓がなくてもよい消火器】

安定性（安全栓）が

なければ（なくてもよい）、

加賀あわてて転倒（化学泡消火器・転倒式）

　手さげ式の消火器（一部を除く）および据置式の消火器の安全栓には、以下のような規格が定められています。

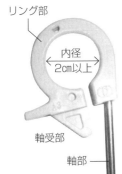

リング部

内径
2cm以上

軸受部

軸部

安全栓の封

上レバーの穴

- **内径が2cm以上のリング部、軸部、軸受部より構成されていること**
- 装着時において、リング部は軸部が貫通する「上レバー」の穴から引き抜く方向に引いた線上にあること
- リング部の塗色は、**黄色仕上げとすること**
- **上方向に引き抜くよう装着されていること**（消火器を水平面上に置いた場合、垂直軸から30度以内の範囲）
- **引き抜く動作以外の動作では容易に抜けないこと**
- 安全栓に衝撃を加えた場合やレバーを強く握った場合も引き抜きに支障を生じないこと

プラス1

手さげ式の消火器のうち左の規定が適用されないもの

- 押し金具をたたく1動作で作動するもの
- ふたを開けて転倒させる動作で作動するもの
（「破がい転倒式」の化学泡消火器の安全栓はリング型でない（▶P.146））

第5章

消火器の規格

⑤ 安全弁

　安全弁とは、容器内の圧力が急激に上昇したとき、その圧力を排出するための部品であり、**化学泡消火器**（▶P.144〜146）、**二酸化炭素消火器**（▶P.150）、**ハロン1301消火器**（▶P.153）に取り付けられています。規格省令では消火器の安全弁について、次のような規格を定めています。

- 本体容器内の圧力を有効に**減圧する**ことができること
- みだりに**分解**したり、**調整**したりできないこと
- **封板式**（圧力が異常上昇したときに封が破れる仕組みになっているもの）の場合は、噴出口に封を施すこと

プラス1
安全弁

- 「安全弁」と表示すること

⑥ 使用済みの表示装置

　手さげ式の消火器（一部を除く）には、これを使用した場合に自動的に作動し、使用済みであることが判別できる装置（使用済みの表示装置）を設けなければなりません。もし判別できないと、火災の際に使用済みの消火器を使おうとして放射できず、火災を拡大してしまうおそれがあるからです。この装置は一般に合成樹脂製の小さなもので、裏側の突子を消火器のレバーにある穴に差し込み、レバーを握ると自動的に脱落する仕組みになっています。

■使用済み表示装置の例

　手さげ式の消火器のうち、使用済みの表示装置を設ける必要がないとされているのは、次のものです。

- 指示圧力計のある蓄圧式の消火器（●P.135、136）
  指示圧力計を見れば、使用したかどうかがわかる
- バルブを有しない消火器（化学泡消火器、「開放式」のガス加圧式粉末消火器）
  すべて放射するため、使用済みであることがわかる
- 手動ポンプで作動する水消火器（現在製造していない）

コレだけ！

「使用済みの表示装置」を必要とする消火器

- 蓄圧式で指示圧力計のないもの：二酸化炭素消火器、ハロン1301消火器
- ガス加圧式で「開閉バルブ式」のもの：強化液・機械泡・粉末消火器

 **確認テスト**

Key Point			できたら チェック ☑
キャップ、バルブ等	☐	1	減圧孔や減圧溝は、充てん等の目的でキャップやプラグを外す途中、本体容器内の圧力を完全に減圧するために設けられている。
ホース、ノズル	☐	2	粉末消火器のうち、消火剤の質量が4kg未満のものには、ホースを取り付けなくてよい。
	☐	3	手さげ式の消火器のノズルには、開閉式の装置や切替式の装置を設けてはならない。
ろ過網、液面表示	☐	4	ろ過網の目の最大径はノズルの最小径の4分の3以下、ろ過網の目の部分の合計面積はノズル開口部の最小断面積の30倍以上とされている。
	☐	5	強化液消火器の本体容器の内面には、液面表示が必要とされている。
安全栓	☐	6	化学泡消火器は、すべて安全栓を設ける必要がないとされている。
	☐	7	安全栓のリング部は、内径が2cm以上でなければならない。
	☐	8	安全栓のリング部の塗色は、白色仕上げとされている。
安全弁	☐	9	安全弁は、みだりに分解したり調整したりできないものでなければならない。
使用済みの表示装置	☐	10	蓄圧式の強化液消火器には、使用済みの表示装置は必要でない。
	☐	11	開放式のガス加圧式粉末消火器には、使用済みの表示装置が必要とされている。

第5章

消火器の規格

解答・解説

1.○　2.× 粉末消火器は、消火剤の質量が1kg以下のものにはホースを取り付けなくてもよい。　3.○ 開閉式の装置を設けてよいのは据置式または背負式の消火器。開閉式・切替式の装置のどちらも設けてよいのは、車載式の消火器である。　4.○　5.× 液面表示が必要なのは化学泡消火器だけである。　6.× 設ける必要がないのは「転倒式の化学泡消火器」であり、「破がい転倒式」等は安全栓を設ける必要がある。　7.○　8.× リング部の塗色は黄色仕上げとされている。　9.○　10.○ 蓄圧式の強化液消火器には指示圧力計が取り付けられているので、使用済みの表示装置は必要でない。　11.× 開放式のガス加圧式粉末消火器はバルブを有しない消火器なので、使用済みの表示装置は必要でない（ただし、メーカーが自主的に取り付けているものはある）。

ここが狙われる！

「ノズル」に**開閉式・切替式**の装置を設けてよい消火器は何か、また「**安全栓**」や「**使用済みの表示装置**」については、それを装着する必要のある消火器とない消火器の区別がよく出題される。すでに学習したレッスンの復習を兼ねて、自分で表などを作ってまとめておこう。

部品に関する規格（2）

ここでは、「圧力調整器」「指示圧力計」「加圧用ガス容器」の規格について学習します。すでに何度も登場している部品なので、どのような目的で使用されるものか、またどのような消火器に用いられているかを復習しつつ、理解を深めましょう。

1コマ劇場

それは、加圧用ガス容器です。この場合は二酸化炭素です。

消火器にボンベが付いていますね。

① 圧力調整器

　圧力調整器は、高圧の窒素ガスを消火器に充てんできる圧力に減圧するための装置として「蓄圧ガスの充てん」のところで詳しく学習しました（▶P.184）。規格省令では、次のような規格を定めています。

- みだりに**分解**したり、**調整**したりできないこと
- 圧力計は、調整圧力の範囲を**緑色**で明示すること

 用語

調整圧力
圧力調整器によって調整（減圧）された圧力のこと。

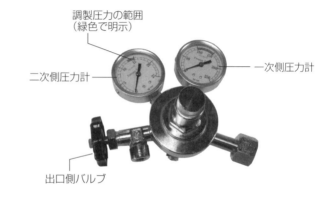

調製圧力の範囲
（緑色で明示）

二次側圧力計 ——

—— 一次側圧力計

出口側バルブ

❷ 指示圧力計

　圧縮ガス（窒素ガス等）の圧力を用いる蓄圧式消火器には指示圧力計が必要です。

使用圧力範囲
（緑色で明示）

圧力検出部の材質

「消」の記号

「SUS」というのは、ステンレスを表す記号です。

　規格省令では、指示圧力計について、次のことが定められています。

- 圧力検出部の材質、使用圧力範囲（単位：MPa）および「消」の記号を表示すること
- 使用圧力範囲を示す部分を、緑色で明示すること
- 指標（読み取り部分の表示）が見やすいものであること
- 指示圧力計の指示圧力の許容誤差は、使用圧力範囲の圧力値の上下10%以内であること
- 指針および目盛り板は、耐食性を有する金属であること
- 圧力検出部およびその接合部は、耐久性を有すること
- 外部からの衝撃に対して保護されていること
- ケースは、温度60℃の温水中に20分間浸す試験を行った場合において、漏れがなく、かつ、圧力がケース内に閉そくされた場合に有効に減圧することができる構造であること

プラス1

標準圧力計
指示圧力計の精度を確認するため、蓄圧式消火器の内圧を測定する器具。

圧力検出部（ブルドン管）の材質については、下の表のように消火器の種類ごとに使用されています。

■ 消火器の種類と圧力検出部の材質

消火器の種類	圧力検出部の材質〔記号〕
水（浸潤剤等入り）消火器	● ステンレス鋼〔SUS〕
強化液消火器	● ステンレス鋼〔SUS〕
機械泡消火器	● ステンレス鋼〔SUS〕
粉末消火器	● 黄銅〔Bs〕 ● りん青銅〔PB〕 ● ベリリウム銅〔BeCu〕 ● ステンレス鋼〔SUS〕

前ページの写真で「7、9.8」となっているのは、単位が「×10⁻¹MPa」で表示されているからです。

＋プラス1
ハロン2402消火器、ハロン1211消火器（●P.153）には指示圧力計が設けられている。

また、**使用圧力範囲**は、上記4種類の消火器のいずれも0.7〜0.98MPaとされています。

二酸化炭素消火器とハロン1301消火器は蓄圧式であっても、消火剤自身の圧力を用いるので、指示圧力計は必要ありません（●P.135、136）。

用語
作動封板を有するタイプ
レバー操作により、カッターで封板に穴を開けるタイプ。

容器弁付きのタイプ
バルブ（●P.151）タイプのもので、内容積100cm³を超えるものに用いられる。

③ 加圧用ガス容器

ガス加圧式の消火器では、加圧用ガス容器を設け、これに充てんされたガスを本体容器内に導入して消火剤を加圧します（●P.136）。作動封板を有するタイプと、容器弁付きのタイプがあります。

①内容積が100cm³を超えるもの
● ガスを充てんし、40℃の温水中に2時間浸す試験を行った場合において、漏れを生じないこと
● 本体容器の内部に取り付けられる加圧用ガス容器の外面は、本体容器に充てんされた消火剤に侵されないもので、表示や塗料等がはがれないこと

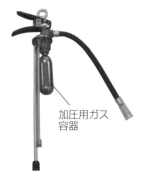

加圧用ガス容器

- 本体容器の**外部**に取り付けられる加圧用ガス容器は、外部からの衝撃から保護されていること
- 二酸化炭素を用いる加圧用ガス容器の内容積は、充てんする液化炭酸１gにつき1.5㎤以上であること

②内容積が100㎤以下のもの

　①の規格に加えて、さらに次の規格にも適合するものでなければなりません。

- 二酸化炭素を充てんするものについては24.5MPaの圧力を、窒素ガスを充てんするものについては**最高充てん圧力の３分の５倍の圧力**を、水圧力で２分間加える試験を行った場合において、漏れや異常膨脹がないこと
- 加圧用ガス容器は、破壊されるとき、周囲に危険を及ぼすおそれが少ないこと

③**加圧用ガス容器の表示**

■内容積100㎤以下の加圧用ガス容器の表示の例

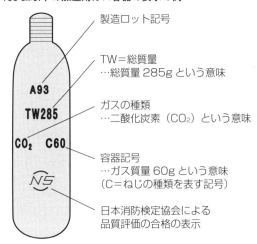

製造ロット記号

TW＝総質量
…総質量 285g という意味

ガスの種類
…二酸化炭素（CO_2）という意味

容器記号
…ガス質量 60g という意味
（C＝ねじの種類を表す記号）

日本消防検定協会による
品質評価の合格の表示

　内容積100㎤以下の加圧用ガス容器の表面にはメッキが施され、上の図のような表示がなされます。

　これに対し、内容積100㎤を超える加圧用ガス容器は高圧ガス保安法の適用を受けるため、二酸化炭素が充てんされたものには表面積の２分の１以上を緑色に、窒素ガスが

二酸化炭素消火器の本体容器についても「充てん比」が1.5以上とされていますね（▶P.152）。

第5章

消火器の規格

高圧ガス保安法の適用を受けるのは消火器の本体容器だけではなくて、加圧用ガス容器もなんだね。

高圧ガス保安法の適用を受ける容器は「高圧ガス容器」と一般に呼ばれます。

＋プラス1

反射鏡（点検鏡）
消火器本体容器の内面の腐食等を目視で確認する器具。

充てんされたものには表面積の2分の1以上をねずみ色に塗色する必要があります。

また、容器表面に表示しなければならない事項があります。

■ 内容積 100 ㎤超の加圧用ガス容器に表示する事項の例

- 内容積 …………… 記号：V、単位：ℓ
- 耐圧試験圧力 …… 記号：TP、単位：MPa
- 最高充てん圧力 … 記号：FP、単位：MPa
- 容器の質量（バルブは含まない）… 記号：W、単位：kg

④ その他の規格

①耐食および防錆

消火器は、各部分を良質の材料で作るとともに、充てんした消火剤に接触する部分をその消火剤に**侵されない材料**で作るか、またはその部分に**耐食加工**を施す必要があります。さらに、外気に接触する部分は、**容易にさびない材料**で作るか、またはその部分に**防錆加工**を施さなければなりません（耐食性材料で作った消火器は除く）。

②蓄圧式消火器の気密性

蓄圧式の消火器は、消火剤を充てんした状態で、使用温度範囲の上限の温度に24時間放置してから使用温度範囲の下限の温度に24時間放置することを3回繰り返した後に、温度20℃の空気中に24時間放置した場合において、圧縮ガスおよび消火剤が漏れを生じないものでなければならないとされています。

コレだけ！

「指示圧力計」

- 蓄圧式消火器（二酸化炭素消火器とハロン1301消火器を除く）に設ける
- 圧力検出部の材質、使用圧力範囲、「消」の記号を表示する
- 使用圧力範囲を示す部分を、**緑色**で明示する

 確認テスト

Key Point			できたら チェック ☑
圧力調整器	□	1	圧力調整器は、みだりに分解したり調整したりすることができないものでなければならない。
指示圧力計	□	2	指示圧力計には、圧力検出部の材質、使用圧力範囲、「消」の記号を表示する必要がある。
	□	3	使用圧力範囲を示す部分は、赤色で明示することとされている。
	□	4	指示圧力の許容誤差は、使用圧力範囲の圧力値の上下15%以内とされている。
	□	5	指示圧力計を取り付ける必要のある消火器は、いずれも使用圧力範囲が0.7～0.98MPaとされている。
	□	6	指示圧力計の圧力検出部（ブルドン管）の材質は、ステンレス鋼でなければならないとされている。
加圧用ガス容器	□	7	本体容器の外部に取り付けられる加圧用ガス容器は、外部からの衝撃から保護されている必要がある。
	□	8	二酸化炭素を充てんする加圧用ガス容器は、24.5MPaの圧力を水圧力で2分間加える試験を行った場合において、漏れや異常膨脹がないものでなければならない。
	□	9	窒素ガスを充てんする加圧用ガス容器は、内容積に関係なく、表面積の2分の1以上をねずみ色に塗色しなければならない。
	□	10	加圧用ガス容器の表面に表示される「TP」という記号は、総質量を意味している。
その他の規格	□	11	充てんした消火剤に接触する部分は、その消火剤に侵されない材料で造るか、またはその部分に耐食加工を施す必要がある。

第5章
消火器の規格

解答・解説

1.○　2.○　3.× 赤色ではなく、緑色で明示する。　4.× 15%以内ではなく、10%以内とされている。　5.○　6.× 水（浸潤剤等入り）消火器、強化液消火器、機械泡消火器はステンレス鋼が使用されているが、粉末消火器についてはステンレス鋼だけでなく、黄銅、りん青銅、ベリリウム銅でもよいとされている。　7.○　8.○　9.× 内容積が100cm³を超え、高圧ガス保安法の適用を受ける加圧用ガス容器のみである（内容積100cm³以下のものは表面にメッキが施されている）。　10.× 「TP」は耐圧試験圧力。総質量は「TW」である。　11.○

ここが狙われる！

「指示圧力計」と「加圧用ガス容器」は、規格の内容が具体的に出題されるので、**数値や色、記号**などを確実に覚えておく必要がある。また、消火器の本体容器だけでなく加圧用ガス容器にも「**高圧ガス保安法**」の適用を受けるものがあることに注意する。

部品に関する規格（3）

ここでは、消火器の「塗色」「本体容器に表示する事項」「適応火災の絵表示」について学習します。どれもよく出題されている事項なので、しっかり理解しましょう。なお、規格省令で定められている規格についてはこのレッスンで終わりです。

🎥 1コマ劇場

① 塗色

＋プラス1
住宅用消火器には、規格省令第37条が適用されないため、赤色以外の色も使用することができる（▶P.198）。

規格省令では消火器の塗色について、次のように定めています（規格省令第37条）。

> 消火器の外面は、その25％以上を赤色仕上げとしなければならない。

また、高圧ガス保安法によって「高圧ガス容器」とされているものは、「容器保安規則」の規定にも従う必要があります（▶P.152〜154）。

ア　二酸化炭素消火器

　容器表面積の２分の１以上を「緑色」に塗色する

イ　ハロン1301消火器、ハロン1211消火器

　容器表面積の２分の１以上を「ねずみ色」に塗色する

ア、イの消火器の本体容器は、規格省令と容器保安規則の両方に従う結果、ツートンカラーとなっています。

 合わせ

【消火器の色】
新座（二酸化炭素）は 緑、
ロンドン（ハロン）は ねずみ色

② 本体容器に表示する事項

消火器には、その見やすい位置に、次の事項を記載した簡明な表示をしなければなりません。

- 泡消火器、粉末消火器といった消火器の種類
- 住宅用消火器でない旨（業務用は「業務用消火器」）
- 加圧式、蓄圧式の区別
- Ｂ火災、電気火災に使用してはならない消火器はその旨
- Ａ火災またはＢ火災に対する能力単位の数値
- 使用方法（手さげ式、据置式の消火器は図示）
- 使用温度範囲
- 放射時間、放射距離
- 製造番号、型式番号
- 製造年、製造者名
- 試験圧力値
- 安全弁の作動圧力値
- 充てんされた消火剤の容量または質量
- 総質量（充てんされた消火剤を容量で表すものを除く）
- ホースの有効長（据置式の消火器に限る）
- 取扱上の注意事項として次に掲げる事項

```
ア　加圧用ガス容器に関する事項（加圧式消火器に限る）
イ　指示圧力計に関する事項（蓄圧式消火器に限る）
ウ　標準的使用期間（標準的な使用条件のもとで使用した場合に安全上支障なく使用できる標準的な期間・期限として設計上設定される期間・期限）
エ　使用時の安全な取扱いに関する事項
オ　維持管理上の適切な設置場所に関する事項
カ　点検に関する事項
キ　廃棄時の連絡先および安全な取扱いに関する事項
ク　その他取扱い上注意すべき事項
```

プラス1

規格省令に「Ｃ火災」という名称は存在せず、単に「電気火災」としている。一方、「Ａ火災」「Ｂ火災」は規格省令で定義されている。

用語

製造番号
個々の消火器を認識するために通し番号で付けられる番号。

型式番号
型式承認（○P.94〜）を受けていることを示す番号。
＊自動車用消火器については、型式番号ではなく「自動車用」と赤字で書いた文字を表示する。

試験圧力値
本体容器の耐圧試験に基づく圧力値。

第5章 消火器の規格

③ 適応火災の絵表示

消火器はその見やすい位置に、A火災は「普通火災用」、B火災は「油火災用」、電気火災は「電気火災用」と、それぞれ適応する火災を明瞭に表示する必要があります。

さらに、適応火災の区分に応じた「絵表示」を、定められた色で表示しなければなりません。

■適応火災の絵表示

火災の区分	絵表示	絵表示の色
A火災 （普通火災）		炎は**赤色**、可燃物は**黒色**とし、地色は**白色**とする
B火災 （油火災）		炎は**赤色**、可燃物は**黒色**とし、地色は**黄色**とする
電気火災		電気の閃光は**黄色**とし、地色は**青色**とする

絵表示の大きさは、次のように定められています。

■充てんする消火剤の容量または質量

消火剤の容量または質量	絵表示の大きさ
容量2ℓ以下または質量3kg以下	半径1cm以上
容量2ℓ超または質量3kg超	半径1.5cm以上

ゴロ合わせ

【絵表示の大きさ】

2里（2ℓ）や3キロ（3kg）行かぬ（以下）なら、
いちじく（1cm）半分（半径）食べて、
2里（2ℓ）や3キロ（3kg）超えるなら、
いちご（1.5cm）半分（半径）食べろ

コレだけ！

本体容器に表示する事項の例

- 消火器の種類
- 加圧式、蓄圧式の区別
- A火災・B火災の能力単位
- 使用温度範囲
- 放射時間、放射距離
- 製造番号、型式番号
- 製造年、製造者名
- 試験圧力値
- 取扱上の注意事項

 確 認 テ ス ト

Key Point			できたら チェック ☑
塗色	☐	1	消火器の外面は、その25%以上を赤色仕上げとしなければならない。
	☐	2	二酸化炭素消火器は、高圧ガス保安法の適用により、容器表面積の25%以上を緑色に塗色することとされている。
本体容器に表示する事項	☐	3	消火器には、Ａ火災またはＢ火災に対する能力単位の数値を表示する必要がある。
	☐	4	消火器には「製造番号」、「型式番号」、「製造年月日」、「製造者名」を表示する必要がある。
	☐	5	Ｂ火災、電気火災に使用してはならない消火器については、その旨を表示する必要がある。
	☐	6	消火器には「使用温度範囲」、「放射時間」、「放射距離」、「試験圧力値」を表示する必要がある。
	☐	7	消火器に表示される「取扱上の注意事項」には、「廃棄時の連絡先」は含まれていない。
適応火災の絵表示	☐	8	Ａ火災は、炎が赤色、可燃物が黒色、地色が黄色の絵表示とする。
	☐	9	電気火災は、電気の閃光が黄色で、地色が青色の絵表示とする。
	☐	10	消火剤の容量が２ℓ以下または質量が３kg以下の場合には、絵表示の大きさは半径１cm以上とされている。
	☐	11	消火剤の容量が２ℓを超え、または質量が３kgを超える場合には、絵表示の大きさは半径２cm以上とされている。

第5章 消火器の規格

解答・解説

1.○　2.× 25%以上ではなく、2分の1以上を緑色に塗色することとされている。　3.○　4.×「製造年月日」ではなく「製造年」である。なお、「型式番号」は自動車用消火器を除く。　5.○　6.○　7.×「廃棄時の連絡先」も「取扱上の注意事項」の1つとされている。　8.× Ａ火災の地色は白色とする（地色を黄色とするのはＢ火災）。9.○　10.○　11.× この場合の半径は2cm以上ではなく、1.5cm以上とされている。

ここが狙われる！

「塗色」についてはすでに学習したページを復習しておこう。「本体容器に表示する事項」は一つひとつ書き出してすべて覚えるようにすること。「適応火災の絵表示」は火災区分ごとの絵に用いる色、絵表示の大きさについてよく出題されるので、確実に覚える必要がある。

Lesson 6 消火薬剤に関する規格

消火薬剤に関する規格は、「規格省令」とは別の「薬剤規格」で定められています。ここでは「薬剤規格」のうち、「消火薬剤の共通的性状」「消火薬剤の容器」および「強化液消火薬剤、泡消火薬剤、粉末消火薬剤の規格」について学習します。

1コマ劇場

消火器の種類や充てん方法なども表示しなければなりません。

消火薬剤の容器にいろいろ書かれていますね。

---

① 消火薬剤の共通的性状

消火薬剤に関する規格は「消火器用消火薬剤の技術上の規格を定める省令」（「薬剤規格」と呼ぶ）に定められており、「消火薬剤の共通的性状」について、次のように規定されています。

- 消火薬剤は、**著しい毒性**または**腐食性**を有しないものであって、かつ著しい毒性または腐食性のあるガスを発生しないものでなければならない
- **水溶液**の消火薬剤および**液状**の消火薬剤は、結晶の析出や溶液の分離、浮遊物または沈殿物の発生その他の異常を生じないものでなければならない
- **粉末状**の消火薬剤は、塊状化（固まりができること）、変質その他の異常を生じないものでなければならない

なお、消火薬剤は「使用済等消火薬剤」であってはなりませんが、これに薬剤規格の規定に適合する処理を施した「再利用消火薬剤」ならば使用できるとされています。

プラス1

消火器用消火薬剤の検定合格の表示

15mm

消火器の点検合格表示（●P.96）との違いに注意。
消火器は「証」、消火薬剤は容器に入れるから「印」＝ in と覚えよう。

② 消火薬剤の容器

　消火薬剤は、希釈、濃縮、固化、吸湿、変質などの異常を生じないように、容器に封入しておく必要があります。

　さらに、**消火薬剤の容器**には、次の事項を記載した簡明な表示をしなければなりません。

- 品名
- 充てんされるべき消火器の区別
- 充てん方法
- 消火薬剤の容量または質量
- 取扱上の注意事項
- 製造年月
- 製造者名または商標
- 型式番号

> 容器に表示することが不適当な場合は包装に表示してもかまいません。

第5章 消火器の規格

③ 強化液・泡消火薬剤の規格

①強化液消火薬剤の規格

　強化液消火薬剤は、**アルカリ金属塩類等の水溶液**でなければならないとされています。また、消火器を正常な状態で作動した場合に放射される強化液は、**防炎性**を有するとともに、**凝固点−20℃以下**である必要があります。

②泡消火薬剤の規格

ア　化学泡消火薬剤の規格

　粉末状の消火薬剤は、水に溶けやすい乾燥状態のものでなければなりません。また、温度20℃の消火薬剤を充てんした消火器から放射される泡の容量は、以下の通りとされています（◐P.144、145）。

- 手さげ式・背負式消火器 … 消火薬剤の容量の7倍以上
- 車載式の消火器 ………… 消火薬剤の容量の5.5倍以上

イ　機械泡消火薬剤の規格

　液状または粉末状の消火薬剤の場合は、水に溶けやすい

＋プラス1
アルカリ金属塩類である「炭酸カリウム」が一般に用いられている（◐P.139）。

ゴロ合わせ

【消火器から放出される泡の量】
車に載せ（車載式）たら
ゴーゴー（5.5倍）

用語

りん酸塩類等
りん酸アンモニウム
などのりん酸塩類、
硫酸塩類その他防炎
性を有する塩類をいう。

ゴロ合わせ

【粉末消火薬剤の着色】
リンさんしおらしく（りん酸塩類）
うすべに色（淡紅色系）

薬剤規格で着色が
定められているの
は「りん酸塩類等」
だけです。その他
の粉末消火薬剤の
着色は日本消火器
工業会の自主基準
によるものです。

ものでなければなりません。また、温度20℃の消火薬剤を充てんした消火器から放射される泡の容量は、消火薬剤の容量の５倍以上とされています（▶P.147）。

④ 粉末消火薬剤の規格

粉末消火薬剤は、**防湿加工**を施したナトリウムもしくはカリウムの重炭酸塩その他の塩類、または**りん酸塩類等**であって、以下の基準に適合するものでなければなりません（▶P.156）。

- 180μm以下の消火上有効な微細な粉末であること
- 温度30℃および湿度60％で48時間以上静置した後に、温度30℃および湿度80％で48時間静置した場合に、質量増加率が２％以下であること
- 水面に均一に散布した場合において、１時間以内に沈降しないこと

なお、**りん酸塩類等**には淡紅色系の着色を施さなければならないとされています。

また、粉末消火薬剤は**リサイクル**が促進されています。「**再利用消火薬剤**」（▶P.216）とする場合は、次の基準に適合する必要があります。

- 含水率が２％以下であること
- 均質であって、かつ**固化**を生じないような措置が講じられていること

コレだけ！

消火薬剤の容器に表示する事項（８項目）

- 品名
- 充てんされるべき消火器の区別
- 充てん方法
- 消火薬剤の容量または質量
- 取扱上の注意事項
- 製造年月
- 製造者名または商標
- 型式番号

確認テスト

Key Point			できたら チェック ☑
消火薬剤の 共通的性状	☐	1	消火薬剤は、著しい毒性・腐食性を有しないものであって、かつ著しい毒性・腐食性のあるガスを発生しないものでなければならない。
	☐	2	「使用済等消火薬剤」は、再利用が一切できないとされている。
消火薬剤の容器	☐	3	消火薬剤の容器には「消火薬剤の容量または質量」、「使用温度範囲」、「充てん方法」、「取扱上の注意事項」を表示する必要がある。
	☐	4	消火薬剤の容器には「品名」、「製造年月」、「製造者名または商標」、「型式番号」を表示する必要がある。
強化液・泡消火 薬剤の規格	☐	5	消火器を正常な状態で作動した場合に放射される強化液は、防炎性を有し、かつ凝固点−20℃以下でなければならない。
	☐	6	温度20℃の消火薬剤を充てんした手さげ式の消火器から放射される泡の容量は、消火薬剤の容量の5.5倍以上とされている。
	☐	7	温度20℃の消火薬剤を充てんした機械泡消火器から放射される泡の容量は、消火薬剤の容量の5倍以上とされている。
粉末消火薬剤の 規格	☐	8	粉末消火薬剤は、防湿加工を施したりん酸塩類等に限られている。
	☐	9	粉末消火薬剤は、水面に均一に散布した場合、30分以内に沈降しないものでなければならない。
	☐	10	粉末消火薬剤のうち、りん酸塩類等には、淡紅色系の着色を施さなければならないとされている。
	☐	11	再利用消火薬剤とする粉末消火薬剤は、含水率が2%以下であって、均質かつ固化を生じないような措置が講じられている必要がある。

解答・解説

1.○　2.×「使用済等消火薬剤」のうち、薬剤規格に適合する処理を施した「再利用消火薬剤」は使用することができる。　3.×「使用温度範囲」は消火器の本体容器に表示する事項であり、消火薬剤の容器に表示する事項ではない。　4.○　5.○　6.× 手さげ式および背負式の消火器は7倍以上、車載式の消火器が5.5倍以上とされている。　7.○　8.× 防湿加工を施したナトリウムまたはカリウムの重炭酸塩その他の塩類でもよい。　9.× 1時間以内に沈降しないこととされている。　10.○　11.○

ここが狙われる！

よく出題されるのは、「消火薬剤の容器」と「粉末消火薬剤の規格」である。特に、消火薬剤の容器に表示する事項は、消火器の本体容器に表示する事項と混同しないよう注意する必要がある。また、各消火薬剤とその性能については、第4章の該当ページを復習しておこう。

〈資料7〉

◆ハロン容器の「注意書きシール」について

　ハロゲン化物消火薬剤は、オゾン層を破壊する特定物質として「特定物質の規制等によるオゾン層の保護に関する法律」に基づき、1994（平成6）年1月1日以降生産が全廃されました（◆P.153）。

　現在でもハロゲン化物消火薬剤を充てんしている消火器や消火薬剤の容器（「ハロン容器」と呼ぶ）には、ハロゲン化物消火薬剤が不要となった場合の連絡先等を記載した「注意書きシール」を貼付することとされています。

「点検要領」では、外観点検で「表示」の点検（◆P.166）を行う際、ハロゲン化物消火器については「注意書きシール」が貼付されているかどうかを確認し、その結果を点検票の備考欄に記載することとしています。

オゾン層の保護にご協力下さい

オゾン層を保護するため消火以外にはハロンを放出しないで下さい。
ハロンの設置量・設置場所はデータ管理されています。
不要になったハロンは、リサイクル又は破壊することが必要ですので、
撤去する10日前までに所轄消防署又は下記の消防環境ネットワーク
まで連絡して、ハロンの回収にご協力下さい。

消防環境ネットワーク　TEL 03-5404-2180

使える！　まとめ資料集

資料集の内容

資料集の利用方法

○テキスト学習を進める際の横断的な知識整理ができます。

○試験直前期の暗記対策にご活用ください。

1　消防関係法令のまとめ

■用語（● P. 56〜58）

●防火対象物と消防対象物

防火対象物	山林、舟車、船舶、建築物・工作物、もしくはこれらに属する物
消防対象物	山林、舟車、船舶、建築物・工作物、または**物件**

※消防対象物の物件は、消火の対象となるすべての物

●関係者

防火対象物または消防対象物の所有者、管理者、占有者

●特定防火対象物

百貨店、劇場、病院など不特定多数の人が出入りする施設、避難が困難な人々がいる施設

■消防同意（●P. 63、64）

建築物の新築等について建築基準法上の確認等を行う際に、消防機関（消防長〔市町村長〕か消防署長）の同意を得ること

■消防用設備等の種類（●P.81）

消防の用に供する設備	消火設備	・消火器 ・簡易消火用具 ・屋内消火栓設備 ・屋外消火栓設備 ・粉末消火設備 ・動力消防ポンプ設備	・泡消火設備 ・不活性ガス消火設備 ・ハロゲン化物消火設備 ・スプリンクラー設備 ・水噴霧消火設備
	警報設備	・自動火災報知設備 ・ガス漏れ火災警報設備 ・漏電火災警報器	・消防機関へ通報する火災報知設備 ・非常警報器具 ・非常警報設備
	避難設備	・避難器具	・誘導灯および誘導標識
消防用水		・防火水槽 ・防火水槽に代わる貯水池その他の用水	
消火活動上必要な施設		・排煙設備 ・連結散水設備 ・連結送水管	・非常コンセント設備 ・無線通信補助設備

■消防用設備等の届出と検査（● P. 90、92）

政令で定める防火対象物の関係者は、消防用設備等や特殊消防用設備等を設置したときは、その旨を消防長または消防署長に届出をし、検査を受けなければならない

①届出をする者		防火対象物の関係者
②届出先		消防長（市町村長）か消防署長
③届出期間		工事完了後**4日以内**
④届出、検査が必要な防火対象物	1)	・自力避難困難者入所福祉施設等 ・特定防火対象物がある複合用途防火対象物や地下街等にあるもので、自力避難困難者入所福祉施設等の用途を含むもの
	2)	・**特定防火対象物**（自力避難困難者入所福祉施設等を除く）で、延べ面積**300㎡以上**のもの ※例外規定あり
	3)	・**非特定防火対象物**（一部の山林と舟車を除く）で、延べ面積**300㎡以上**のもので、**消防長等が指定したもの**
	4)	・**特定1階段等防火対象物**

1 消防関係法令のまとめ

■有資格者による点検を行う防火対象物 （▶P.91、92）

1）	・特定防火対象物で、延べ面積1000㎡以上のもの
2）	・非特定防火対象物（一部の山林と舟車を除く）で、延べ面積1000㎡以上のもので、消防長等が指定したもの
3）	・特定1階段等防火対象物

●点検内容と期間　・機器点検　　　6か月に1回
　　　　　　　　　・総合点検　　　1年に1回
●報告の期間　　　・特定防火対象物　　1年に1回
　　　　　　　　　・非特定防火対象物　3年に1回

■消火器具の設置義務（防火対象物全体として設置するもの）（▶P.106、107）

延べ面積に関係なし	劇場、映画館、地下街など
延べ面積150㎡以上	飲食店、百貨店、旅館、共同住宅など
延べ面積300㎡以上	小・中・高等学校、図書館、事務所など

■所要能力単位を求める際の算定基準面積 （▶P.114）

消火器具の設置義務による区分	算定基準面積	
	通常	耐火構造＋難燃材料
①延べ面積に関係なし　劇場、映画館、地下街など	50㎡	100㎡
②延べ面積150㎡以上　飲食店、百貨店、旅館、共同住宅など	100㎡	200㎡
③延べ面積300㎡以上　小・中・高等学校、図書館、事務所など	200㎡	400㎡

■距離による消火器具の配置基準 （▶P.118）

・防火対象物の階ごとに配置する
・防火対象物の各部分から歩行距離で20m（大型消火器は30m）以下となるよう配置する

■危険物施設に設置する消火設備の区分 （▶P.123）

区分	消火設備の内容
第1種	屋内消火栓設備、屋外消火栓設備
第2種	スプリンクラー設備
第3種	水、泡、ガス、粉末を放射する消火設備
第4種	大型消火器
第5種	小型消火器、簡易消火用具

■消火器の機能点検 （▶P.172）

消火器の種類	機能点検を行う時期	試料の扱い
蓄圧式消火器	製造年から5年経過	抜取り
ガス加圧式消火器	製造年から3年経過	全数※
化学泡消火器	設置後1年経過	全数

※粉末消火器は、加圧式でも「抜取り」

223

2 各消火器の機能一覧

蓄圧式水消火器（手さげ式）

		①加圧方式	蓄圧式	・指示圧力計がついている
指示圧力計	安全栓	②消火薬剤	浸潤剤入り水（純水ベース）	・水や強化液は、ノズルの先端が先広がりではない
		③運搬方式	手さげ式	
		④消火作用	冷却作用	・液体なので、窒息作用はない
		⑤適応火災	普通（A）電気（C）	・霧状放射で電気火災にも適応
		⑥使用温度範囲	0℃～+40℃	
	サイホン管	⑦起動動作数	1動作	・化学泡以外の手さげ式は1動作
		⑧特徴的部品等	安全栓 指示圧力計 サイホン管	・外形は蓄圧式強化液消火器とほぼ同じ

蓄圧式強化液消火器（手さげ式）

	安全栓	①加圧方式	蓄圧式	・大型のものはガス加圧式
指示圧力計		②消火薬剤	強化液	・水や強化液は、ノズルの先端が先広がりではない
		③運搬方式	手さげ式	
		④消火作用	冷却作用 抑制作用	・液体なので、窒息作用はない ・抑制作用は霧状放射の場合
		⑤適応火災	普通（A）油（B）電気（C）	・霧状放射で油火災、電気火災にも適応
		⑥使用温度範囲	−20℃～+40℃	
	サイホン管	⑦起動動作数	1動作	・化学泡以外の手さげ式は1動作
		⑧特徴的部品等	安全栓 指示圧力計 サイホン管	・外形は蓄圧式水消火器とほぼ同じ

蓄圧式強化液消火器（据置式）

安全栓 サイホン管 ホース	①加圧方式	蓄圧式	・上部に埋込み式の指示圧力計がついている
	②消火薬剤	強化液	
	③運搬方式	据置式	
	④消火作用	冷却作用 抑制作用	・液体なので、窒息作用はない ・抑制作用は霧状放射の場合
	⑤適応火災	普通（A） 油（B） 電気（C）	・霧状放射で油火災、電気火災にも適応
	⑥使用温度範囲	−20℃〜+40℃	
	⑦起動動作数	2動作以内	・据置式は2動作以内
	⑧特徴的部品等	安全栓 指示圧力計 サイホン管 コイル状のホース	・ノズル部分の開閉機構を操作することで放射の停止ができる

反応式化学泡消火器（転倒式・手さげ式）

安全弁 ろ過網　内筒ふた FH-10 A剤　B剤	①加圧方式	反応式	・化学泡消火器だけが反応式
	②消火薬剤	化学泡	
	③運搬方式	手さげ式	
	④消火作用	冷却作用 窒息作用	・泡なので窒息作用がある
	⑤適応火災	普通（A） 油（B）	・泡が電気を伝えるので、電気火災には適応しない
	⑥使用温度範囲	+5℃〜+40℃	・最低温度が最も高い
	⑦起動動作数	2動作以内	・化学泡は2動作以内
	⑧特徴的部品等	安全弁 内筒 内筒ふた 液面表示 ろ過網	・消火器を転倒することで、内筒ふたが落下して、A剤とB剤を混合して化学反応させる

反応式化学泡消火器（破がい転倒式・手さげ式）

押し金具　安全栓 カッター　ろ過網	①加圧方式	反応式	・化学泡消火器だけが反応式
	②消火薬剤	化学泡	
	③運搬方式	手さげ式	
	④消火作用	冷却作用 窒息作用	・泡なので窒息作用がある
	⑤適応火災	普通（A） 油（B）	・泡が電気を伝えるので、電気火災には適応しない
	⑥使用温度範囲	＋5℃〜＋40℃	・最低温度が最も高い
	⑦起動動作数	2動作以内	・化学泡は2動作以内
	⑧特徴的部品等	安全栓 押し金具 安全弁 カッター 内筒 内筒封板 液面表示 ろ過網	・キャップに装着された押し金具を押すと、内部のカッターが封板を破る。その後、消火器を転倒する

蓄圧式機械泡消火器（手さげ式）

安全栓 指示圧力計 サイホン管 発泡ノズル	①加圧方式	蓄圧式	・大型のものはガス加圧式
	②消火薬剤	機械泡	・水成膜泡剤か合成界面活性剤の希釈水溶液
	③運搬方式	手さげ式	
	④消火作用	冷却作用 窒息作用	・泡なので窒息作用がある
	⑤適応火災	普通（A） 油（B）	・泡が電気を伝えるので、電気火災には適応しない
	⑥使用温度範囲	−10℃〜＋40℃ −20℃〜＋40℃	
	⑦起動動作数	1動作	・化学泡以外の手さげ式は1動作
	⑧特徴的部品等	安全栓 指示圧力計 サイホン管 発泡ノズル	・発泡ノズルの吸入口から取り入れた空気を消火薬剤に混合し、機械的に泡を生成して放射する

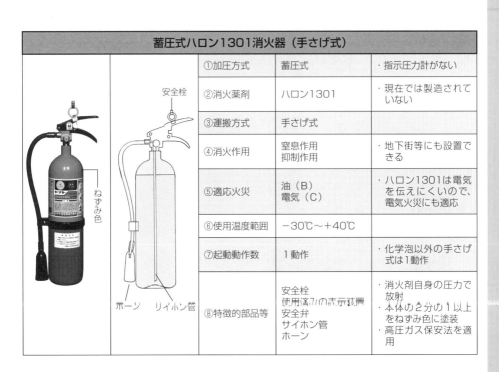

二酸化炭素消火器（手さげ式）

①加圧方式	蓄圧式	・指示圧力計がない ・大型のものも蓄圧式
②消火薬剤	液化二酸化炭素	
③運搬方式	手さげ式	
④消火作用	窒息作用	・地下街等には設置できない
⑤適応火災	油（B） 電気（C）	・二酸化炭素は電気を伝えにくいので、電気火災にも適応
⑥使用温度範囲	−30℃〜＋40℃	
⑦起動動作数	1動作	・化学泡以外の手さげ式は1動作
⑧特徴的部品等	安全栓 使用済みの表示装置 安全弁 サイホン管 ホーン握り	・消火剤自身の圧力で放射 ・本体の2分の1以上を緑色に塗装 ・高圧ガス保安法を適用

ホーン握り / 安全栓 / 緑色 / ホーン / サイホン管

蓄圧式ハロン1301消火器（手さげ式）

①加圧方式	蓄圧式	・指示圧力計がない
②消火薬剤	ハロン1301	・現在では製造されていない
③運搬方式	手さげ式	
④消火作用	窒息作用 抑制作用	・地下街等にも設置できる
⑤適応火災	油（B） 電気（C）	・ハロン1301は電気を伝えにくいので、電気火災にも適応
⑥使用温度範囲	−30℃〜＋40℃	
⑦起動動作数	1動作	・化学泡以外の手さげ式は1動作
⑧特徴的部品等	安全栓 使用済みの表示装置 安全弁 サイホン管 ホーン	・消火剤自身の圧力で放射 ・本体の2分の1以上をねずみ色に塗装 ・高圧ガス保安法を適用

安全栓 / ねずみ色 / ホーン / サイホン管

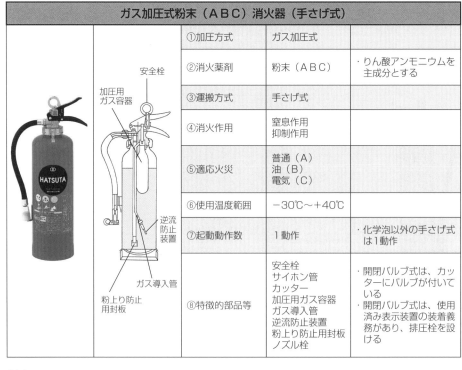

蓄圧式粉末（ＡＢＣ）消火器（手さげ式）			
①加圧方式	蓄圧式	・指示圧力計がついている
②消火薬剤	粉末（ＡＢＣ）	・りん酸アンモニウムを主成分とする
③運搬方式	手さげ式	
④消火作用	抑制作用 窒息作用	
⑤適応火災	普通（Ａ） 油（Ｂ） 電気（Ｃ）	
⑥使用温度範囲	－30℃〜＋40℃	
⑦起動動作数	1動作	・化学泡以外の手さげ式は1動作
⑧特徴的部品等	安全栓 指示圧力計 サイホン管 ホーン	・ノズルの先端は、先広がりのホーン

ガス加圧式粉末（ＡＢＣ）消火器（手さげ式）			
①加圧方式	ガス加圧式	
②消火薬剤	粉末（ＡＢＣ）	・りん酸アンモニウムを主成分とする
③運搬方式	手さげ式	
④消火作用	窒息作用 抑制作用	
⑤適応火災	普通（Ａ） 油（Ｂ） 電気（Ｃ）	
⑥使用温度範囲	－30℃〜＋40℃	
⑦起動動作数	1動作	・化学泡以外の手さげ式は1動作
⑧特徴的部品等	安全栓 サイホン管 カッター 加圧用ガス容器 ガス導入管 逆流防止装置 粉上り防止用封板 ノズル栓	・開閉バルブ式は、カッターにバルブが付いている ・開閉バルブ式は、使用済み表示装置の装着義務があり、排圧栓を設ける

3　消火器関連法令のまとめ

■消火方法と適応する火災のまとめ（▶P.132）

消火剤			消火方法		適応する火災		
					A普通	B油	C電気
水・泡系	水	棒状	冷却		○	×	×
		霧状	冷却		○	×	○
	強化液	棒状	冷却		○	×	×
		霧状	冷却	抑制	○	○	○
	泡	化学泡	窒息	冷却	○	○	×
		機械泡	窒息	冷却	○	○	×
ガス系	二酸化炭素		窒息		×	○	○
	ハロゲン化物		抑制	窒息	×	○	○
粉末系	りん酸塩類		抑制	窒息	○	○	○
	炭酸水素塩類		抑制	窒息	×	○	○

■各消火器の加圧方式（▶P.135）

消火器の種類		蓄圧式	加圧式	
			ガス加圧式	反応式
水消火器		◎	－	－
強化液消火器		◎	○	－
泡	化学泡消火器	－	－	○
	機械泡消火器	◎	○	－
二酸化炭素消火器		●	－	－
ハロゲン化物消火器		●	－	－
粉末消火器		◎	○	－

◎…圧縮ガスの圧力によって消火剤を放射
●…消火剤自身の圧力によって消火剤を放射

■高圧ガス保安法が適用される消火器（▶P.150～154）

二酸化炭素消火器	表面積の2分の1以上を**緑色**にする
ハロン1301消火器	表面積の2分の1以上を**ねずみ色**にする

※どちらも、消防設備士が消火器の分解や消火剤の充てんをすることはできない
※すべての消火器は表面積の**4分の1以上を赤色**にする

■粉末消火薬剤の種類と色（▶P.156）

消火薬剤	主成分	着色
粉末（ABC）	りん酸アンモニウム	淡紅色系
粉末（Na）	炭酸水素ナトリウム	白色
粉末（K）	炭酸水素カリウム	紫色系
粉末（KU）	炭酸水素カリウム＋尿素	ねずみ色

※法令上着色が定められているのは、「りん酸アンモニウム」などのりん酸塩類等だけ。ほかは、日本消火器工業会の自主基準

■能力単位の数値（▶P.190）

小型消火器	A、B火災問わず	1単位以上
大型消火器	A火災に適応するもの	10単位以上
	B火災に適応するもの	20単位以上

■大型消火器の定義（▶P.190、192）

①能力単位の「大型消火器」の要件を満たすもの
②「薬剤充てん量」の要件を満たすもの

以上、2つの要件を同時に満たすもの

■大型消火器の薬剤充てん量（▶P.192）

消火器の種類		薬剤充てん量
水消火器		80ℓ以上
強化液消火器		60ℓ以上
泡	化学泡消火器	80ℓ以上
	機械泡消火器	20ℓ以上
二酸化炭素消火器		50kg以上
ハロゲン化物消火器		30kg以上
粉末消火器		20kg以上

■**動作数**（▶P.194）

①**手さげ式消火器**（化学泡消火器を除く）	1動作
②**手さげ式の化学泡消火器** 　据置式消火器 　背負式消火器	2動作以内
③**車載式消火器**	3動作以内

※次の動作は、動作数に含まない
　消火器を保持装置から取り外す
　背負う
　安全栓を引き抜く
　ホースを外す

■**放射性能**（▶P.196）

①放射の操作が完了した後、すみやかに消火剤を有効に放射する
②放射時間…温度20℃で**10秒以上**
③消火に有効な放射距離を有する
④**消火剤の90%以上を放射**できる（容量か質量で）化学泡消火剤は**85%以上**放射できる

■**使用温度範囲**

●**法令上の範囲**（▶P.196）

化学泡消火器	+5℃〜+40℃
上記以外の消火器	0℃〜+40℃

●**市販されている消火器の範囲**

水(純水）消火器	0℃〜+40℃
強化液消火器	−20℃〜+40℃
化学泡消火器	+5℃〜+40℃
機械泡消火器	−20℃〜+40℃
	−10℃〜+40℃
二酸化炭素消火器	−30℃〜+40℃
ハロン1301消火器	−30℃〜+40℃
粉末消火器	−30℃〜+40℃ [※1]
	−20℃〜+40℃ [※2]
	−10℃〜+40℃ [※3]

※1 窒素ガス使用
※2、3 二酸化炭素ガス使用のガス加圧式

■**消火器の質量と運搬方式**（▶P.197）

消火器の質量	運搬方式			
	手さげ式	**背負式**	**据置式**	**車載式**
28kg以下	○	○	○	−
28kg超〜35kg以下	−	○	○	○
35kg超	−	−	−	○

4　消火器の部品等の一覧

安全栓	
	役　割 消火器の不時の作動を防止する **装着されている消火器** 手動ポンプで作動する水消火器と転倒式の化学泡消火器以外の消火器

安全弁	
	役　割 容器の内圧が規定値以上に上昇したときに、圧力を排出する **装着されている消火器** 化学泡消火器、二酸化炭素消火器、ハロン1301消火器

減圧孔	
	役　割 消火器のキャップを外す途中で、この穴を通して内圧を完全に減圧する **装着されている消火器** 写真のようなキャップのある消火器

排圧栓	
	役　割 点検・整備の前に残圧を排出する **装着されている消火器** ガス加圧式粉末消火器（開閉バルブ式）など

発泡ノズル	
	**役　割** 消火薬剤に空気を混合し、機械的に泡を生成して放射する **装着されている消火器** 機械泡消火器

指示圧力計	
	**役　割** 消火器の内圧の表示 **装着されている消火器** 二酸化炭素消火器とハロン1301消火器を除く蓄圧式の消火器

使用済みの表示装置	
	役　割 その消火器が未使用であることを表示する **装着されている消火器** 手さげ式消火器（指示圧力計のある蓄圧式消火器、バルブを有しない消火器、手動ポンプで作動する水消火器を除く）

加圧用ガス容器	
	役　割 ここに充てんされたガスを本体容器内に導入して消火剤を放射できるように加圧する **装着されている消火器** ガス加圧式の消火器

ろ過網	
	役　割 消火薬剤中のごみなどによるホースやノズルの目詰まりを防ぐ **装着されている消火器** 化学泡消火器

内筒ふた	
	**役　割** 内筒の薬剤がこぼれて外筒の薬剤と混ざらないようにする（転倒した際にはふたが外れることによって、内筒と外筒の薬剤が混ざって化学反応を起こすことで消火液が放射される） **装着されている消火器** 化学泡消火器（転倒式）

逆流防止装置		粉上がり防止用封板	
	役　割 ガス導入管に薬剤が逆流しないようにする		**役　割** 消火器の使用時以外に薬剤がサイホン管に流入したり、管内で固まったりするのを防ぐ
	装着されている消火器		**装着されている消火器**
	ガス加圧式粉末消火器		ガス加圧式粉末消火器

5　整備用の器具の一覧

圧力調整器		標準圧力計	
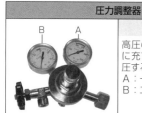	**役　割** 高圧の窒素ガスを消火器に充てんできる圧力に減圧する Ａ：一次側圧力計 Ｂ：二次側圧力計		**役　割** 指示圧力計の精度を確認するため、蓄圧式消火器の内圧を測定する
クランプ台		キャップスパナ	
	役　割 消火器のキャップの開閉などの作業をするときに、消火器の本体容器を固定する		**役　割** 消火器のキャップを開閉する
プライヤ		反射鏡（点検鏡）	
	**役　割** 消火器の本体容器の中に入っている加圧用ガス容器を取り外したり、取り付けたりする		**役　割** 消火器本体容器の内面の腐食等を目視で確認する
エアーガン		保護枠	
	**役　割** 粉末消火器の本体容器内、キャップ、ホース、ノズル、サイホン管などを除湿した圧縮空気や窒素ガスなどを用いて、付着した薬剤を吹き払って清掃する		**役　割** 消火器の本体容器の耐圧試験を行う際に、万が一破裂しても破片が飛び散らないように、本体容器をこの中に入れる

6　消火器の分解、充てんの手順

◎蓄圧式消火器の分解、消火薬剤の充てん、蓄圧ガス（圧縮ガス）の充てん

手順	使用する器具等

■蓄圧式消火器の分解

①**総質量をはかりで量る**

②**指示圧力計の指度を確認する**

③**容器内圧を完全に排出する**

・排圧栓のあるもの：排圧栓を開く

・排圧栓のないもの：容器をさかさにしてレバーを徐々に握る

容器をさかさにするのは、容器を立てた状態でレバーを握ると、消火剤が放出されてしまうため。また内圧を排出しようとして、いきなりキャップを緩めてはいけない

④**キャップ、バルブ部分を本体容器から外す**　　　　クランプ台

⑤**消火薬剤を移す**　　　　キャップスパナ

・水系の消火薬剤：ポリバケツ等に移す　　　　ポリバケツ

・粉末系の消火薬剤：ポリ袋に移し、輪ゴムなどで封をする　　ポリ袋　輪ゴム

⑥**本体容器内等の清掃**

本体容器内、ノズル、ホース、サイホン管、バルブ等を清掃

・水系の消火器：水で洗浄

・粉末系の消火器：除湿された圧縮空気か窒素ガスで付着した薬剤を吹　　圧縮空気か窒素ガス
き払うように清掃（エアーブロー）　　　　のボンベ

　　　　エアーホース

■蓄圧式消火器の消火薬剤の充てん　　　　エアーガン

①**口金に薬剤注入用の漏斗を挿入する**　　　　漏斗

・メーカー指定の消火薬剤を使用

・事前に本体容器内に異物や水滴等がないことを確認

②**充てん量を確認して、消火薬剤を静かに注入する**

・口金やねじ等に付着した粉末薬剤は刷毛等で除去する

・水系薬剤は水で洗い流す

③**サイホン管が結合されているバルブ本体を口金に挿入する**

④**キャップを十分に締める**

・指示圧力計が正面を向くよう保持する

■蓄圧ガス（圧縮ガス）の充てん

①窒素ガス容器のバルブに圧力調整器を取り付ける

②圧力調整器の出口側に高圧エアーホースを緊結する

③圧力調整器の出口側バルブを締め、圧力調整ハンドルは緩めた状態にして、窒素ガス容器のバルブを開く

・圧力調整器の一次側圧力計は窒素ガス容器内の圧力を示し、二次側圧力計は0を指す

④消火器の「温度-圧力線図」より、充てん時の気温に適合する圧力値（充てん圧力値）を求める

⑤圧力調整ハンドルを回すと二次側圧力計の針が徐々に上がるので、④で求めた充てん圧力値にセットする

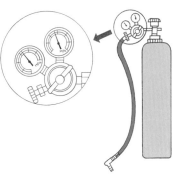

⑥高圧エアーホースを消火器に接続する

・三方バルブはあらかじめ高圧エアーホースの先端部分に緊結し、「閉」の状態にしておく

・接手（継手）金具を消火器のホース接続部に取り付け、これに三方バルブのカプラ継手を接続する

⑦圧力調整器の出口側バルブを開ける

・充てん圧力値まで減圧された窒素ガスが、高圧エアーホースを通って三方バルブまで通じる

⑧三方バルブを「開」の状態にして、消火器のレバーを握る

・窒素ガスが消火器内に充てんされる

・「シュー」という充てん音がなくなる

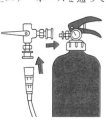

⑨指示圧力計によって充てん圧力値に達したことを確認

・先に消火器のレバーを離してから、三方バルブを閉じる

⑩安全栓を装着して、三方バルブを接手金具から外す

・充てんが完了したら、消火器の分解後に再び緊結した部分やバルブ部分から漏れがないか点検する
（気密試験）

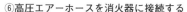

右側の「使用する器具等」欄：

窒素ガス容器
圧力調整器
高圧エアーホース

温度-圧力線図

三方バルブ

接手金具

水槽

実技試験対策

　実技試験は、写真やイラストや図面を使った問題の答えを記述していく形式です。問題は、次の3つの分野から大問5つが出題されます。なお、大問1つにつき、2〜8つの項目を問われます。

〈分野ごとに問われるポイント〉

1　消火器本体に関する問題

○3つの分野の中では、出題数が最も多い

○各種消火器の名称、構造、機能 ▶P. 224〜230 のまとめ

2　消火器の部品等に関する問題

○部品の名称、役割、装着される消火器の種類

○各部品がどの消火器に装着されるか ▶P. 231、232 のまとめ

3　器具に関する問題

○各器具の名称と役割

○どういう消火器のどういう整備の際に使われるのか ▶P. 232〜234 のまとめ

実技試験対策の内容

　実技試験対策の利用方法

○1〜3の実技試験対策で、それぞれの分野でどんなことがどんな形で問われるのか、問われ方、答え方に慣れてください。

○最後の「4　実技試験対策実践編」に取り組むことで、実技試験対策の仕上げをしてください。

1　消火器本体に関する実技試験対策

問題1　次の強化液消火器について、各設問に答えなさい。

①この消火器の加圧方式は何か。

②この消火器の使用温度範囲は何度か。

正解

①蓄圧式　ポイントは**指示圧力計**です。指示圧力計が付いている消火器は蓄圧式です。

②−20℃〜＋40℃　規格省令では「0℃以上40℃以下」と定められていますが、市販されているものは−20℃以上40℃以下に拡大されています。

問題2　次の消火器について、各設問に答えなさい。

①この消火器の消火薬剤は何か。

②この消火器の適応火災は何か。

正解

①機械泡　ポイントは**発泡ノズル**と呼ばれるノズルの形です。

②普通・油　泡を伝って感電する危険性があるため、電気火災には適応しません。

問題3　次の消火器について、各設問に答えなさい。

①この消火器の加圧方式は何か。

②この消火器の消火薬剤は何か。

正解

①**ガス加圧式**　ポイントは**指示圧力計がない**ことです。

②**粉末**　ポイントはノズルの先に付いた**ノズル栓**（粉末の防湿対策用）です。

問題4　次の消火器について、各設問に答えなさい。

①この消火器の消火薬剤は何か。

②この消火器の加圧方式は何か。

緑色

正解

①**二酸化炭素**　最大のポイントは容器の2分の1以上が緑色に塗られている（高圧ガス保安法）ことと、ノズルの先にホーンが付いていることです。

②**蓄圧式**　二酸化炭素消火器は**蓄圧式だけ**です。

問題5 次の消火器について、各設問に答えなさい。

①この消火器の消火薬剤は何か。

②この消火器の加圧方式は何か。

ねずみ色

正解

①ハロン1301　最大のポイントは容器の2分の1以上がねずみ色に塗られ
ている（高圧ガス保安法）ことと、ノズルの先にホーンが付いていること
です。

②蓄圧式　ハロン1301消火器は蓄圧式だけです。

問題6 次の断面形状を有する消火器について、各設問に答えなさい。

①この消火器の加圧方式は何か。

②Aの名称は何か。

③Bの名称は何か。

④Cの名称は何か。

⑤Cの役割は何か。

⑥Dの名称は何か。

⑦この消火器の名称は何か。

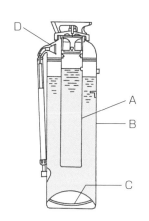

D

A

B

C

正解

①反応式　　②内筒　　③本体容器（外筒）　　④提手　　⑤本体容器をさか
さにしたときの持ち手になる　　⑥ろ過網　　⑦反応式化学泡消火器（転倒式）

問題 7　次の断面形状を有する強化液消火器について、**各設問に答えなさい。**

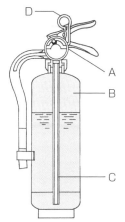

①この消火器の加圧方式は何か。
②この消火器の消火薬剤は何か。
③Aの名称は何か。
④Bの名称は何か。
⑤Cの名称は何か。
⑥Dの名称は何か。

正解

①蓄圧式　②炭酸カリウムの水溶液　③指示圧力計　④圧縮ガス（圧縮空気、圧縮窒素）　⑤サイホン管　⑥安全栓

問題 8　次の断面形状を有する消火器について、**各設問に答えなさい。**

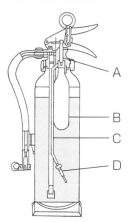

①この消火器の名称は何か。
②Aの名称は何か。
③Aの役割は何か。
④Bの名称は何か。
⑤Cの名称は何か。
⑥Dの名称は何か。

正解

①ガス加圧式粉末消火器（手さげ式）　②カッター　③加圧用ガス容器の封板を破りガスを放射させる　④加圧用ガス容器　⑤ガス導入管
⑥逆流防止装置

2　消火器の部品等に関する実技試験対策

問題1　次の消火器の部品について、各設問に答えなさい。

①この部品の名称は何か。

②この部品の役割は何か。

③この部品が装着されている消火器は何か。

正解

①ろ過網

②消火薬剤中のごみなどによって、ホースやノズルが目詰まりすることを防ぐ

③化学泡消火器

問題2　次の消火器の部品について、各設問に答えなさい。

①矢印で示す部品の名称は何か。

②この部品の役割は何か。

正解

①安全弁

②容器の内圧が急激に上昇したときに、圧力を排出する

問題3 次の消火器の部品について、**各設問に答えなさい。**

①この部品の名称は何か。

②「ＴＷ285」の表示の意味は何か。

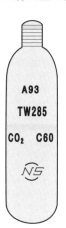

A93

TW285

CO₂　C60

正解

①加圧用ガス容器

②「総質量285ｇ」という意味

3　器具に関する実技試験対策

問題1 次の器具について、**各設問に答えなさい。**

①この器具の名称は何か。

②何をするための器具か。

正解

①クランプ台

②消火器のキャップの開閉などの作業をするときに、消火器の本体容器を固定するための器具

問題2 次の器具について、各設問に答えなさい。

①この器具の名称は何か。

②何をするための器具か。

正 解

①標準圧力計

②指示圧力計の精度を確認するため、蓄圧式消火器の内圧を測定する

問題3 次の器具について、各設問に答えなさい。

①この器具の名称は何か。

②何をするための器具か。

正 解

①反射鏡（点検鏡）

②消火器本体容器の内面の腐食等を目視で確認する

4　実技試験対策実践編

問題1 消火器用の検定合格の表示は次のうちどれか。

正解

> **イ**　イは「合格之証」、エは「合格之印」と書かれている。エは消火薬剤の検定合格の表示。「消火器は証」と覚えるとよい。イの円の寸法は10ミリ。

問題2 図は「事務所」の平面図である。**各設問に答えなさい。**

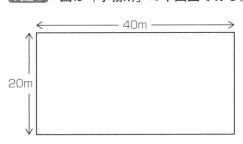

①この「事務所」の所要能力単位はいくらか。ただし、建物の主要構造部は耐火構造とし、内装は不燃材料とする。

②消火器の設置場所を図で示せ。ただし、消火器の本数は2本とする。

正解

① 2単位

　延べ面積÷算定基準面積

　＝（40×20）÷（200×2）＝2

延べ面積300㎡以上の事務所の算定基準は200㎡。主要構造部が耐火構造で内装が不燃材料なので2倍になる。

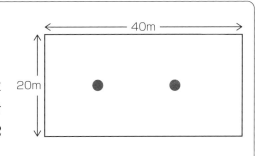

② 右の図のように、建物中心部に1単位の消火器を2本置く（壁際に置くと、真ん中で、歩行距離20mより遠い部分が出てしまう）。

問題3 図は2階建ての建物の立面図である。**各設問に答えなさい。**

①階ごとの所要能力単位はいくらか。

| 2階　映画館（400㎡） |
| 1階　マーケット（400㎡） |

ただし、建物の主要構造部は耐火構造とし、内装は不燃材料とする。

また、所要能力単位の算定基準面積は、以下の通りとする。

　映画館　　　　　50㎡

　マーケット　　　100㎡

②消火器の設置数はいくつか。ただし、消火器の能力単位は2とし、歩行距離は考えないものとする。

正解

①1階は2、2階は4　　この場合は、算定基準面積が2倍になる。

　2階の所要能力単位　400㎡÷（算定基準面積50㎡×2）＝ 4

　1階の所要能力単位　400㎡÷（算定基準面積100㎡×2）＝ 2

②1階は1、2階は2

　2階の消火器の設置数　2階の所要能力単位4÷消火器の能力単位2 = 2

　1階の消火器の設置数　1階の所要能力単位2÷消火器の能力単位2 = 1

問題4 次の消火器のうち、使用可能温度が最も低いのはどれか。

ア　　　　　　　　　　　イ　　　　　　　　　　　ウ

ねずみ色

正解

ア　アのハロン1301消火器だけが、最低使用可能温度が−30℃で最も低い。ちなみに、イは蓄圧式強化液消火器、ウは蓄圧式機械泡消火器で、最低使用可能温度はどちらも−20℃。

問題5　**次の消火器について、各設問に答えなさい。**

①ガス導入管を装着しているものはどれか。

②ろ過網を装着しているものはどれか。

③検定の対象とならない消火薬剤を使っているものはどれか。

　ア　　　　　　　　　イ　　　　　　　　　ウ　　　　　　　　　エ

緑色

正解

①エ　エのガス加圧式粉末（ABC）消火器だけが、ガス導入管を装着している。

②ウ　ウは化学泡消火器（破がい転倒式）。

③ア　アの二酸化炭素消火器は、高圧ガス保安法の適用を受け、検定の対象にはならない。

問題6　**次の消火器について、各設問に答えなさい。**

①この消火器を分解する際に使用する器具を4つ答えよ。

②この消火器に消火薬剤を再充てんする際に①のほかに使用する器具を1つ答えよ。

正解

①ドライバー、クランプ台、キャップスパナ、プライヤ　　　②漏斗

この消火器は、ガス加圧式粉末消火器である。

問題7 次の消火器について、各設問に答えなさい。

消火器の総質量　　　5 kg

薬剤質量　　　　　　3 kg

加圧用ガスの質量　　40 g

①この消火器を放射したあとに総質量を測定したところ、2.2kgであった。この消火器から放射されなかった薬剤の質量を答えよ。

②この消火器の放射性能について、規格省令上、適合であるか、不適合であるかを答えよ。

正解

①0.24kg

　総質量5 kgが2.2kgに減ったのだから、

　5（kg）− 2.2（kg）= 2.8（kg）

　ここには、加圧用のガスの重量も含まれているので、

　2.8（kg）− 0.04（kg）= 2.76（kg）

　これが、放射された薬剤量である。もとの薬剤量3 kgから、放射された薬剤量を引けば、放射されなかった薬剤量がわかる。

　3（kg）− 2.76（kg）= 0.24（kg）

②適合である

　規格省令上、適合であるためには、薬剤の90％以上の量を放射することが必要である。逆にいえば、残量が10％以下であることが必要である。

　3（kg）× 0.1 = 0.3（kg）

　0.24（kg）< 0.3（kg）

なので、適合である。

予想模擬試験

■予想模擬試験の活用方法

この試験は、本試験前の学習理解度の確認用に活用してください。本試験での合格基準（各科目40％以上で、全体が60％以上の正解率）を目標に取り組みましょう。

■解答の記入の仕方

①解答の記入には、本試験と同様にＨＢかＢの鉛筆を使用してください。なお、本試験では電卓、定規などは使用できません。

②解答カードは、本試験と同様のマークシート方式です。解答欄の正解と思う番号数字の横の枠に縦線を濃く引いてください。その際、鉛筆が枠からはみ出さないよう気をつけてください。

③消しゴムはよく消えるものを使用し、本試験で解答が無効にならないよう注意してください。

■試験時間

1時間45分（本試験の試験時間と同じです）

予想模擬試験〈第1回〉

■消防関係法令（共通）

問題1　消防法令上の用語として、誤っているものは次のうちどれか。

(1)　「防火対象物」とは、山林または舟車、船きょもしくはふ頭に繋留された船舶、建築物その他の工作物または物件をいう。

(2)　「関係者」とは、防火対象物または消防対象物の所有者、管理者または占有者をいう。

(3)　「消防用設備等」とは、消防の用に供する設備、消防用水および消火活動上必要な施設をいう。

(4)　「無窓階」とは、建築物の地上階のうち、避難上または消火活動上有効な開口部を有しない階をいう。

問題2　屋外における火災予防のための措置命令等について、誤っているものは次のうちどれか。

(1)　消防署長は、火災の予防に危険であると認める行為者に対して、たき火等の行為の禁止を命じることができる。

(2)　消防吏員は、火災の予防に危険であると認める行為者に対して、たき火等を行う場合の消火準備を命じることができる。

(3)　消防署長は、火災の予防に危険であると認める物件の除去について、措置命令の相手を確知できない場合、消防職員に当該措置を代行させることができる。

(4)　消防団長は、火災の予防に危険であると認める行為者に対して、たき火等の行為の禁止を命じることができる。

問題3　消防用設備等の種類として、正しいものは次のうちどれか。

(1)　スプリンクラー設備は、「消防用水」に含まれる。

(2)　排煙設備は、「消防の用に供する設備」に含まれる。

(3)　水バケツ、乾燥砂は、「消火設備」に含まれる。

(4)　誘導灯および誘導標識は、「警報設備」に含まれる。

問題4　消防用設備等の設置単位について、誤っているものは次のうちどれか。

(1)　建築物である防火対象物については、特段の規定がない限り、1棟の建築物ごとに消防用設備等を設置することが原則とされている。

(2)　1棟の防火対象物の一部分が、防火戸や防火シャッター等を設けることによって完全に区画されている場合は、独立した防火対象物とみなされる。

(3)　複合用途防火対象物の場合、スプリンクラー設備その他の特定設備を除き、同じ用途に使用されている部分は1つの防火対象物とみなされる。

(4)　特定防火対象物の地階で「地下街」と一体をなすものとして消防長または消防署長が指定したものは、特定の設備についてその「地下街」の部分とみなされる。

問題5　消防設備士または消防設備点検資格者が消防用設備等の点検を行わなければならない防火対象物として、正しいものは次のうちどれか。ただし、消防長または消防署長が指定したものは除く。

(1)　延べ面積が600㎡の飲食店

(2)　延べ面積が1000㎡の倉庫

(3)　延べ面積が1200㎡の児童養護施設

(4)　延べ面積が1500㎡の工場

問題6　消防設備士の免状について、正しいものは次のうちどれか。

(1)　免状の記載事項に変更を生じたときは、免状を交付した市町村長に書換えを申請しなければならない。

(2)　免状に添付されている写真が撮影から10年を経過したときは、遅滞なく、免状の書換えを申請する必要がある。

(3)　交付された免状を亡失したときは、その免状を交付した都道府県知事だけでなく、居住地または勤務地を管轄する都道府県知事にも免状の再交付を申請することができる。

(4)　消防法令に違反している消防設備士に対して、その免状を交付した都道府県知事は免状の返納を命じることができるが、返納命令に違反しても罰則を科せられることはない。

■消防関係法令（類別）

問題7 消火器具を設置しなければならない防火対象物として、正しいものは次のうちどれか。

(1) 延べ面積が250㎡の美術館

(2) すべてのマーケット

(3) 延べ面積が200㎡の事務所

(4) すべての劇場

問題8 それぞれの防火対象物に必要な所要能力単位を求めるとき、算定基準面積の数値を2倍とする防火対象物として、正しいものは次のうちどれか。

(1) 主要構造部を耐火構造とし、かつ、壁および天井の室内に面する部分の仕上げを難燃材料でした防火対象物

(2) 主要構造部を準耐火構造とし、かつ、壁および天井の室内に面する部分の仕上げを難燃材料でした防火対象物

(3) 主要構造部を準耐火構造とし、かつ、壁および天井の下地の部分を難燃材料にした防火対象物

(4) 主要構造部を耐火構造とし、かつ、壁および天井の下地の部分を難燃材料にした防火対象物

問題9 消火器具の設置基準について、誤っているものは次のうちどれか。

(1) 消火器具（大型消火器を除く）は、防火対象物の階ごとに、防火対象物の各部分から歩行距離で20m以下となるように配置する。

(2) 消火器具は、床面からの高さが1.5m以下の箇所に設ける。

(3) 消火器には、その種類とは関係なく、地震による震動等による転倒を防止するための適当な措置を講じなければならない。

(4) 消火器具を設置した箇所には、消火器ならば「消火器」、水バケツならば「消火バケツ」と表示した標識を、見やすい位置に設ける。

問題10　電気設備に適応する消火器として、誤っているものは次のうちどれか。

(1)　水を霧状に放射する消火器

(2)　二酸化炭素を放射する消火器

(3)　りん酸塩類等を使用する消火粉末を放射する消火器

(4)　泡を放射する消火器

■基礎的知識（機械）

問題11　重量80Nの物体が水平面上に置かれている。この物体と水平面との接触面積は20cm²で、摩擦係数0.5とするとき、物体が動き出すときの最大摩擦力として、正しいものは次のうちどれか。

(1)　　20N

(2)　　40N

(3)　160N

(4)　800N

問題12　「ボイル・シャルルの法則」の説明として、正しいものは次のうちどれか。

(1)　気体の体積は、圧力に反比例し、絶対温度に比例するという法則。

(2)　圧力一定のとき、気体の体積は、温度が1℃増減するごとに、0℃のときの体積の273分の1ずつ増減するという法則。

(3)　容器に密閉された液体や気体の一部に圧力を加えると、その圧力は液体や気体のどの部分にも伝わり、どの面にも垂直に同じ大きさで伝わるという法則。

(4)　比例限度までは、物体の伸び（ひずみ）は荷重（応力）に比例するという法則。

問題13　金属の表面処理について、誤っているものは次のうちどれか。

(1)　「浸炭」とは、金属の表面に炭素成分を浸み込ませるように焼き、表面層を硬化させることをいう。

(2)　表面に被膜を作る方法としては、塗装、メッキ、溶射などがあり、いずれも防食の効果がある。

(3)　「ライニング」とは、溶かした他種の金属を噴霧する塗装方法をいう。

(4)　メッキは、一般に鋼材に対して行われ、亜鉛メッキが最も多く用いられている。

問題14　鉄鋼材料のみの組合せとして、正しいものは次のうちどれか。

(1)　炭素鋼、鋳鉄

(2)　青銅、ホワイトメタル

(3)　合金鋼、砲金

(4)　洋白、アルマイト

問題15　断面積1500㎟の材料に60kNの圧縮荷重が作用しているとき、この材料に生じる圧縮応力の大きさとして、正しいものは次のうちどれか。

(1)　　4MPa

(2)　25MPa

(3)　30MPa

(4)　40MPa

■構造・機能等（機械）

問題16　消火薬剤とその消火方法の組合せとして、正しいものは次のうちどれか。

(1)　強化液（霧状放射）・・・窒息、抑制
(2)　化学泡・・・・・・・・・・・・・・窒息、冷却
(3)　機械泡・・・・・・・・・・・・・・窒息、抑制
(4)　粉末系・・・・・・・・・・・・・・冷却、抑制

問題17　強化液消火器について、誤っているものは次のうちどれか。

(1)　消火薬剤は、強アルカリ性のものは炭酸カリウムの濃厚な水溶液である。
(2)　使用温度範囲は、－20℃～＋40℃である。
(3)　加圧方式は、蓄圧式のみである。
(4)　強化液消火器には、手さげ式、車載式のほか、据置式のものもある。

問題18　化学泡消火器について、誤っているものは次のうちどれか。

(1)　鋼板製の本体容器（外筒）内に、ポリエチレン製の内筒が取り付けられている。
(2)　消火薬剤は、外筒用のＡ剤が炭酸水素ナトリウムを主成分とする粉末、内筒用の
　　Ｂ剤が硫酸アルミニウムの白色粉末であり、どちらも水溶液にして充てんする。
(3)　消火器を使用する際には、容器を転倒することによって外筒と内筒の薬剤を混合
　　し、化学反応させる仕組みになっている。
(4)　ろ過網は、化学泡消火器に特有の部品であり、消火薬剤を放出する際のノズルの
　　目詰まりを防ぐことを目的として、ノズルの先端に設けられる。

問題19　二酸化炭素消火器の構造について、正しいものは次のうちどれか。

(1)　容器表面積の25%以上を「緑色」に塗装する必要がある。

(2)　指示圧力計は、装着されていない。

(3)　安全弁は、装着されていない。

(4)　車載式のものには、レバー式の開閉バルブが装着されている。

問題20　粉末消火器の構造について、誤っているものは次のうちどれか。

(1)　蓄圧式の粉末消火器の場合、本体容器内に、窒素ガスとともに消火薬剤が充てんされている。

(2)　ガス加圧式の粉末消火器には、「開閉バルブ式」と「開放式」がある。

(3)　「開閉バルブ式」のものは、レバー操作によって、放射および放射の停止ができるので、何回でも使用することができる。

(4)　「開放式」のものは、放射をいったん開始すると途中で停止することができず、消火薬剤を全量放射することになる。

問題21　消火器の外観点検について、誤っているものは次のうちどれか。

(1)　外観点検は、設置している消火器の全数を対象として、目視または簡単な操作、測定等によって行う。

(2)　外観点検の結果、設置位置の誤っているものは設置し直し、蓄圧式消火器のホースの取付けねじが緩んでいるものは締め直す。

(3)　本体容器に「あばた状の孔食」があるなど、著しく腐食しているものは廃棄しなければならない。

(4)　本体容器の溶接部が損傷して機能上支障のおそれがあるものは、耐圧性能に関する点検を行う。

問題22　消火器の種類と一定年数の経過による機能点検の実施時期の組合せとして、正しいものは次のうちどれか。

(1)　蓄圧式の強化液消火器‥‥‥製造年から５年経過
(2)　ガス加圧式の粉末消火器‥‥‥設置後３年経過
(3)　機械泡消火器‥‥‥‥‥‥‥‥設置後１年経過
(4)　化学泡消火器（反応式）‥‥‥製造年から１年経過

問題23　蓄圧式消火器の分解について、正しいものは次のうちどれか。

(1)　容器内圧を排出するため、キャップを徐々に緩める。
(2)　排圧栓のない消火器は、容器を立てたままの状態でレバーを徐々に握り、容器内の圧縮ガスを抜く。
(3)　本体容器内に残っている粉末系の消火薬剤は、ポリ袋に移し、輪ゴムなどで封をして湿気が入らないようにする。
(4)　本体容器内等の清掃は、消火薬剤の種類に関係なく、エアーブローによって行わなければならない。

問題24　消火薬剤の充てんについて、誤っているものは次のうちどれか。

(1)　ガス加圧式の粉末小型消火器の場合、分解されていたレバー等をもとの状態に戻す際には、加圧用ガス容器を取り付けてから安全栓を装着する。
(2)　ガス加圧式の粉末小型消火器に消火薬剤を充てんしたときは、消火薬剤が流動している間にすばやくサイホン管等を差し込むようにする。
(3)　化学泡消火器の場合、薬剤を水に溶かす作業はポリバケツ等の別の容器で行い、外筒や内筒の中では行わない。
(4)　二酸化炭素消火器またはハロゲン化物消火器の場合、消火器の分解や消火薬剤の充てんは専門業者に依頼する。

■構造・機能等（規格）

問題25 消火器の能力単位に関して、誤っているものは次のうちどれか。
(1) 住宅用消火器の能力単位は、1単位以上でなくてもよい。
(2) 消火器は、A火災、B火災を問わず、1単位以上が必要である。
(3) C火災（電気火災）は、能力単位について規定されていない。
(4) 大型消火器でA火災に適応するものは、20単位以上でなければならない。

問題26 消火器の種類とその「動作数」の組合せとして、正しいものは次のうちどれか。ただし、消火器を保持装置から取り外す動作、背負う動作、安全栓やホースを外す動作を除く。
(1) 手さげ式の消火器（化学泡消火器を除く）・・・ 2動作以内
(2) 手さげ式の化学泡消火器・・・・・・・・・・・・・・・・・ 2動作以内
(3) 車載式の消火器・・・・・・・・・・・・・・・・・・・・・・・・ 2動作以内
(4) 据置式の消火器および背負式の消火器・・・・・・・ 3動作以内

問題27 消火器を正常な操作方法で放射した場合の放射性能として規格省令で定めている内容として、誤っているものは次のうちどれか。
(1) 放射の操作が完了したあと、すみやかに消火剤を有効に放射するものであること。
(2) 放射時間は、温度20℃において10秒以上であること。
(3) 消火に有効な放射距離を有するものであること。
(4) 充てんされた消火剤の容量または質量の100%を放射できるものであること。

問題28　消火器のホースおよびノズルについて、正しいものは次のうちどれか。

(1)　粉末消火器のうち、消火剤の質量が1kg以下のものには、ホースを取り付けなくてもよい。

(2)　取り付けるホースの長さは、30cm以上とすることが定められている。

(3)　ホースは、常温（20℃）で耐久性を有し、かつ円滑に操作できるものでなければならないとされている。

(4)　手さげ式の消火器のノズルには、開閉式の装置や切替式の装置を設けてもよいとされている。

問題29　ガス加圧式の消火器に設ける加圧用ガス容器について、正しいものは次のうちどれか。

(1)　容器に「TW285」と表示されている場合、ガス量が285gという意味である。

(2)　「V」という記号が容器に表示されている場合は、耐圧試験圧力を表している。

(3)　内容積100cm³を超える加圧用ガス容器は、「高圧ガス保安法」の適用を受ける。

(4)　二酸化炭素が充てんされる加圧用ガス容器の表面は、内容積に関係なく、表面積の2分の1以上を「緑色」に塗色しなければならない。

問題30　消火器の見やすい位置に表示するものとして規格省令で定められている事項のうち、必ずしも表示する必要のないものは次のうちどれか。

(1)　製造年

(2)　総質量

(3)　使用方法

(4)　取扱上の注意事項

第1回

筆記

■実技試験（鑑別等）

問題1 下の消火器について、次の問いに答えよ。

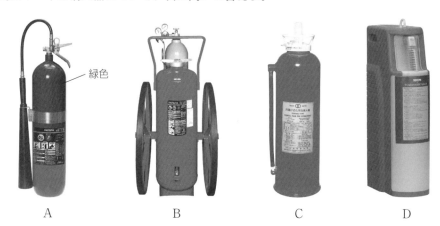

A   B   C   D

(1) 消火器A～Dの動作数を、次のア～ウの中から選んで、解答欄に記号で答えよ。ただし、保持装置から取り外す動作、背負う動作、安全栓を外す動作およびホースを外す動作は、動作数から除く。

    動作数

    ア　1動作　　　イ　2動作以内　　　ウ　3動作以内

(2) Cの消火器の適応火災は何か。

(3) Dの消火器では、通常の消火器では使えないノズルが使える。そのノズルは何か。

解答欄

(1)	A		B		C		D	

(2)		

(3)	

問題2 下の図は2階建ての建物の断面図である。次の問いに答えよ。

2階　飲食店（800㎡）
1階　遊技場（800㎡）

(1) 各階の消火器の所要能力単位はいくつか。ただし、建物の主要構造部は耐火構造で内装は不燃材料とする。また、能力単位の算定基準面積は、以下のとおりとする。

飲食店　100㎡

遊技場　50㎡

(2) 各階の消火器の設置数はいくつか。ただし、消火器の能力単位は2とし、歩行距離は考えないものとする。

解答欄

(1)	1階　遊技場	2階　飲食店
消火器の所要能力単位		

(2)	1階　遊技場	2階　飲食店
消火器の設置数		

問題3 下の図は蓄圧式消火器の指示圧力計である。次の問いに答えよ。

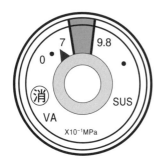

(1) 点検結果は、良か、不良か。解答欄のいずれかに○を付けよ。
(2) 点検結果の判定理由を記せ。
(3) 原因として考えられることを1つ記せ。
(4) (3)が原因の場合、どのような対処が必要か。

解答欄

(1)	点検結果	良	不良

(2)	判定理由	

(3)	原因	

(4)	対処	

問題4 下の消火器について、次の問いに答えよ。

(1) この消火器の名称は何か。
(2) この消火器には、3つの火災に対応する表示がある。
　　①この消火薬剤の名称は何か。
　　②この消火薬剤の色は何色か。
(3) この消火器の加圧方式を記せ。
(4) この消火器の機器点検の際、分解までに使用する器具を3つ記せ。

解答欄

(1)	消火器の名称	

(2)	①消火薬剤の名称	
	②消火薬剤の色	

(3)	加圧方式	

(4)	器具			

問題5 下の写真は圧力調整器である。次の問いに答えよ。

(1) 圧力調整器の役割を記せ。

(2) アの器具の役割を記せ。

(3) イの器具の役割を記せ。

解答欄

(1)	圧力調整器の役割	

(2)	アの器具の役割	

(3)	イの器具の役割	

予想模擬試験〈第2回〉

■消防関係法令（共通）

問題1　消防法令上、特定防火対象物に該当しないものは、次のうちどれか。
(1)　保育所
(2)　カラオケボックス
(3)　共同住宅
(4)　マーケット

問題2　統括防火管理者を定めなければならない防火対象物として、誤っているものは次のうちどれか。
(1)　複数の管理権原者がいる高さ31mを超える建築物
(2)　複数の管理権原者がいる地下街で、消防長または消防署長が指定するもの
(3)　特別養護老人ホームのうち、地階を除く階数が3以上で、収容人員が10人以上のもの
(4)　平屋建ての飲食店で、収容人員が30人以上のもの

問題3　危険物施設を設置するときの手続きとして、正しいものは次のうちどれか。
(1)　設置する区域を管轄する消防長または消防署長に承認の申請をする。
(2)　設置する区域を管轄する市町村長等に承認の申請をする。
(3)　設置した後、遅滞なく、区域を管轄する市町村長等に届け出る。
(4)　消防本部および消防署を設置する区域では、市町村長に許可の申請をする。

問題4 消防用設備等の技術上の基準が改正された場合、改正後の基準に適合させなければならないものとして、誤っているものは次のうちどれか。

(1) 既存防火対象物の消防用設備等が、改正後の規定に適合しないだけでなく、改正前の規定にも違反していた場合

(2) 改正後に行った増築に係る防火対象物の床面積の合計が、1200㎡であった場合

(3) 改正後、防火対象物の主要構造部である「壁」について、その3分の1に当たる部分の修繕を行った場合

(4) 既存防火対象物が、特定防火対象物である場合

問題5 消防用設備等または特殊消防用設備等を設置したときの届出および検査について、正しいものは次のうちどれか。

(1) 届出は、消防設備士がしなければならない。

(2) 届出先は、消防長（消防本部を置かない市町村の場合は市町村長）または消防署長である。

(3) 届出期間は、設置のための工事が完了した日から1週間以内とされている。

(4) すべての消防用設備等および特殊消防用設備等の設置について、届出および検査が必要とされている。

問題6 消防用機械器具等の検定制度について、誤っているものは次のうちどれか。

(1) この検定には、型式承認と型式適合検定とがある。

(2) 型式承認とは、検定対象機械器具等の型式に係る形状等が総務省令で定める技術上の規格に適合していることを認める承認であり、日本消防検定協会等が行う。

(3) 型式適合検定に合格した検定対象機械器具等には、日本消防検定協会等によって合格の表示が付される。

(4) 型式承認が失効した場合は、型式適合検定の効力も失われる。

■消防関係法令（類別）

問題7 延べ面積や床面積に関係なく、消火器具の設置が義務づけられる防火対象物として、正しいものは次のうちどれか。

(1) 老人デイサービスセンター

(2) 地階または無窓階にある倉庫

(3) 3階以上の階にある事務所

(4) 重要文化財等の建造物

問題8 防火対象物とその所要能力単位を求めるときの算定基準面積の数値の組合せとして、正しいものはどれか。ただし、いずれも主要構造部を耐火構造とし、かつ内装部分の仕上げを難燃材料でした防火対象物とする。

(1) 旅館・・・・・・・・・・・100㎡

(2) 映画館・・・・・・・・・・200㎡

(3) 高等学校・・・・・・・・400㎡

(4) 百貨店・・・・・・・・・・400㎡

問題9 消火器具の設置の軽減に関する規定について、誤っているものは次のうちどれか。

(1) 軽減するのは、設置した消火設備の有効範囲内の部分にある消火器具の能力単位である。

(2) 屋外消火栓設備が設置された場合に、その対象物に対する適応性が、設置すべき消火器具の適応性と同一であるときは、消火器具の能力単位の数値の合計数を3分の1まで軽減することができる。

(3) 大型消火器が設置された場合に、その対象物に対する適応性が、設置すべき消火器具の適応性と同一であるときは、消火器具の能力単位の数値の合計数を2分の1まで軽減することができる。

(4) スプリンクラー設備が設置された場合に、その対象物に対する適応性が、設置すべき消火器具の適応性と同一であるときは、消火器具の能力単位の数値の合計数を3分の1まで軽減することができる。

問題10　換気について有効な開口部の面積が床面積の30分の1以下で、その床面積が20㎡以下の地階、無窓階または居室に設置してはならない消火器は、次のうちどれか。

(1)　二酸化炭素消火器

(2)　泡消火器

(3)　ハロン1301（ブロモトリフルオロメタン）消火器

(4)　強化液消火器

■基礎的知識（機械）

問題11　回転軸Oから水平に40cm離れた点Pに、OPに対し直角下向きに2kNの力を加えた場合、力のモーメントの大きさとして、正しいものは次のうちどれか。

(1)　　0.8N・m

(2)　　8N・m

(3)　　80N・m

(4)　800N・m

問題12　鉄鋼材料の熱処理について、誤っているものは次のうちどれか。

(1)　焼入れは、高温加熱後、水中または油中で急冷することにより、鉄鋼材料を硬く強くする。

(2)　焼戻しは、焼入れしたものを焼入れ温度よりも高温で再加熱し、これを急冷することにより、焼入れで低下したねばりを増す。

(3)　焼なましは、高温加熱して一定時間を保ち、徐々に冷却することにより、組織を安定させる。

(4)　焼ならしは、加熱後、大気中で徐々に冷却することにより、組織を均一にする。

問題13　合金の成分の説明として、誤っているものは次のうちどれか。

(1)　ステンレス鋼‥‥‥‥高炭素鋼とアルミニウムの合金

(2)　黄銅（真ちゅう）‥‥銅と亜鉛の合金

(3)　ジュラルミン‥‥‥‥アルミニウムに、銅と少量のマグネシウムおよびマンガン
　　　　　　　　　　　　　を添加したもの

(4)　はんだ‥‥‥‥‥‥‥‥すずと鉛の合金

問題14　「M 10」と表示されたねじがある。このねじの種類として、正しいものは次のうちどれか。

(1)　ユニファイ細目ねじ

(2)　管用平行ねじ

(3)　メートル並目ねじ

(4)　管用テーパねじ

問題15　応力ひずみ図の説明として、正しいものは次のうちどれか。

(1)　安全率とは、最大荷重時の応力である「極限強さ」が、許容応力の何倍であるかを表す数値である。

(2)　物体は、「極限強さ」に達したときに破断される。

(3)　許容応力は、その材料の比例限度以内に設定しなければならない。

(4)　比例限度を超えると、伸び（ひずみ）がもとに戻らなくなり、「永久ひずみ」となる。

■構造・機能等（機械）

問題16 消火薬剤とその適応火災の組合せとして、誤っているものは次のうちどれか。
(1) 強化液（棒状放射）‥‥‥A火災、C火災
(2) 泡（化学泡、機械泡）‥‥A火災、B火災
(3) 二酸化炭素‥‥‥‥‥‥B火災、C火災
(4) 粉末（りん酸塩類）‥‥‥A火災、B火災、C火災

問題17 蓄圧式の機械泡消火器について、誤っているものは次のうちどれか。
(1) 消火薬剤は、水成膜泡剤または合成界面活性剤の希釈水溶液である。
(2) 鋼板製の本体容器内に、圧縮空気または窒素ガスとともに消火薬剤が充てんされている。
(3) 機械泡は、本体容器内において、消火薬剤の化学反応によって生成される。
(4) 温度20℃の消火薬剤を充てんした消火器から放射される泡の量は、消火薬剤の容量の5倍以上とされている。

問題18 二酸化炭素消火器について、正しいものは次のうちどれか。
(1) 本体容器は、「高圧ガス保安法」に基づく耐圧試験に合格したものでなければならない。
(2) 加圧方式は蓄圧式またはガス加圧式であり、本体容器内には、二酸化炭素が気体のまま充てんされる。
(3) 本体容器は、鋼板製のものに限られている。
(4) 充てん比は、0.9以上とされている。

問題19　ハロン1301消火器について、誤っているものは次のうちどれか。

(1)　消火薬剤のハロン1301は、オゾン層を破壊する特定物質に指定されており、現在では製造が全廃されている。

(2)　「高圧ガス保安法」に基づき、容器表面積の2分の1以上を「ねずみ色」に塗装する必要がある。

(3)　消火剤自身の圧力によって放射するので、圧縮ガスが充てんされておらず、このため指示圧力計が装着されていない。

(4)　冷却されたノズルを握った手が凍傷にならないよう、「ホーン握り」が装着されている。

問題20　手さげ式のガス加圧式粉末消火器の構造について、正しいものは次のうちどれか。

(1)　消火器を使用する際は、レバーを操作して、カッターで加圧用ガス容器の封板を破る。

(2)　加圧用ガスはサイホン管を通って本体容器内に導入され、充てんされている薬剤を撹拌し、加圧する。

(3)　サイホン管には、薬剤が逆流しないよう、逆流防止装置が設けられている。

(4)　加圧された消火薬剤は、ガス導入管の先端に装着された粉上り防止用封板を突き破り、ホースを通ってノズルから放射される。

第2回 筆記

問題21　消火器の外観点検について、誤っているものは次のうちどれか。

(1)　使用済みの表示装置が脱落していたときは、たとえ安全栓が外れていなくても、機能点検を行う必要がある。

(2)　化学泡消火器のホース取付けねじの緩みは締め直しを行うが、消火薬剤の漏れまたは固化による詰まりのあるものは、機能点検によって消火薬剤量を点検する。

(3)　指示圧力計の指針が、緑色範囲の上限より上がっている場合は、まず消火薬剤量の点検を行う必要がある。

(4)　化学泡消火器の安全弁のねじが緩んでいる場合は、ねじの緩みを締め直せばよい。

問題22　機能点検の試料について、正しいものは次のうちどれか。

(1)　製造年から5年を経過した蓄圧式の消火器は、全数を対象として機能点検を行う必要がある。

(2)　製造年から3年を経過した加圧式の消火器のうち、粉末消火器は「抜取り方式」でよいとされている。

(3)　「抜取り方式」では、蓄圧式の消火器と加圧式の粉末消火器のうち、製造年から10年を超えるものを別ロットとする。

(4)　各ロットから試料を抜き取る際は、定められた年数でロット全数の点検が終了するよう、おおむね均等に、かつ製造年の新しいものから抜き取っていく。

問題23　ガス加圧式の粉末小型消火器の分解の手順について、誤っているものは次のうちどれか。

(1)　レバーが作動してガスが噴き出さないよう、安全栓が確実に装着されていることを確認してから分解の手順に進む。

(2)　排圧栓のあるものはこれを開き、排圧栓のないものは容器をさかさにしてレバーを徐々に握り、容器内の圧縮ガスを抜く。

(3)　本体容器内に残っている粉末消火薬剤をポリ袋に移したあと、本体容器内等の清掃をエアーブローによって行う。

(4)　サイホン管およびガス導入管について、変形、損傷の有無を確認後、詰まり等がないことを通気試験によって確認する。

問題24　蓄圧ガス（窒素ガス）を、窒素ガス容器から蓄圧式消火器に充てんする手順に関する記述として、正しいものは次のうちどれか。

(1)　窒素ガスを高圧に保つため、窒素ガス容器のバルブに圧力調整器を取り付ける。

(2)　圧力調整器の圧力調整ハンドルを回すと一次側圧力計の針が徐々に上がるので、これを充てん圧力値にセットする。

(3)　消火器のホースを外して、圧力調整器の出口側に緊結した高圧エアーホースを、消火器のホース接続部に直接接続する。

(4)　窒素ガスの充てんが完了したら、消火器を水槽中に浸漬し、気密試験を行う。

■構造・機能等（規格）

問題25　大型消火器の種類とその薬剤充てん量の組合せとして、正しいものは次のうちどれか。

(1)　強化液消火器‥‥‥‥‥‥‥60kg以上

(2)　化学泡消火器‥‥‥‥‥‥‥20ℓ以上

(3)　二酸化炭素消火器‥‥‥‥‥50ℓ以上

(4)　粉末消火器‥‥‥‥‥‥‥‥20kg以上

問題26　消火器の使用温度範囲として規格省令に規定されている温度で、正しいものは次のうちどれか。

(1)　強化液消火器‥‥‥‥‥‥‥−20℃〜+40℃

(2)　化学泡消火器‥‥‥‥‥‥‥+ 5℃〜+40℃

(3)　機械泡消火器‥‥‥‥‥‥‥−20℃〜+40℃

(4)　粉末消火器‥‥‥‥‥‥‥‥−30℃〜+40℃

問題27　消火器の安全栓について、誤っているものは次のうちどれか。

(1)　転倒式の化学泡消火器には、安全栓を設ける必要がない。

(2)　安全栓は1動作で容易に引き抜くことができ、かつ、引き抜きに支障のない封が施されていなければならない。

(3)　手さげ式消火器の安全栓は、水平方向に引き抜くように装着されていなければならない。

(4)　リング型の安全栓は、リング部の塗色を黄色仕上げとしなければならない。

第2回

筆記

問題28　指示圧力計について、誤っているものは次のうちどれか。

⑴　指示圧力計には、「圧力検出部の材質」、「使用温度範囲」、「『㊿』の記号」を表示することとされている。

⑵　使用圧力範囲を示す部分は、「緑色」で明示する必要がある。

⑶　指示圧力計の指示圧力の許容誤差は、使用圧力範囲の圧力値の上下10%以内とされている。

⑷　粉末消火器の場合、指示圧力計の圧力検出部の材質はステンレス鋼のほか、黄銅、りん青銅、ベリリウム銅でもよい。

問題29　消火器の本体容器に表示する「適応火災の絵表示」について、正しいものは次のうちどれか。

⑴　B火災は、炎が黄色、可燃物が黒色、地色が白色の絵表示とする。

⑵　電気火災は、電気の閃光が黄色で、地色が黒色の絵表示とする。

⑶　消火剤の容量が2ℓ以下または質量が3㎏以下の場合、絵表示の大きさは半径1.5㎝未満とされている。

⑷　消火剤の容量が2ℓを超え、または質量が3㎏を超える場合、絵表示の大きさは半径1.5㎝以上とされている。

問題30　粉末消火薬剤の規格について、誤っているものは次のうちどれか。

⑴　180㎛以下の消火上有効な微細な粉末でなければならない。

⑵　水面に均一に散布した場合、1時間以内に沈降しないものでなければならない。

⑶　りん酸塩類等には、紫色系の着色を施さなければならない。

⑷　一定の基準に適合すれば、「再利用消火薬剤」とすることができる。

■実技試験（鑑別等）

問題1　下の消火器について、次の問いに答えよ。

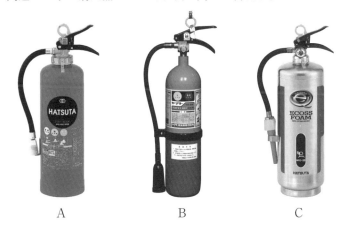

A　　　　　　　　B　　　　　　　　C

⑴　薬剤充てん量が20kg以上で大型消火器となるのはどの種類の消火器か。記号を記
　　せ。
⑵　大型消火器は、危険物施設に設置する消火器の区分では、第何種の消火設備に分
　　類されるか。
⑶　A火災に適応する大型消火器の単位は、何単位以上か。
⑷　Cの消火器の機能点検は、製造年から何年経過後か。

解答欄

⑴　　[　　　　　　　　　]

⑵　　[　第　　　種消火設備　]

⑶　　[　　　　単位以上　]

⑷　　[　製造年から　　　年経過後　]

問題2　下の消火器について、次の問いに答えよ。

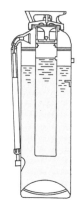

(1) この消火器の使用温度の下限は何℃か。
(2) この消火器に使われる消火薬剤の名称を2つ記せ。
(3) この消火器の加圧方式は何か。
(4) この消火器の名称は何か。

解答欄

(1)
℃

(2)

(3)

(4)

問題3 下の消火器について、次の問いに答えよ。

消火器の総質量　　　4 kg
薬剤量　　　　　　　2 kg
加圧用ガスの質量　　40 g

⑴　この消火器を放射したあとに総質量を測定したところ、2.2kgであった。この消火
　　器から放射されなかった薬剤の質量はいくらか。
⑵　この消火器の放射性能について、規格省令上、適合であるか、不適合であるか。
　　解答欄のいずれかに○を付けよ。
⑶　⑵の判定の理由を記せ。

解答欄

⑴		kg

⑵	適合	不適合

⑶	判定の理由	

問題4 下の部品について、次の問いに答えよ。

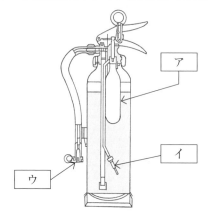

(1) アの部品の名称と役割は何か。

(2) イの部品の名称と役割は何か。

(3) ウの部品の名称と役割は何か。

解答欄

(1)

①アの名称	
②アの役割	

(2)

①イの名称	
②イの役割	

(3)

①ウの名称	
②ウの役割	

問題5 下の部品について、次の問いに答えよ。

(1) アの名称と役割は何か。

(2) イの部分の名称は何か。

(3) イの部分を回すための専用の道具の名称は何か。

解答欄

(1)	①アの名称	
	②アの役割	

(2)	イの名称	

(3)	道具の名称	

キリトリセン

予想模擬試験〈第1回〉

※実物見本で解答記入の練習をしましょう。

⊛ 設

乙　四・五・六・七

受験地	
氏　名	

解答カード

受　験　番　号

消防関係法令　　共通　類別法令
基礎的知識　機械及び電気

問1	問2	問3	問4	問5	問6	問7	問8	問9	問10	問11	問12	問13	問14	問15
1	1	1	1	1	1	1	1	1	1	1	1	1	1	1
2	2	2	2	2	2	2	2	2	2	2	2	2	2	2
3	3	3	3	3	3	3	3	3	3	3	3	3	3	3
4	4	4	4	4	4	4	4	4	4	4	4	4	4	4

構造・機能等　機械及び電気　規格

問16	問17	問18	問19	問20	問21	問22	問23	問24	問25	問26	問27	問28	問29	問30
1	1	1	1	1	1	1	1	1	1	1	1	1	1	1
2	2	2	2	2	2	2	2	2	2	2	2	2	2	2
3	3	3	3	3	3	3	3	3	3	3	3	3	3	3
4	4	4	4	4	4	4	4	4	4	4	4	4	4	4

予想模擬試験〈第2回〉

※実物見本で解答記入の練習をしましょう。

受験地	
氏名	

解答カード

（設）乙 四・五・六・七

受験番号

1	1	1
2	2	2
3	3	3
4	4	4
5	5	5
6	6	6
7	7	7
8	8	8
9	9	9
0	0	0

T[1] U[2] V[3] W[4]

消防関係法令 共通法令

問1	問2	問3	問4	問5	問6
1	1	1	1	1	1
2	2	2	2	2	2
3	3	3	3	3	3
4	4	4	4	4	4

類別法令

問7	問8	問9	問10
1	1	1	1
2	2	2	2
3	3	3	3
4	4	4	4

基礎的知識 機械及び電気

問11	問12	問13	問14	問15
1	1	1	1	1
2	2	2	2	2
3	3	3	3	3
4	4	4	4	4

構造・機能等 機械及び電気

問16	問17	問18	問19	問20	問21	問22	問23	問24	問25	問26	問27	問28	問29	問30
1	1	1	1	1	1	1	1	1	1	1	1	1	1	1
2	2	2	2	2	2	2	2	2	2	2	2	2	2	2
3	3	3	3	3	3	3	3	3	3	3	3	3	3	3
4	4	4	4	4	4	4	4	4	4	4	4	4	4	4

規格

さくいん

さくいん

281

消防設備士 第4類

ユーキャンの消防設備士 第4類 速習テキスト＆予想模試 第3版

A5判　定価：2,860円（10% 税込）

● 重要ポイントを厳選したテキスト！
● 予想模擬試験〈2回〉つき
● 試験直前まで「使える！ まとめ資料」

ユーキャンの消防設備士 第4類 重要問題集＆模試3回 第3版

A5判　定価：2,640円（10% 税込）

● 解いておきたい重要問題を収載
● 仕上げは〈3回〉の予想模擬試験
● 「要点まとめてCheck」で
　横断的な暗記事項もマスター！

消防設備士 第6類

ユーキャンの消防設備士 第6類 速習テキスト＆予想模試 第3版

A5判　定価：2,530円（10% 税込）

【独学でも安心の工夫が満載】

● 豊富なイラスト・図表で、やさしく解説！
● 語呂合わせ・欄外補足で、楽しく学習できる
● 実技試験対策も収載！

●**法改正・正誤等の情報につきましては、下記「ユーキャンの本」ウェブサイト内「追補（法改正・正誤）」をご覧ください。**
https://www.u-can.co.jp/book/information

●**本書の内容についてお気づきの点は**
・「ユーキャンの本」ウェブサイト内「よくあるご質問」をご参照ください。
https://www.u-can.co.jp/book/faq
・郵送・FAXでのお問い合わせをご希望の方は、書名・発行年月日・お客様のお名前・ご住所・FAX番号をお書き添えの上、下記までご連絡ください。
【郵送】〒169-8682 東京都新宿北郵便局 郵便私書箱第2005号
　　　　ユーキャン学び出版 消防設備士資格書籍編集部
【FAX】03-3350-7883
◎より詳しい解説や解答方法についてのお問い合わせ、他社の書籍の記載内容等に関しては回答いたしかねます。

●**お電話でのお問い合わせ・質問指導は行っておりません。**

写真提供　株式会社初田製作所　セコム株式会社　ヤマトプロテック株式会社
　　　　　　トップ工業株式会社　シムコジャパン株式会社　小川清氏

ユーキャンの 消防設備士第6類 速習テキスト&予想模試 第3版

2013年 9月13日　初 版　第1刷発行	編　者	ユーキャン消防設備士試験研究会
2018年 1月26日　第2版　第1刷発行		
2023年 8月17日　第3版　第1刷発行	発行者	品川泰一
	発行所	株式会社 ユーキャン 学び出版
		〒151-0053
		東京都渋谷区代々木1-11-1
		Tel 03-3378-1400
	編　集	株式会社 東京コア
	発売元	株式会社 自由国民社
		〒171-0033
		東京都豊島区高田3-10-11
		Tel 03-6233-0781（営業部）

印刷・製本　株式会社トーオン

予想模擬試験

解答／解説

予想模擬試験〈第1回〉解答一覧

筆記試験			
消防関係法令(共通)		構造・機能等(機械)	
問題1	(1)	問題16	(2)
問題2	(4)	問題17	(3)
問題3	(3)	問題18	(4)
問題4	(2)	問題19	(2)
問題5	(3)	問題20	(3)
問題6	(2)	問題21	(4)
消防関係法令(類別)		問題22	(1)
問題7	(4)	問題23	(3)
問題8	(1)	問題24	(1)
問題9	(3)	構造・機能等(規格)	
問題10	(4)	問題25	(4)
基礎的知識(機械)		問題26	(2)
問題11	(2)	問題27	(4)
問題12	(1)	問題28	(1)
問題13	(3)	問題29	(3)
問題14	(1)	問題30	(2)
問題15	(4)		

実技試験(鑑別等)

問題1	(1)	A ア		B ウ	
		C イ		D イ	
	(2)	普通火災		油火災	
	(3)	開閉式ノズル			
問題2	(1)	1階 8		2階 4	
	(2)	1階 4		2階 2	
問題3	(1)	不良			
	(2)	指示圧力計の指針が、使用圧力範囲より下がっている。			
	(3)	消火器を使用した。または圧力が漏れている。			
	(4)	いずれの場合も、まず消火器本体を秤量する。総質量が不足の場合は、消火器を使用したと考えられるので、消火薬剤を詰め替える。総質量が適量の場合は、漏れによる圧力低下が考えられるので、気密試験を行う。			
問題4	(1)	ガス加圧式粉末(ABC)消火器			
	(2)	① 粉末(ABC)			
		② 淡紅色			
	(3)	ガス加圧式			
	(4)	ドライバー クランプ台 キャップスパナ プライヤ ※この中から3つ			
問題5	(1)	高圧の窒素ガスを、消火器に充てんできる圧力に減圧するための装置。			
	(2)	窒素ガス容器内の圧力を示す。			
	(3)	減圧され、消火器用に調整された圧力を示す。			

挑戦した日付	筆記試験					実技試験	合計
	消防関係法令		基礎的知識	構造・機能等		(鑑別等)	
	(共通)	(類別)	(機械)	(機械)	(規格)		
1回目 /	/6	/4	/5	/9	/6	/5 (小問23)	/35
2回目 /	/6	/4	/5	/9	/6	/5 (小問23)	/35

予想模擬試験〈第1回〉解答・解説

※問題を解くために参考となるページを「●」の後に記してあります。

■消防関係法令（共通）

問題1　解答　(1)　　　　　　　　　　　　　　　　　　　　　　　●P.56～58
「**防火対象物**」とは、「山林又は舟車、船きょ若しくはふ頭に繋留された船舶、建築物その他の工作物若しくはこれらに**属する物**」をいいます。(1)のように最後の部分が「**または物件**」となっているのは「**消防対象物**」の定義です。

問題2　解答　(4)　　　　　　　　　　　　　　　　　　　　　　　　　●P.61
消防団長や消防団員には、屋外において火災の予防に危険であると認める行為者等に対して、たき火等の行為の禁止や消火準備、物件の除去等の措置を命じる権限がありません。一方、(1)～(3)の消防署長や消防吏員による措置命令は、すべて消防法で定められています。

問題3　解答　(3)　　　　　　　　　　　　　　　　　　　　　　　　　●P.81
(1)スプリンクラー設備は「**消火設備**」、(2)排煙設備は「**消火活動上必要な施設**」、(4)誘導灯および誘導標識は「**避難設備**」にそれぞれ含まれます。(3)水バケツ、乾燥砂は「**簡易消火用具**」であり、「**消火設備**」に含まれます。

問題4　解答　(2)　　　　　　　　　　　　　　　　　　　　　　　●P.84～85
1棟の防火対象物の一部分が独立した防火対象物とみなされるのは、「**開口部のない耐火構造の床または壁で区画されているとき**」です。防火戸や防火シャッター等を設けて完全に区画するといっても、それらを設ける箇所自体が出入口や窓といった「**開口部**」なので、上記の要件に該当しません。

問題5　解答　(3)　　　　　　　　　　　　　　　　　　　　●P.70～71、92
消防設備士または消防設備点検資格者が消防用設備等の点検を行わなければならない防火対象物は、①特定防火対象物で延べ面積1000㎡以上のもの、②非特定防火対象物で延べ面積1000㎡以上のもののうち消防長または消防署長が指定したもの、③特定1階段等防火対象物、④全域放出方式の不活性ガス（二酸化炭素）消火設備を設置している防火対象物、のいずれかです。(3)の児童養護施設は特定防火対象物で延べ面積1000㎡以上なので①に該当します。

問題6　解答　(2)　　　　　　　　　　　　　　　　　　　　　　　　　●P.101
(1)免状の**書換え**は、交付した都道府県知事のほか、居住地や勤務地を管轄する都道府県知事にも申請できます。
(2)**写真**（過去10年以内に撮影したもの）が免状の記載事項の1つなので、撮影から10年を経過したときは、遅滞なく免状の書換えを申請する必要があります。
(3)免状の**再交付**は、免状の交付または**書換え**をした都道府県知事にしか申請できません。
(4)免状の返納命令違反には、**罰則**（30万円以下の罰金または拘留）が科せられることになっています。

3

■消防関係法令（類別）

問題7　解答　(4)　　　　　　　　　　　　　　　　　　　　　◉P.106～107

(1)美術館と(3)事務所は、いずれも延べ面積300㎡以上の場合に設置します。(2)マーケットは、延べ面積150㎡以上の場合に設置します。(4)劇場は、延べ面積に関係なく設置しなければなりません。

問題8　解答　(1)　　　　　　　　　　　　　　　　　　　　　◉P.111

算定基準面積を2倍とするのは、主要構造部を**耐火構造**とし、かつ、壁および天井の**室内に面する部分（内装部分）**を難燃材料で仕上げた防火対象物です。

問題9　解答　(3)　　　　　　　　　　　　　　　　　　　　　◉P.118～119

粉末消火器その他転倒によって消火剤が漏出するおそれのない消火器については、このような措置を講じる必要がありません。

問題10　解答　(4)　　　　　　　　　　　　　　　　　　　　　◉P.124

泡を放射する消火器および**水や強化液**を**棒状**に放射する消火器は、電気火災に適応しません。これに対し、水や強化液を**霧状**に放射する消火器は電気火災に適応します。

■基礎的知識（機械）

問題11　解答　(2)　　　　　　　　　　　　　　　　　　　　　◉P.23

（最大摩擦力）＝（摩擦係数）×（物体の重量）の式によって求めることができます。物体と水平面との接触面積は関係ありません（いわゆる「ひっかけ」）。本問では、摩擦係数が0.5、物体の重量が80Nなので、0.5×80＝40Nとなります。

問題12　解答　(1)　　　　　　　　　　　　　　　　　　　　　◉P.34～35、52

(1)ボイル・シャルルの法則
(2)シャルルの法則
(3)パスカルの原理
(4)フックの法則

問題13　解答　(3)　　　　　　　　　　　　　　　　　　　　　◉P.40

「**ライニング**」とは、エポキシ樹脂などを用いて配管などの内部を塗装することをいいます。なお、溶かした他種の金属を噴霧する塗装方法は「**溶射**」といいます。

問題14　解答　(1)　　　　　　　　　　　　　　　　　　　　　◉P.42～44

「**鉄鋼材料**」は鉄と炭素の合金であり、「**炭素鋼**」「**鋳鉄**」「**合金鋼**」がこれに含まれます。これに対し、「**青銅**」は銅とすずの合金、「**ホワイトメタル**」はすずと鉛の合金にアンチモンや銅などを添加した合金の総称、「**砲金**」は銅とすず・亜鉛の合金、「**洋白**」は銅とニッケルと亜鉛の合金、「**アルマイト**」はアルミニウムの表面に人工の酸化被膜を作ったものであり、いずれも「**非鉄金属材料**」に分類されます。

問題15　解答　(4)　　　　　　　　　　　　　　　　　　　　　　　　　●P.47

応力の大きさは、物体に加えられた**荷重の大きさ**〔N〕を**物体の断面積**〔㎟〕で割ることにより求めます。本問では圧縮応力の大きさをMPa（1 MPa＝1 N/㎟）で表すため、60kN＝60000Nと単位をそろえてから計算します。

∴ 材料に生じる圧縮応力の大きさ＝$\dfrac{60000}{1500}$＝40N/㎟（＝MPa）

■構造・機能等（機械）

問題16　解答　(2)　　　　　　　　　　　　　　　　　　　　　　　　　●P.132

(1)強化液（霧状放射）は、冷却効果と抑制効果です。(2)(3)泡は、化学泡・機械泡のどちらであっても、泡が燃焼物を覆うことによる**窒息効果**、および**冷却効果**によって消火します。(4)粉末系は、りん酸塩類、炭酸水素塩類ともに、抑制効果と窒息効果です。

問題17　解答　(3)　　　　　　　　　　　　　　　　　　　　　　　●P.139〜142

強化液消火器の加圧方式は**蓄圧式**だけでなく、一部の大型消火器には**ガス加圧式**のものも存在します。

問題18　解答　(4)　　　　　　　　　　　　　　　　　　　　　　　●P.144〜145

ろ過網（消火薬剤を放出する際のノズルの目詰まりを防ぐための網）は、ノズルの先端ではなく、ノズルまたはホースに至る通り道の**本体容器内の開口部**に設けます。

問題19　解答　(2)　　　　　　　　　　　　　　　　　　　　　　　●P.151〜152

(1)25％以上ではなく、**2分の1以上**を「**緑色**」に塗装しなければなりません。
(2)消火剤自身の圧力で放射するため、指示圧力計は装着されません。
(3)容器内が高圧になっているため、**安全弁**が取り付けられます。
(4)車載式には、レバーのかわりに**起動ハンドル**が装着されています。

問題20　解答　(3)　　　　　　　　　　　　　　　　　　　　　　　●P.157〜159

「**開閉バルブ式**」のものは、レバーの操作によって放射を一時的に停止することはできますが、長い間停止するとガスが抜けて**再び使用できない**ことが多く、何回でも使用することができるというのは誤りです。一度作動させたものは必ず整備しなければなりません。

問題21　解答　(4)　　　　　　　　　　　　　　　　　　　　　　　●P.163、167

本体容器に腐食等が認められたものについては、**耐圧性能に関する点検**（耐圧試験）を行うものとされていますが、「あばた状の孔食」があるなど**著しく腐食**しているものや、**錆がはく離**するようなもの、**底板部が損傷**しているものまたは著しい変形のあるもので**機能上支障のおそれがあるもの**は、**廃棄**しなければなりません。

問題22　解答　(1)　　　　　　　　　　　　　　　　　　　　　　　　　●P.172

蓄圧式の消火器は製造年から**5年**、ガス加圧式の消火器は製造年から**3年**、化学泡消火器（反応式）は**設置後1年**、それぞれ経過したときとされています。

問題23　解答　(3)　◉P.176～178

(1)(2)排圧栓のある消火器はこれを開き、排圧栓のないものは容器をさかさにしてレバーを徐々に握り、容器内の圧縮ガスを抜きます。
(4)エアーブローは粉末系消火器の場合です。水系消火器の場合は水で洗浄します。

問題24　解答　(1)　◉P.173、183

もとの状態に戻すときは、先に安全栓を装着してから、加圧用ガス容器を取り付けなければなりません。

■構造・機能等（規格）

問題25　解答　(4)　◉P.190、198

消火器（住宅用消火器を除く）の能力単位は、A火災、B火災を問わず、最低でも1単位以上でなければならず、特に、大型消火器であってA火災に適応するものは10単位以上、B火災に適応するものは20単位以上が必要とされています。

問題26　解答　(2)　◉P.194

(1)手さげ式の消火器（化学泡消火器を除く）は1動作のみ、(2)(4)手さげ式の化学泡消火器、据置式の消火器および背負式の消火器は2動作以内、(3)車載式の消火器は3動作以内とされています。

問題27　解答　(4)　◉P.196

規格省令では消火剤の放射量については、充てんされた容量または質量の90%以上（化学泡消火薬剤の場合は85%以上）を放射できるものであることとされています。

問題28　解答　(1)　◉P.201

(2)ホースの長さは、消火剤を有効に放射するに足るものとされており、特定の長さを定めた規定はありません。
(3)常温（20℃）ではなく、使用温度範囲で耐久性を有し、円滑に操作できることとされています。
(4)開閉式や切替式の装置を設けてよいのは車載式消火器のノズルです。

問題29　解答　(3)　◉P.209～210

(1)「TW285」とは、総質量（記号：TW）が285gであるという意味です。
(2)「V」は内容積（単位：ℓ）を表す記号です。耐圧試験圧力（単位：MPa）は「TP」という記号で表します。
(4)「高圧ガス保安法」の適用を受けるのは、内容積が100cm³を超えるもののみです。

問題30　解答　(2)　◉P.213

「総質量」の表示については、充てんされた消火剤を容量で表すものを除くとされています。

■実技試験（鑑別等）

問題1
A＝二酸化炭素消火器、B＝車載式粉末（ABC）消火器（ガス加圧式）、C＝反応式化学泡消火器（破がい転倒式）、D＝据置式強化液消火器（蓄圧式）です。

解答 (1) A ア　　B ウ　　C イ　　D イ　　　　　　　　　　▶P.194
動作数は、手さげ式＝1動作、車載式＝3動作以内、そのほかの据置式、背負式、それに化学泡の手さげ式が、それぞれ2動作以内です。

解答 (2) 普通火災　油火災　　　　　　　　　　　　　　　　▶P.130〜131
泡は電気を伝えてしまうため、電気火災には適応しません。

解答 (3) 開閉式ノズル　　　　　　　　　　　　　　　　　　▶P.201
据置式と背負式の消火器には、開閉式のノズルを付けてもよいことになっています。

問題2　　　　　　　　　　　　　　　　　　　　　　　　　　▶P.110〜112
解答 (1) 所要能力単位　1階遊技場　8　　　2階飲食店　4
主要構造部が耐火構造で内装が不燃材料だと、算定基準面積が2倍になる。
1階の消火器の所要能力単位　800㎡÷（算定基準面積　50㎡×2）＝8
2階の消火器の所要能力単位　800㎡÷（算定基準面積　100㎡×2）＝4

解答 (2) 消火器の設置数　1階遊技場　4　　　2階飲食店　2
1階の消火器の設置数　1階の能力単位8÷消火器の能力単位2＝4
2階の消火器の設置数　2階の能力単位4÷消火器の能力単位2＝2

問題3　　　　　　　　　　　　　　　　　　　　　　　　　　▶P.169
解答 (1) 不良

解答 (2) 指示圧力計の指針が、使用圧力範囲より下がっている。

解答 (3) 消火器を使用した。または圧力が漏れている。
上記のいずれか1つが書いてあればよい。

解答 (4) いずれの場合も、まず消火器本体を秤量する。総質量が不足の場合は、消火器を使用したと考えられるので、消火薬剤を詰め替える。総質量が適量の場合は、漏れによる圧力低下が考えられるので、気密試験を行う。
(3)の解答に合わせて、上記のいずれか1つが書いてあればよい。

問題4
解答 (1) ガス加圧式粉末（ABC）消火器 ▶P.158〜159
指示圧力計がない→ガス加圧式、ノズルの先が少し太い→粉末と、わかります。

解答 (2) ①粉末（ABC） ▶P.132、156
　　　　②淡紅色
ABCの火災に適応する粉末は、粉末（ABC）で色は淡紅色系です。

解答 (3) ガス加圧式 ▶P.158

解答 (4) ドライバー　　クランプ台　　キャップスパナ　　プライヤ ▶P.177〜179
上記の4つの中から3つ挙げていれば正解です。

問題5 ▶P.185、206
解答 (1) 高圧の窒素ガスを、消火器に充てんできる圧力に減圧するための装置。

解答 (2) 窒素ガス容器内の圧力を示す。

解答 (3) 減圧され、消火器用に調整された圧力を示す。

予想模擬試験〈第2回〉解答一覧

筆記試験			
消防関係法令(共通)		構造・機能等(機械)	
問題1	(3)	問題16	(1)
問題2	(4)	問題17	(3)
問題3	(4)	問題18	(1)
問題4	(3)	問題19	(4)
問題5	(2)	問題20	(1)
問題6	(2)	問題21	(3)
消防関係法令(類別)		問題22	(2)
問題7	(4)	問題23	(2)
問題8	(3)	問題24	(4)
問題9	(2)	構造・機能等(規格)	
問題10	(1)	問題25	(4)
基礎的知識(機械)		問題26	(2)
問題11	(4)	問題27	(2)
問題12	(2)	問題28	(1)
問題13	(1)	問題29	(4)
問題14	(3)	問題30	(3)
問題15	(1)		

実技試験(鑑別等)			
問題1	(1)		A
	(2)		第4種消火設備
	(3)		10単位以上
	(4)		製造年から5年経過後
問題2	(1)		＋5℃
	(2)		炭酸水素ナトリウム
			硫酸アルミニウム
	(3)		反応式
	(4)		化学泡消火器(転倒式)
問題3	(1)		0.24kg
	(2)		不適合
	(3)		薬剤の90％以上の量を放射するという規定に適合できていないため。
問題4	(1)	①	加圧用ガス容器
		②	消火剤を加圧するためのガスを入れておく。
	(2)	①	逆流防止装置
		②	ガス導入管に薬剤が逆流することを防ぐ。
	(3)	①	ノズル栓
		②	外気がノズルを通って容器内に侵入することを防ぐ。
問題5	(1)	①	減圧孔
		②	キャップを外す際に、本体容器内の圧力を減圧する。
	(2)		キャップ
	(3)		キャップスパナ

挑戦した日付	筆記試験					実技試験	合計
	消防関係法令		基礎的知識	構造・機能等		(鑑別等)	
	(共通)	(類別)	(機械)	(機械)	(規格)		
1回目 ／	／6	／4	／5	／9	／6	／5 (小問21)	／35
2回目 ／	／6	／4	／5	／9	／6	／5 (小問21)	／35

予想模擬試験〈第2回〉解答・解説

※問題を解くために参考となるページを「▶」の後に記してあります。

■消防関係法令（共通）

問題1　解答　(3)　　　　　　　　　　　　　　　　　　　▶P.58、70
特定防火対象物とは、**不特定多数**の者が出入りする施設または**避難**が**困難**な人々のいる施設をいいます。(1)保育所、(2)カラオケボックス、(4)マーケットはいずれも該当しますが、(3)共同住宅（アパート、マンション等）は該当しません。

問題2　解答　(4)　　　　　　　　　　　　　　　　　　　▶P.68
飲食店は、地階を除く**階数が3以上**、かつ収容人員が**30人以上**のもので、複数の管理権原者がいる場合に**統括防火管理者**を定める必要があります。「平屋建て」のものは該当しません。

問題3　解答　(4)　　　　　　　　　　　　　　　　　　　▶P.78
危険物施設（製造所等）を新たに**設置**するときは、**市町村長等**（消防本部および消防署を設置する市町村の場合は**市町村長**、それ以外の市町村の場合は都道府県知事）に対して、**許可**の申請をすることとされています。

問題4　解答　(3)　　　　　　　　　　　　　　　　　　　▶P.86～87
改正後に**増改築等**を行ったときには、増改築に係る防火対象物の床面積の合計が1000㎡以上もしくは従前の延べ面積の2分の1以上の場合、または、防火対象物の主要構造部である「壁」について**過半**（2分の1超）の修繕や模様替えとなる場合に、**改正後の基準**に適合させる必要があります。(3)は「壁」の3分の1に当たる部分の修繕なので、これに当たりません。

問題5　解答　(2)　　　　　　　　　　　　　　　　　　　▶P.90～91
(1)届出をする者は、防火対象物の**関係者**（所有者・管理者・占有者）です。
(3)届出期間は、設置のための工事が完了した日から**4日以内**です。
(4)**簡易消火用具、非常警報器具**については、必要とされていません。

問題6　解答　(2)　　　　　　　　　　　　　　　　　　　▶P.94～96
型式承認を行うのは、**総務大臣**です。日本消防検定協会等が行うのは**型式適合検定**であり、これに合格した検定対象機械器具等に日本消防検定協会等が合格の表示を付します。

■消防関係法令（類別）

問題7　解答　(4)　　　　　　　　　　　　　　　　　　　▶P.106～108
(1)老人デイサービスセンター（令別表第一(6)のハの①）は、延べ面積150㎡以上の場合に設置が義務づけられます。(2)(3)のように地階、無窓階または3階以上の階にある防火対象物はその階の床面積が50㎡以上の場合に設置が義務づけられます。(4)重要文化財等の建造物は、延べ面積に関係なく設置が義務づけられます。

問題8　解答　(3) ▶P.111

本問の場合、算定基準面積の数値は2倍になるため、通常が200㎡である高等学校は400㎡となります。同様に、(1)旅館と(4)百貨店は200㎡、(2)映画館は100㎡となります。

問題9　解答　(2) ▶P.120

屋外消火栓設備は、消火器具の能力単位の数値を軽減させる消火設備には含まれていません。

問題10　解答　(1) ▶P.122

二酸化炭素またはハロゲン化物（ハロン1301を除く）を放射する消火器は、地下街、準地下街のほか、換気について有効な開口部の面積が床面積の30分の1以下で、その床面積が20㎡以下の**地階、無窓階**または**居室**には設置してはならないとされています。

■基礎的知識　（機械）

問題11　解答　(4) ▶P.17

（力のモーメントの大きさ）＝（加える力）×（回転軸の中心から力の作用点までの距離）の式より求めることができます。力のモーメントの単位がN・mなので、これに単位をそろえて2kN＝2000N、40cm＝0.4m。
したがって、力のモーメントの大きさ＝2000×0.4＝800N・mとなります。

問題12　解答　(2) ▶P.39

「焼戻し」とは、焼入れしたものを**焼入れ温度よりも低い温度**で再加熱し、これを**徐々に冷却**することにより、焼入れで低下したねばりを増す熱処理をいいます。

問題13　解答　(1) ▶P.43〜44

「ステンレス鋼」は、**低炭素鋼**（鉄と炭素の合金のうち炭素が0.3%以下のもの）と**クロム、ニッケル**との合金です。

問題14　解答　(3) ▶P.44

「M10」は、呼び径10mmのメートルねじを意味します。「並目」とはピッチが標準的なものをいい、並目よりピッチが細かいものを「細目」といいます。メートルねじでは並目、細目ともに記号「**M**」を用います。なお、「ユニファイねじ」とは呼び径をインチで表すねじをいい、記号はUNC（並目）またはUNF（細目）です。また、ねじ山を円筒につけたものを「平行ねじ」、円錐につけたものを「テーパねじ」といいます。

問題15　解答　(1) ▶P.52〜53

(1)（安全率）＝（極限強さ）÷（許容応力）
(2)「極限強さ」を超えて、さらに伸びが増加したあと、**破断点**で破断されます。
(3)許容応力は、比例限度ではなく、**弾性限度**以内に設定する必要があります。
(4)「**永久ひずみ**」となるのは、比例限度ではなく弾性限度を超えたときです。

11

■構造・機能等（機械）

問題16　解答　(1)　　　　　　　　　　　　　　　　　　▶P.132
強化液の棒状放射が適応するのは、**A火災のみ**です。なお、強化液を霧状放射にした場合には、A火災のほか、B火災やC火災にも適応します。

問題17　解答　(3)　　　　　　　　　　　　　　　　　　▶P.147〜148
機械泡は、「**発泡ノズル**」と呼ばれる機械泡消火器に特有のノズルの中で、消火薬剤と**空気**を混合させることによって機械的に生成されます。なお、本体容器内において消火薬剤の化学反応によって生成されるのは、**化学泡**です。

問題18　解答　(1)　　　　　　　　　　　　　　　　　　▶P.151〜152
(2)加圧方式は**蓄圧式のみ**です。また、本体容器内には、高圧で圧縮することによって**液化さ**れた二酸化炭素（液化炭酸ガス）が充てんされています。
(3)本体容器は**鋼板製**のほか、**アルミニウム製**のものもあります。
(4)二酸化炭素消火器の**充てん比**は、**1.5以上**とされています。0.9以上とされているのはハロン1301消火器です。

問題19　解答　(4)　　　　　　　　　　　　　　　　　　▶P.153〜154
「**ホーン握り**」が装着されているのは**二酸化炭素消火器**です。ハロン1301消火器には装着されていません。

問題20　解答　(1)　　　　　　　　　　　　　　　　　　▶P.158〜159
(2)サイホン管ではなく、**ガス導入管**を通って本体容器内に導入されます。
(3)逆流防止装置が設けられているのは、**ガス導入管**です。
(4)加圧された消火薬剤は、**サイホン管**の先端に装着された**粉上り防止用封板**を突き破り、サイホン管とホースを通ってノズルから放射されます。

問題21　解答　(3)　　　　　　　　　　　　　　　　　　▶P.167〜170
指示圧力計の指針が**緑色範囲の上限**より上がっている場合は、**指示圧力計の精度**を確認し、異常がなければ**圧力調整**を行います。消火薬剤量の点検を行うのは、指針が緑色範囲の下限より下がっている場合です。

問題22　解答　(2)　　　　　　　　　　　　　　　　　　▶P.172〜173
(1)製造年から**5年経過**した**蓄圧式**の消火器は、「**抜取り方式**」でよいとされています。
(3)別ロットとするのは、製造年から**10年**を超える蓄圧式の消火器と、製造年から**8年**を超える加圧式の粉末消火器です。
(4)製造年の**古いもの**から抜き取っていきます。

問題23　解答　(2)　　　　　　　　　　　　　　　　　　▶P.178〜179
(2)は蓄圧式消火器の分解の手順です。ガス加圧式の粉末小型消火器では、排圧栓のあるものはこれを開き、排圧栓がないものは**キャップを緩める**ことによって残圧を排出します。

問題24　解答　(4)　　　　　　　　　　　　　　　　　　　▶P.184〜186
(1)**圧力調整器**は、高圧の窒素ガスを**減圧**するために取り付けられます。
(2)一次側ではなく、**二次側圧力計**の針を**充てん圧力値**にセットします。
(3)まず消火器のホース接続部に**接手金具**を取り付け、高圧エアーホースの先端部分に緊結した**三方バルブ**のカプラ継手を、この接手金具に接続します。

■構造・機能等（規格）

問題25　解答　(4)　　　　　　　　　　　　　　　　　　　　　　▶P.192
(1)**強化液消火器**は、60ℓ以上（〔kg〕ではない）
(2)**化学泡消火器**は、80ℓ以上（20ℓ以上なのは機械泡消火器）
(3)**二酸化炭素消火器**は、50kg以上（〔ℓ〕ではない）

問題26　解答　(2)　　　　　　　　　　　　　　　　　　　　　　▶P.196
規格省令は、**化学泡消火器以外の消火器**の使用温度範囲を**0℃以上40℃以下**と定めたうえで、一定の場合に10℃単位で拡大した温度範囲を実際の使用温度範囲とすることを認めています。(1)(3)(4)は、市販されている消火器の実際の使用温度範囲です。

問題27　解答　(3)　　　　　　　　　　　　　　　　　　　▶P.202〜203
手さげ式消火器（一部を除く）および据置式の消火器の安全栓は、**上方向**（消火器を水平面上に置いた場合、垂直軸から30度以内の範囲）に引き抜くように装着されていなければなりません。

問題28　解答　(1)　　　　　　　　　　　　　　　　　　　▶P.207〜208
「使用温度範囲」ではなく、「**使用圧力範囲**（単位：MPa)」を表示しなければなりません。
なお、指示圧力計を設ける消火器の使用圧力範囲は、すべて**0.7〜0.98MPa**とされています。

問題29　解答　(4)　　　　　　　　　　　　　　　　　　　　　　▶P.214
(1)**B火災**の絵表示は、炎が**赤色**、可燃物が**黒色**、地色が**黄色**とされています。
(2)**電気火災**の絵表示は、電気の閃光が**黄色**で、地色が**青色**とされています。
(3)消火剤の容量が2ℓ以下または質量が3kg以下の場合、絵表示の大きさは半径**1cm以上**とされています。

問題30　解答　(3)　　　　　　　　　　　　　　　　　　　　　　▶P.218
りん酸塩類等には、**淡紅色系の着色**を施さなければならないとされています。なお、規格省令の規定ではなく日本消火器工業会の自主基準によって、**炭酸水素カリウム**を主成分とする粉末消火薬剤には、**紫色系の着色**が施されています。

■実技試験（鑑別等）

問題1

A＝ガス加圧式粉末（ＡＢＣ）消火器、B＝ハロン1301消火器、C＝蓄圧式機械泡消火器です。

解答 ⑴ A ▶P.192

薬剤充てん量が20kg以上で大型消火器となるのは、粉末消火器です。

解答 ⑵ 第4種消火設備 ▶P.123

大型消火器は、危険物施設に設置する消火器の区分では、第4種の消火設備に分類されます。小型消火器は第5種です。

解答 ⑶ 10単位以上 ▶P.190

大型消火器は、能力単位と薬剤充てん量の2つの観点から規定されています。ちなみに、小型消火器の能力単位は、1単位以上と決められています。

解答 ⑷ 製造年から5年経過後 ▶P.172

蓄圧式消火器は、製造年から5年経過後に機能点検を行います。ガス加圧式消火器は製造年から3年経過後、化学泡消火器（反応式）は設置後1年です。

問題2

解答 ⑴ ＋5℃ ▶P.145

規格省令では、各種の消火器の中で、使用温度の下限がプラスになるのは、化学泡消火器だけです。化学泡以外の消火器の使用温度範囲は、0℃～＋40℃となっていますが、市販されている状態の消火器の使用温度の下限は、水＝0℃、強化液＝－20℃、機械泡＝－10℃または－20℃、二酸化炭素、ハロン1301、粉末＝－30℃です、上限はすべて＋40℃です。

解答 ⑵ 炭酸水素ナトリウム、硫酸アルミニウム ▶P.144

A剤（外筒に充てんする）が炭酸水素ナトリウム（弱アルカリ性）、B剤（内筒に充てんする）が硫酸アルミニウム（弱酸性）です。

解答 ⑶ 反応式 ▶P.135、144

反応式＝化学反応式です。化学泡消火器だけの加圧方式です。

解答 ⑷ 化学泡消火器（転倒式） ▶P.145

問題3
解答 (1) 0.24kg ▶P.178

総質量4kgが2.2kgに減ったのだから、

4 (kg) − 2.2 (kg) = 1.8 (kg)

ここには、加圧用のガスの重量も含まれているので、40 g = 0.04kgと単位をそろえてから計算します。

1.8 (kg) − 0.04 (kg) = 1.76 (kg)

これが、放射された薬剤量です。もとの薬剤量2kgから、放射された薬剤量を引けば、放射されなかった薬剤量がわかります。

2 (kg) − 1.76 (kg) = 0.24 (kg)

解答 (2) 不適合 ▶P.196

解答 (3) 薬剤の90%以上の量を放射するという規定に適合できていないため。 ▶P.196

規格省令上、適合であるためには、薬剤の90%以上の量を放射することが必要です。逆にいえば、残量が当初充てんされた薬剤量の10%以下であることが必要です。

2 (kg) × 0.1 = 0.2 (kg)

0.24 (kg) ＞ 0.2 (kg)

なので、不適合です。

問題4
▶P.158〜159

解答 (1) ①アの名称　加圧用ガス容器
②アの役割　消火剤を加圧するためのガスを入れておく。

解答 (2) ①イの名称　逆流防止装置
②イの役割　ガス導入管に薬剤が逆流することを防ぐ。

解答 (3) ①ウの名称　ノズル栓
②ウの役割　外気がノズルを通って容器内に侵入することを防ぐ。

問題5
解答 (1) ①アの名称　減圧孔 ▶P.200
②アの役割　キャップを外す際に、本体容器内の圧力を減圧する。

解答 (2) イの名称　キャップ ▶P.177

解答 (3) 道具の名称　キャップスパナ ▶P.177